Xpert.press

Die Reihe **Xpert.press** vermittelt Professionals
in den Bereichen Softwareentwicklung,
Internettechnologie und IT-Management aktuell
und kompetent relevantes Fachwissen über
Technologien und Produkte zur Entwicklung
und Anwendung moderner Informationstechnologien.

Siegfried Nolte

QVT – Operational Mappings

Modellierung mit der
Query Views Transformation

Siegfried Nolte
Beethovenstr. 57
22941 Bargteheide
siegfried.nolte@alice-dsl.net

ISBN 978-3-540-92292-6   e-ISBN 978-3-540-92293-3
DOI 10.1007/978-3-540-92293-3
Springer Heidelberg Dordrecht London New York

Xpert.press ISSN 1439-5428

Die Deutsche Nationalbibliothek verzeichnet diese Publikation in der Deutschen Nationalbibliografie;
detaillierte bibliografische Daten sind im Internet über http://dnb.d-nb.de abrufbar.

© Springer-Verlag Berlin Heidelberg 2010
Dieses Werk ist urheberrechtlich geschützt. Die dadurch begründeten Rechte, insbesondere die der Übersetzung, des Nachdrucks, des Vortrags, der Entnahme von Abbildungen und Tabellen, der Funksendung, der Mikroverfilmung oder der Vervielfältigung auf anderen Wegen und der Speicherung in Datenverarbeitungsanlagen, bleiben, auch bei nur auszugsweiser Verwertung, vorbehalten. Eine Vervielfältigung dieses Werkes oder von Teilen dieses Werkes ist auch im Einzelfall nur in den Grenzen der gesetzlichen Bestimmungen des Urheberrechtsgesetzes der Bundesrepublik Deutschland vom 9. September 1965 in der jeweils geltenden Fassung zulässig. Sie ist grundsätzlich vergütungspflichtig. Zuwiderhandlungen unterliegen den Strafbestimmungen des Urheberrechtsgesetzes.
Die Wiedergabe von Gebrauchsnamen, Handelsnamen, Warenbezeichnungen usw. in diesem Werk berechtigt auch ohne besondere Kennzeichnung nicht zu der Annahme, dass solche Namen im Sinne der Warenzeichen- und Markenschutz-Gesetzgebung als frei zu betrachten waren und daher von jedermann benutzt werden dürften.

Einbandentwurf: KünkelLopka, Heidelberg

Gedruckt auf säurefreiem Papier

Springer ist Teil der Fachverlagsgruppe Springer Science+Business Media (www.springer.de)

Vorwort

Warum ein Buch über QVT Operational Mappings?

Beim Paradigmenwechsel von der strukturierten zur objektorientierten Software-Entwicklung Mitte der Neunziger gab es im Grunde genommen zwei Wege, sich den neuen Methoden und Techniken zu nähern: zum einen den datenorientierten, ausgehend von der Lehre der Datenbanken und Datenmodellierung, zum anderen den sprachlichen, ausgehend von den Programmiersprachen, die zur der Zeit den Weg der objektorientierten Entwicklung bereiteten. So ähnlich verhält es sich auch mit dem Thema des modellgetriebenen Vorgehens. Auch hier gibt es grundsätzlich zwei alternative Blickrichtungen, die zum einen auf die modellgetriebene Code-Entwicklung mit generativen Techniken und zum anderen auf den Weg der Entwicklung über Modellierung und Modelltransformation ausgerichtet sind. Letzteres ist der Vorschlag, den die *Object Management Group* (OMG) mit dem *Model Driven Architecture*-Konzept (MDA) propagiert und den ich in diesem Buch konsequent aufnehmen und verfolgen möchte.

Die OMG ist ein herstellerunabhängiges Gremium, welches den Auftrag hat, objektorientierte Techniken und Technologien zu standardisieren. So gibt es zum Beispiel die *Unified Modeling Language* (UML) und das *Meta Object Facility*-Konzept (MOF), die sich als OMG-Standards etabliert haben. Das eine ist eine formale, einheitliche, universelle Modellierungssprache, das andere beschreibt einen Ansatz, auf der Basis von formalen Modellen formale Modellierungssprachen zu entwickeln. Beides dient als Fundament für das MDA-Konzept, welches ebenfalls von der OMG als Standard herausgegeben worden ist.

Bisher handelte es sich um Bausteine zur Modellierung, sicher eine der Säulen eines modellgetriebenen Vorgehens. Die MDA geht allerdings weiter und schlägt neben der Modellierung die Transformation von Modellen vor, um aus einer Modellierungsebene in eine folgende zu gelangen, bis hin zu einer modellgestützten Code-Generierung. Sprachen zur Modellierung sind definiert und eingeführt, mindestens die oben erwähnte UML. Was in diesem MDA-Konzept noch fehlte, sind Sprachen zur Modelltransformation.

Von anderer Seite, zum Beispiel aus der Szene der modellgetriebenen Software-Entwicklung, sind Generierungssprachen entwickelt und eingeführt worden, die durchaus eine gewisse Verbreitung und Anerkennung gefunden haben. Doch auch die OMG hat die Lücke mit der im April 2008 als Standard veröffentlichten Spezifikation MOF/QVT (*Query Views Transformation*) mittlerweile geschlossen.

Die QVT ist ein Konzept, in dem drei alternative Sprachen angeboten werden, um auf verschiedene Weise eine Transformation von Modellen beschreiben und durchführen zu können. Die *Operational Mappings* ist eine von ihnen. Nun ist es meiner Meinung nach sehr schwierig, auf der Basis der OMG-Spezifikationen neue Techniken und Technologien wie die der Transformation zu erlernen – ein Problem, dem ich mit diesem Fachbuch Abhilfe schaffen möchte.

Meine ersten intensiven Kontakte mit Modelltransformationen mit einer operationalen Sprache hatte ich 2006. Borland hatte mit Together 2006 als einer der ersten Hersteller auf der Basis des bewährten Modellierungswerkzeugs ein MDA-Werkzeug auf den Markt gebracht, welches Operational Mappings unterstützte, allerdings in einer frühen Ausprägung, die nur sehr schwer zu erlernen war, da es weder von Borland geeignete Literatur gab, noch die QVT-Spezifikation zum Erlernen des Together-Dialektes taugte. Dies war einmal mehr für mich eine Motivation, selbst ein Fachbuch zu dem Thema anzubieten, ein Buch, in dem ich mich recht konsequent auf die Seite der OMG gestellt habe.

Auch von Borlands Together – mittlerweile in der Version 2008 – ist zu sagen, dass sich der herstellerspezifische QVT/OM-Dialekt etwas mehr der standardisierten Fassung angenähert hat, so dass die hier entwickelten Beispiele auch mit Together anwendbar sein sollten. Aber nicht nur aus dem Hause Borland gibt es QVT-Werkzeuge. Einige weitere werde ich vorstellen.

Für wen ist das Buch gedacht?

Modellierung von Sachverhalten der realen Welt ist ein wesentlicher Bestandteil des ingenieursmäßigen Software-Entwicklungsprozesses. Schwerpunkt dieses Buches ist jedoch nicht die Modellierung mit einer Modellierungssprache, und auch die Generierung von Code auf der Basis von Modellen steht nicht im Fokus der Betrachtung. Modelle, die mit formalen Modellierungssprachen erarbeitet worden sind, sind Mittel zum Zweck, um daraus neue und konsistente Modelle abzuleiten – mittels Transformation. Und vor dem Hintergrund, dass die Entwicklung von komplexen Anwendungen in der Regel über mehrere aufeinanderfolgende Phasen erfolgt, wird die systematische und modellgetriebene Entwicklung auch und gerade bei einem Phasenübergang mit Einsatz von Modelltransformationen von zunehmender Bedeutung sein. Erreichen möchte ich also auf jeden Fall IT-Architekten, Analytiker und Designer, zu deren wesentlichen Aufgaben es gehört, reale Sachverhalte zu beschreiben, zu strukturieren und in abstrahierter Form einer weiteren Entwicklungsarbeit zuzuführen.

Wenn auch das Thema MDA nicht unbedingt im Mittelpunkt steht, so möchte ich doch verantwortlichen Projektleitern für IT-Projekte wie auch IT-Führungskräften einen Einblick in den Dialog zwischen Modellierung und Transformation geben. Zum Thema MDA gibt es weiterführende Literatur, die ich hiermit ergänzen und erweitern möchte, und das Thema UML ist sicher recht erschöpfend behandelt. Ebenso würde ich mir wünschen, dass auch Entwickler, die sonst eher einen Zugang zu Programmiersprachen und sprachlich repräsentierten Darstellungsweisen haben, durch die Lektüre dieses Buches einige Anregungen finden für neue Wege und neue Horizonte.

Dieses Buch diskutiert das Thema Modelltransformation mit *Operational Mappings*, wie ich hoffe, ergiebig und ausführlich an vielen Beispielen, die sämtlich mit den zurzeit verfügbaren QVT-Werkzeugen erarbeitet worden sind, so dass ich denke, ein umfassendes Lehrwerk geschaffen zu haben, das nicht nur zum theoretischen Erlernen, sondern auch zum begleitenden Experimentieren und Üben geeignet ist. Grundkenntnisse der Modellierung mit UML, insbesondere im Zusammenhang mit Modellen und Metamodellen, setze ich dabei voraus, Erfahrungen mit höheren Programmiersprachen sind sicher hilfreich.

Wie sollte man es lesen?

Das erste Kapitel, die Einleitung, soll einen Überblick geben und eine Einordnung ermöglichen. Das nächste Kapitel beschäftigt sich umfassend mit der Entwicklung und Repräsentation von Metamodellen. Ein umfassendes Verständnis von Metamodellen ist wesentlich für die weitere Arbeit mit der Transformationssprache, da QVT als MOF-Konzept grundsätzlich metamodellbasiert ist. Demjenigen, der sich zunächst nur mit den Zusammenhängen und den Einordnungen beschäftigen möchte, empfehle ich ein intensiveres Studium der einleitenden Kapitel; die Beschreibung und das Arbeiten mit der Sprache, kann dann ein wenig oberflächlicher gelesen werden.

Das Kapitel 3 geht nun in die Tiefe und beschreibt die Transformationssprache *Operational Mappings* auf eine recht formale, an der Syntax ausgerichtete Weise. Das ist wahrscheinlich, auch wenn ich mich um spannende Formulierungen bemüht habe, etwas mühsam zu lesen. Allerdings habe ich damit bezweckt, einerseits auf die OCL-Grundlagen der QVT einzugehen und andererseits die Sprachkonzepte vollständig zu präsentieren und zu erläutern. An Beispielen soll es nicht fehlen, diese behandeln im Wesentlichen das berühmte „HelloWorld".

Kapitel 4 schließlich beschäftigt sich mit zwei komplexen und zusammenhängenden Beispielen, einmal dem Standardbeispiel der OMG-Spezifikation – UmlToRdbm –, auf der Basis eigener simpler Metamodelle, und zum anderen einem Beispiel – UML2EJB – mit pragmatischeren Modellen auf der Grundlage des UML2-Metamodells. Beide Beispiele werden Schritt für Schritt entwickelt, so dass man das Kapitel sequentiell abarbeiten sollte.

Meiner Meinung nach ist dieses Vorgehen recht gut geeignet, um einem eher praktisch veranlagten Leser einen schnelleren Zugang zu dem Thema zu eröffnen, den man sich dann nach und nach mit der Methode „Versuch und Irrtum" erschließen kann. Ein so veranlagter Leser wird vielleicht mit diesem Kapitel einsteigen und die erforderlichen Grundlagen bedarfsgerecht nachlesen wollen. Zuletzt werde ich einige fortgeschrittene Konzepte erläutern, zum Beispiel die Arbeit mit UML-Profilen, BlackBoxes etc., die nicht einfach, aber sicher spannend sind.

Wem bin ich zu Dank verpflichtet?

Einen großen Anteil an der Entstehung dieses Buches hat der Springer-Verlag, dem ich für die Zusammenarbeit herzlich danken möchte. Einen weiteren erheblichen Anteil daran, dass dieses Buch entstehen konnte, wie es ist, haben die beiden wichtigsten Frauen in meinem Leben, Konstanze und Christine, die sich während der Arbeiten an diesem Buch das ein oder andere Mal durch frühe Fassungen hindurch gearbeitet haben. Als „Nicht-IT-Experten" gehören sie nicht gerade zur klassischen Zielgruppe; und dafür, dass sie mich und die Entstehung des Buches geduldig ertragen und mit Kritik und Anregungen unterstützt haben, bin ich ihnen sehr dankbar.

Letztendlich ist auch zu erwähnen, dass verschiedene Initiativen und Produkthersteller dazu beigetragen haben, dass es nicht nur bei einer theoretischen Ausarbeitung geblieben ist, sondern dass ich im Laufe der Arbeiten an dem Buch viele Beispiele entwickeln und diskutieren konnte. Im Einzelnen zu nennen sind die Sourceforge-Initiative mit der Herausgabe des Produktes SmartQVT, die Firma Borland für die Freigabe des Produktes Operational QVT (QVTO) und die *Eclipse Modeling Toolkit*-Initiative für die Integration von QVTO in die Eclipse-Plattform. Für die Beispiele im Kapitel „Metamodelle" ist das freie UML-Werkzeug Topcased eingesetzt worden. Bei fast allen Abbildungen handelt es sich um UML-Diagramme, die mit dem Werkzeug MagicDraw der Firma NoMagic Inc. erstellt worden sind. Allen Herstellern und Initiativen gilt mein Dank.

Und schließlich möchte ich natürlich auch der Gemeinde der Leser danken, insbesondere dann, wenn ich mit anregender Kritik versehen werde.

Inhaltsverzeichnis

1 Einführung 1
    1.1   Eine kurze Geschichte der modellgetriebenen Software-Entwicklung 1
           1.1.1   Strukturierte Software-Entwicklung 4
           1.1.2   Objektorientierte Software-Entwicklung 4
    1.2   Die berühmten Akronyme der OMG 5
           1.2.1   UML – Unified Modeling Language 6
           1.2.2   MDA – Model Driven Architecture 9
                     Grundbegriffe der Model Driven Architecture 11
                     Transformation 14
           1.2.3   MOF – Modelle und Metamodelle 17
           1.2.4   QVT – Query Views Transformation 19
                     Deskriptive Sprachen 21
                     Imperative Sprachen 21
    1.3   Zusammenfassung und Ausblick 22
           1.3.1   Hinweise zur Notation 24
           1.3.2   Werkzeuge 25

2 Modelle und Metamodelle 27
    2.1   Die Metamodelle `SimpleUML` und `SimpleRDBM` 28
           2.1.1   Das Metamodell SimpleUML 29
           2.1.2   Das Metamodell SimpleRDBM 32
    2.2   Serialisierung der Metamodelle 34
           2.2.1   Deklaration der Metamodelle als QVT-Datenstruktur 34
           2.2.2   QVT-Datenstrukturen im EMOF/XMI-Format 37
           2.2.3   Die Verwendung der Metamodelle 44
                     Variante 1: *Inline*-Deklaration von QVT-Datenstrukturen ... 44
                     Variante 2: Benutzung von extern definierten
                     Metamodellen 44
                     Variante 3: Metamodelle im Eclipse-Kontext 45

         2.2.4 Werkzeugunterstützung 45
               Schritt 1: Modellierung 46
               Schritt 2: Export des Modells 47
               Schritt 3: Deployment der Plugins 48

3 **Operational Mappings – die Sprache** **53**
   3.1 HelloWorld als QVT-Applikation 53
   3.2 Die *Operational Mappings*-Plattform SmartQVT 55
         3.2.1 Aufbau der SmartQVT-Transformationsumgebung 55
         3.2.2 Exemplarischer Aufbau von QVT-Projekten 57
         3.2.3 Entwicklung und Durchführung von Transformationen 59
   3.3 Allgemeiner Aufbau von *Operational Mappings*-Scripten 63
         3.3.1 Zusammenfassung 67
   3.4 OCL- und QVT-Grundlagen 68
         3.4.1 OCL- und QVT-Datentypen 69
               Primitive OCL-Datentypen 69
               Komplexe OCL-Datentypen 69
               Komplexe QVT-Datentypen 69
               Definition eigener Datentypen 70
         3.4.2 Deklaration von Variablen 71
         3.4.3 Operatoren 72
         3.4.4 Imperative QVT-Ausdrücke 74
               Logging 74
               Blöcke 74
               Bedingte Ausdrücke 75
               compute-Ausdruck 76
               Schleifen 76
               for-Iteration 77
               assert-Ausdruck 77
               Exception-Ausdruck 77
         3.4.5 Beispiele von imperativen QVT-Codeabschnitten 78
         3.4.6 Operationen auf Sammlungstypen 79
               Ein Einblick in die OCL-Standardbibliothek 79
               Eine Auswahl von QVT-Standardfunktionen 81
               Selektion mit QVT-Standardfunktionen 82
               QCL-Selektionstechniken 83
   3.5 Operationale Transformationen 86
         3.5.1 Definition von Metamodellen mit QVT-Sprachmitteln 86
               Definition von Metamodellen 87
               Benutzung von Metamodellen in Transformationen 91
         3.5.2 Transformationen 93

        3.5.3   Mapping-Operationen..96
                 Mapping-Signaturen 98
                 Mapping-Anweisungsteil..101
                 Vorbedingungen und Invarianten 103
        3.5.4   Erzeugung von Objekten 104
                 Variablen und Objekte..104
                 Objekterzeugung mittels *Inline Mapping* 106
                 Objekterzeugung mittels Konstruktoroperationen 108
        3.5.5   Helper- und Anfrage-Operationen 110
        3.5.6   Intermediate Data – Dynamische Metaobjekte..................112

4 **Operational Mappings – Anwendungen**..**117**
    4.1 UML2RDBM...117
         4.1.1   Vorbereitung der Transformation......................................119
         4.1.2   Entwicklung der Mapping-Operationen 122
         4.1.3   Behandlung primitiver und strukturierter Datentypen........125
                  Übernahme von primitiven Datentypen.............................126
                  Übernahme von komplexen Datentypen............................127
         4.1.4   Behandlung von Attributen mit Hilfe von dynamischen
                  Metaelementen..129
         4.1.5   Behandlung von Vererbungsbeziehungen 132
         4.1.6   Identifizierung von Tabellen – Primärschlüssel 135
         4.1.7   Auflösen von Beziehungen – Fremdschlüssel 138
    4.2 Fortgeschrittene Konzepte der Operational Mappings 141
         4.2.1   Objektverfolgung..141
                  Allgemeine Resolution 141
                  Spezielle Resolution 143
         4.2.2   Strukturierung von Transformationen 145
         4.2.3   Wiederverwendbarkeit von Mapping-Operationen 150
         4.2.4   BlackBox-Funktionen...152
    4.3 Transformation von UML-Modellen 155
         4.3.1   UML2EJB..155
         4.3.2   Das UML2-Metamodell...158
         4.3.3   Das Werkzeug – QVT Operational....................................161
         4.3.4   Die Transformation UML2EJB 164
                  Schritt 1: Definieren und Einrichten der Transformation ...164
                  Schritt 2: Aufbereiten der *Mapping*-Operationen 165
                  Schritt 3: Mapping von Fachklassen zu SessionBeans 167
                  Schritt 4: Erzeugung der *getter*- und *setter*-Methoden 169
                  Schritt 5: Standardmethoden für die Organisation
                  der *Bean*-Klasse 171
                  Schritt 6: Veröffentlichung der Methoden in den
                  Interfaces 172

	4.4	QVT und UML-Profile	175
		4.4.1 Definition und Untersuchung eines UML-Profils	175
		4.4.2 Transformation von persistenten Klassen	178

A Die Syntax der Operational Mappings ... 181
A.1 Reservierte Wörter ... 181
A.2 Ableitungsregeln ... 182
  Metaregeln ... 182
  Operatoren und Symbole ... 182
  Top Level Rules ... 183
  Model Types Compliance and Metamodel Declarations ... 183
  Transformation ... 184
  Library ... 184
  Import of Modules – Transformations and Libraries ... 184
  Syntax for Entries ... 185
  Properties in Transformation ... 185
  General Purpose Grammar Rules ... 185
  Syntax for Helper Operations ... 186
  Syntax for Constructors ... 186
  Syntax for Mapping Operations ... 187
  Expressions ... 187
  Syntax for Defining Explicitly Metamodel Contents ... 190
  Typedefinitions ... 191

B Metamodelle in serialisierter Darstellung ... 193
B.1 Deklaration der Metamodelle als QVT-Datentypen ... 193
B.2 Ecore-Repräsentation ... 195
  SimpleUML ... 195
  SimpleRDBM ... 197
B.3 Benutzung der Ecore-Metamodelle ... 200

C Operational Mappings-Beispiele ... 201
C.1 UmlToRdbm ... 201
  PackageToSchema ... 201
  ClassToTable ... 202
  AssociationToTable ... 204
  Das Transformationsscript UmlToRdbm ... 205
C.2 UML2EJB ... 210
  transformPackages ... 210
  transformClasses ... 211
  Das Transformationsscript UML2EJB ... 213

D	**Standardbibliotheken**	**219**
	D.1 QVT-Standardbibliothek	219
	Vordefinierte QVT-Datentypen	219
	Methoden auf Transformation	220
	Methoden auf Model	220
	Methoden auf Status	221
	Methoden auf Object	222
	Methoden auf Element	222
	Methoden auf Dictionary	223
	Methoden auf List	224
	Methoden auf Integer	225
	Methoden auf String	225
	D.2 Die wichtigsten OCL-Standardfunktionen	229
	OCL-Standardfunktionen auf Sammlungen	229
	OCL-Iterator-Funktionen	231
Glossar		**233**
Abkürzungsverzeichnis		**251**
Quellenverzeichnis		**255**
	Literatur	255
	Referenzen im Internet	258
Index		**261**

Abbildungsverzeichnis

Abb.1.1:	Der klassische Anwendungsentwicklungsprozess	2
Abb.1.2:	SWE – Analyse, Spezifikation und Implementierung	3
Abb.1.3:	Übersicht über die Diagramme der UML	6
Abb.1.4:	Ein modellgetriebener Anwendungsentwicklungsprozess	10
Abb.1.5:	Der MDA-Entwicklungsprozess	14
Abb.1.6:	Das MDA-Transformationspattern	15
Abb.1.7:	Ein exemplarisches MDA-Transformationspattern	17
Abb.1.8:	Ein einfaches Metamodell für die Modellierungssprache Shapes	18
Abb.1.9:	Architektur der QVT-Sprachen	20
Abb.1.10:	Model-To-Model/Model-To-Text-Abgrenzung	23
Abb.1.11:	Die Architektur der QVT-Entwicklungsumgebung	26
Abb.2.1:	Transformation – UML-Klassendiagramme nach ERM-Schemata	28
Abb.2.2:	Das Metamodell SimpleUML als UML-Klassendiagramm	29
Abb.2.3:	Das Wohnungsbaukreditgeschäft als SimpleUML-Modell	31
Abb.2.4:	Das Metamodell SimpleRDBM	32
Abb.2.5:	Das Wohnungsbaukreditgeschäft als SimpleRDBM-Modell	33
Abb.2.6:	SimpleUML im Topcased Ecore/UML-Editor	47
Abb.2.7:	Generierung der Metamodelle	48
Abb.2.8:	Deployment der Metamodelle	49
Abb.2.9:	Als Eclipse-Plugins veröffentlichte Metamodelle	50
Abb.2.10:	Das Darlehen-Modell im SimpleUML	51
Abb.3.1:	Die *Operational Mappings*-Plattform SmartQVT	56
Abb.3.2:	Ein exemplarisches QVT-Projekt	58
Abb.3.3:	QVT-Optionen im Kontextmenü	59
Abb.3.4:	SmartQVT-Ausführungskonfiguration	60
Abb.3.5:	Eclipse-Konfiguration einer SmartQVT-Applikation	61
Abb.3.6:	Eclipse-Plugin-Konfiguration	62
Abb.3.7:	Aufbau von *Operational Mappings*-Transformationen	67
Abb.4.1:	Transformationspattern der Transformation Uml2Rdbm	118

Abb.4.2:	Das Package `darlehen` – ein simples UML-Diagramm	118
Abb.4.3:	Schema `darlehen` im SimpleRDBM – erste Lösung	125
Abb.4.4:	`Immobilie` und `Person` mit aufgelösten komplexen Spalten	129
Abb.4.5:	Das Package `darlehen` mit einer Spezialisierung von Person	132
Abb.4.6:	Das Datenbankschema nach Auflösung der Spezialisierung	134
Abb.4.7:	`Immobilie`, `Konto` und `Person` mit Primärschlüsseln	138
Abb.4.8:	Schema `darlehen` mit Assoziationstabellen	140
Abb.4.9:	Das Fachklassenmodell des privaten Wohnungsbaukreditgeschäfts	156
Abb.4.10:	Die Transformation UML2EJB im MDA-Pattern	157
Abb.4.11:	Das Metamodell UML2 im Kontext *Element*	159
Abb.4.12:	Das Metamodell UML2 im Kontext *Classifier*	160
Abb.4.13:	Der ***Operational QVT Editor***	162
Abb.4.14:	Konfiguration einer Operational QVT-Transformation	163
Abb.4.15:	Die Komponenten des Ziel-Darlehensmodells	169
Abb.4.16:	Detailansicht der *SessionBean*-Komponente `SB_Konto`	174
Abb.4.17:	UML-Profil mit Stereotyp <<persistent>>	176
Abb.4.18:	Anwendung des Stereotyps <<persistent>> im UML-Modell	177
Abb.C.1:	Das *Operational Mappings*-Script `UmlToRdbms` im Überblick	202
Abb.C.2:	Die *Mapping*-Operation `ClassToTable` im Überblick	203
Abb.C.3:	Die *Mapping*-Operation `AssociationToTable` im Überblick	204
Abb.C.4:	Die Transformation UML2EJB	210
Abb.C.5:	Das *Mapping* von Paketen	211
Abb.C.6:	Das *Mapping* von Fachklassen	212

1 Einführung

1.1 Eine kurze Geschichte der modellgetriebenen Software-Entwicklung

Die moderne Software-Entwicklung ist zunehmend mit der Aufgabe konfrontiert, immer kompliziertere Anforderungen aus der realen Welt mit immer vielfältigeren Anwendungssystemen und Software-Lösungen zu unterstützen. Der Entwickler steht dabei grundsätzlich vor dem Problem, dass er zum einen seine eigenen komplexen Technologien beherrschen muss, zum anderen die Sachverhalte, Strukturen und Gegebenheiten der realen Welt verstehen muss, mit der er es zu tun hat. Um diesen grundlegenden Problemen, die Mitte der sechziger Jahre zu dem Begriff Software-Krise geführt haben, zu begegnen, hat sich im Lauf der Zeit die Einsicht ergeben, den Software-Entwicklungsprozess aus einer Anwendungsprogrammierung herauszuheben und zunehmend nach ingenieursmäßigen Grundsätzen zu gestalten. Und damit wurde auf der berühmten *NATO Conference on Software Engineering* in Garmisch-Partenkirchen, 1968, der Begriff *Software Engineering* [Bau68, Bau93] aus der Taufe gehoben.

Analog zu den traditionellen Ingenieursdisziplinen hat man es zu einem der wesentlichen Prinzipien des *Software Engineerings* gemacht, sich bei der Entwicklung von Software nicht unmittelbar mit der Fertigung, der Programmierung, zu beschäftigen, sondern die Sachverhalte und Strukturen der realen Welt in mehreren aufeinander folgenden Abschnitten zu erschließen und mit abstrahierenden Darstellungstechniken wie Skizzen, Diagrammen oder Modellen zu beschreiben. Einen typischen, wenn auch etwas vereinfacht dargestellten Entwicklungsprozess, in dem die Erstellung von Software über mehrere Phasen erfolgt, zeigt das Diagramm in Abbildung 1.1, in dem die Phasen nach den Rollen der mitwirkenden Personen gegliedert sind.

Üblicherweise beginnt die Entwicklung mit einer Beschreibung der betrieblichen Sachverhalte und Gegebenheiten. Dies liegt in der Verantwortung der fachlichen Experten, wobei ein Analytiker bereits zuarbeiten und unterstützen kann. In der folgenden Phase vertieft ein Analytiker die betrieblichen Beschreibungen und neben der Klärung weiterer fachlicher Fragen erfolgt eine Formalisierung für den folgenden Entwicklungsschritt. Im Rahmen der Konzeption fertigt ein Designer den Entwurf des zu implementierenden Systems an, welcher in der Konstruktion vom Entwickler umgesetzt wird.

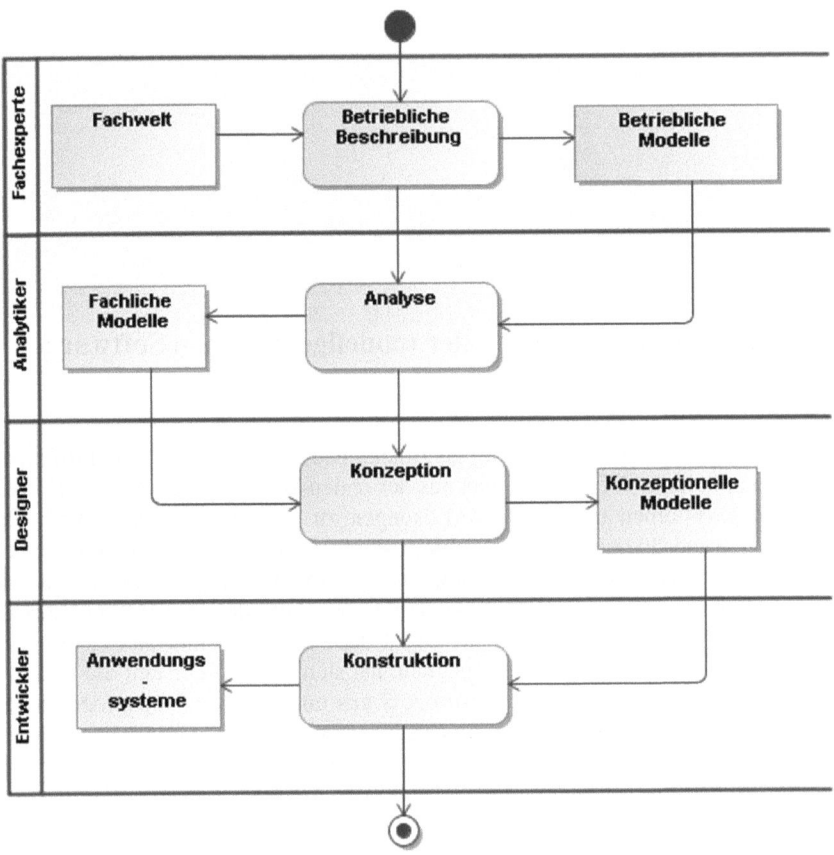

Abb. 1.1: Der klassische Anwendungsentwicklungsprozess

Abbildung 1.2 stellt noch einmal etwas konkreter die Kooperation in den frühen Phasen dar und zeigt die üblicherweise dabei eingesetzten Mittel. In den frühen Phasen der „Beschreibung und Analyse der betriebliche Prozesse" kooperieren Experten der betrachteten Fachwelt mit Analytikern, um die fachlichen Gegebenheiten in ersten betrieblichen Modellen zu erfassen und darzustellen. Der Analytiker setzt dabei noch semi-formale Modellierungstechniken ein, insbesondere die Sprachen und Darstellungsweisen, die in der Fachwelt präsent sind, Fachsprachen oder spezielle domänenspezifische Sprachen.

1.1 Eine kurze Geschichte der modellgetriebenen Software-Entwicklung

Im weiteren Entwicklungsprozess und mit zunehmender Abstraktion werden immer formalere Sprachen und Techniken angewendet, letztendlich bis hin zum Einsatz von Programmiersprachen und plattformspezifischen Technologien (Abbildung 1.2). In weiteren Analyse- und Designprozessen muss der Analytiker sich immer wieder mit den Mitwirkenden in den folgenden Phasen auseinandersetzen, um die fachlichen Modelle zu überarbeiten und zu fertigen DV-Lösungen fortzuentwickeln.

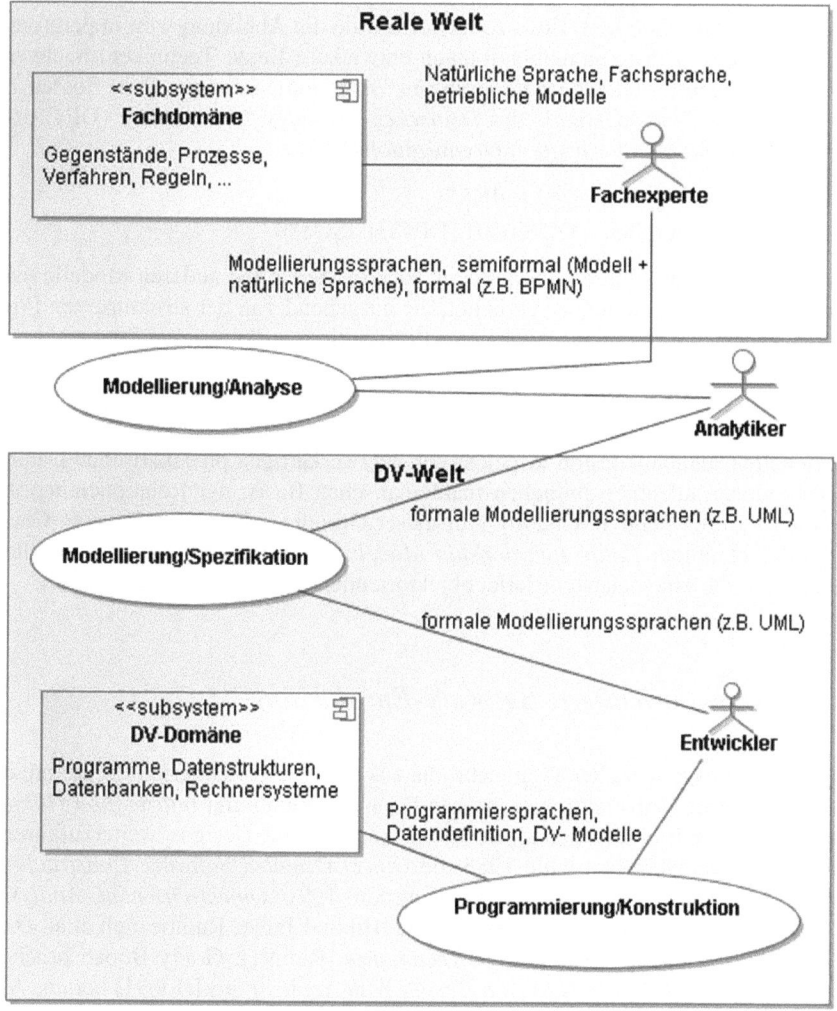

Abb. 1.2: SWE – Analyse, Spezifikation und Implementierung

1.1.1 Strukturierte Software-Entwicklung

Bereits in den frühen sechziger Jahren haben Vordenker wie Carl Adam Petri Modellierungstechniken entwickelt, mit deren Hilfe komplexe Steuerungsvorgänge beschrieben und untersucht werden konnten: die berühmten Petrinetze [Pet62, Pet63, Rei91]. Einen weiteren Ansatz, Techniken der strukturierten Programmierung [Wir93] in graphischer Form abzubilden, haben Isaac Nassi und Ben Shneiderman 1972/73 vorgeschlagen: die Struktogramme oder auch Nassi/Shneiderman-Diagramme [NSD73]. Etwa zeitgleich wurde die Abbildung von imperativen Ablaufmustern in Programmablaufplänen entwickelt. Beide Techniken, Sachverhalte der strukturierten Programmierung in Diagrammen darzustellen, flossen in die Normungen und Standards des *Deutschen Institutes für Normung* (DIN) und der *International Standardization Organization* (ISO) ein:

- Struktogramme - DIN66261 [DIN85],
- Programmablaufpläne - DIN66001 [DIN83], ISO5807.

In den folgenden Jahren wurden von Tom DeMarco und anderen Modelle und Darstellungstechniken herausgearbeitet, die ausgehend von der strukturierten Programmierung hin zu einer globaleren strukturierten Anwendungsentwicklung führten [Dem79, Mcn88, Mar88].

Auch auf der Seite der Datenmodellierung und des Datenbankdesigns fanden Entwicklungen statt, indem zum Beispiel beginnend mit Edgar F. Codd das konzeptionelle Datenbankdesign losgelöst von netzwerkartigen physikalischen Datenbanksystemen auf einer einfachen mathematischen Basis, der Relationentheorie, begründet wurde [Cod70, Cod90]. Auf dieser Grundlage beschrieb Peter P. Chen 1976 das berühmte *Entity Relationship Model*: ein erster graphischer Modellierungsansatz für eine datenzentrierte, objektorientierte Sicht der Dinge [Che76].

1.1.2 Objektorientierte Software-Entwicklung

Ab dann war es kein weiter Weg mehr, die aus der objektorientierten Programmierung stammenden Abstraktionstechniken Datenkapselung und *Information Hiding* [Par72] im Sinne einer objektorientierten Analyse und Designs weiterzuführen. Bertrand Meyer veröffentlichte 1988 die *Object-Oriented Software Construction* [Mey88], Peter Coad und Edward Yourdon 1991 *Object-Oriented Analysis* [Coa91a] und *Object-Oriented Design* [Coa91b] und James Rumbaugh et al. *Object-Oriented Modeling and Design Techniques* [Rum91]. Grady Booch brachte 1994 *Object-Oriented Analysis And Design With Applications* [Boo91] heraus. All diese Autoren hatten eine mehr oder weniger an den Gegenständen der realen Welt – eben den Objekten – ausgerichtete Sicht auf die Dinge. Einen etwas anderen Ansatz verfolgte Ivar Jacobson, der mit der Veröffentlichung des *Object-Oriented Software-Engineering* [Jac92] eine Betrachtung der Anwendungsfälle (*Use Cases*) einer realen Welt in den Mittelpunkt einer Analyse stellte.

Diese Auflistung ist sicher nicht vollständig. So sind zum Beispiel Autoren wie Larry Constantine, James Odell, Sally Shlaer und Stephen Mellor, Harel und andere etwas in den Hintergrund gerückt. Aber es reicht soweit, um zur *Unified Modeling Language* (UML) als der zurzeit zentralen Modellierungssprache zu kommen. Mitte der 90er Jahre hat die Firma Rational die „Amigos" Booch, Rumbeaugh und etwas später Jacobson unter einem Dach zusammengebracht mit der Zielsetzung, auf der Basis der bestehenden Konzepte und Lösungen im Umfeld der Software-Technologie ein vereinheitlichtes Modell zu erarbeiten. Das Ergebnis war die UML [Boo05a, Boo05b, UML]. Die UML, die mittlerweile in der Version 2.2 vorliegt [UML2], ist eine Modellierungssprache, die eine Vielzahl von Sprachmitteln und Diagrammen zur Verfügung stellt, um strukturelle und funktionale Sachverhalte zu beschreiben. In Abbildung 1.2 kann man bereits erkennen, dass die UML insbesondere in der Welt der Anwendungsentwickler universell in mehreren der Entwicklungsaktivitäten eingesetzt werden kann.

Auch außerhalb der Informatik, zum Beispiel in den wirtschaftswissenschaftlichen Fächern, hat es Einsichten und Entwicklungen gegeben, Sachverhalte in der realen Welt mit Hilfe von Modellen und abstrakten Darstellungstechniken zu beschreiben, etwa im Bereich der Aufbau- und Ablauforganisation von betrieblichen Systemen oder bei der Analyse und Optimierung von betrieblichen Prozessen [Oes95]. Diesen Weg möchte ich nun nicht wie oben aufzeigen. Erwähnenswert ist jedoch, dass auch dies in Modellierungssprachen gemündet ist, die formal sind, zum Beispiel die aus der *Business Process Modeling Initiative* [BPMI] hervorgegangene *Business Process Modeling Notation* [BPMN], die sich mittlerweile ebenfalls im Standardisierungsverfahren der *Object Management Group* (OMG) befindet.

1.2 Die berühmten Akronyme der OMG

Nach dem Abriss der Historie der Modellierungssprachen sollen nun erst einmal ein paar Sätze zur OMG und deren „Produkten" folgen. Die OMG ist ein unabhängiges Gremium, welches 1989 unter Beteiligung eines Herstellerkonsortiums mit der Zielsetzung gegründet worden ist, objektorientierte Technologien zu standardisieren [OMG].

Die OMG hat nicht den Auftrag, Lösungen und Anwendungssysteme zu entwickeln und auf den Markt zu bringen, sondern nur Konzepte und Spezifikationen. Die Ergebnisse und Veröffentlichungen sind frei und können von jedem Hersteller und Anbieter von Systemen genutzt werden, um entsprechende Werkzeuge zu produzieren. Eines der ersten OMG-Projekte bestand darin, einen Ansatz zur Homogenisierung und Vereinheitlichung von verteilten Objekten zu entwickeln. Daraus sind die *Common Request Broker Architecture* [COR] und die *Data Distribution Services* [DDS] für Echtzeitsysteme entstanden. Ein weiteres Produkt, welches hier von zentraler Bedeutung ist und dem wir uns nun etwas ausführlicher widmen wollen, ist die UML.

1.2.1 UML – Unified Modeling Language

Etwa mit dem Stand UML 1.1 wurde die UML 1997 der *Object Management Group* (OMG) mit dem Auftrag übergeben, die Sprache als Standard zu spezifizieren und weiter zu pflegen. Die UML besteht aus einer Menge von Sprachmitteln zur Beschreibung von strukturellen und funktionalen Sachverhalten von Gegenständen einer realen Welt. Zur Darstellung werden dreizehn Diagrammtypen angeboten, sechs Diagramme für Struktur, sieben für Verhalten (Abbildung 1.3):

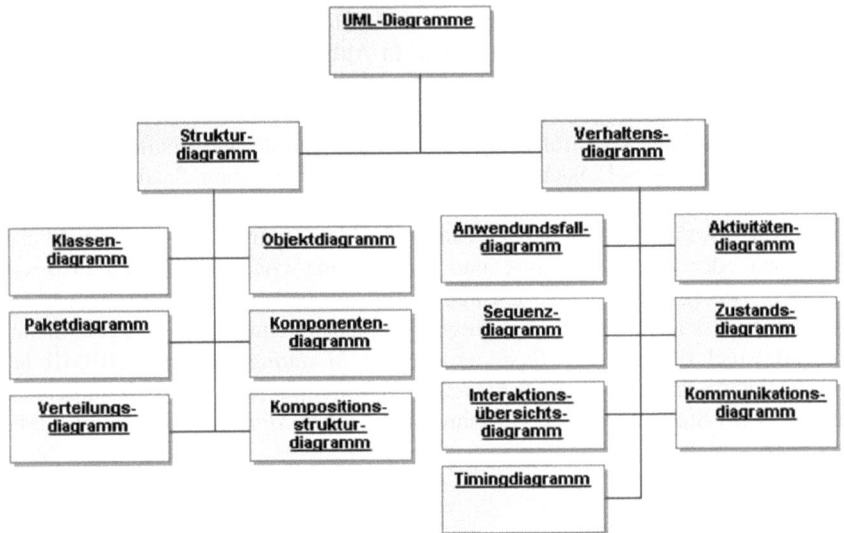

Abb. 1.3: Übersicht über die Diagramme der UML

- Strukturdiagramme
  Strukturdiagramme sind die Diagrammtypen, die zur Darstellung des Aufbaus von Systemen dienen. Es handelt sich hierbei im Wesentlichen um Klassendiagramme und Objektdiagramme. Außerdem zählen dazu weitere Diagramme, die unter dem Oberbegriff Architekturdiagramme zusammengefasst werden können, zum Beispiel Paketdiagramme, Komponentendiagramme, Verteilungsdiagramme.
  - Klassendiagramm
    Mit dem Klassendiagramm wird die Struktur eines zu entwerfenden Systems modelliert, indem die Gegenstandstypen des Systems – allgemeiner: der betrachteten realen Welt – in ihrem Aufbau und ihren Beziehungen untereinander als Klassen abgebildet werden. Gegenstände haben in der Regel beschreibende Merkmale, die als Attribute der Klassen modelliert werden. Außerdem besitzen sie funktionale Eigenschaften, die als Methoden oder Operationen der Klassen abgebildet werden.

- Objektdiagramm
Ein Objektdiagramm bietet die Möglichkeit, ein modelliertes System durch die Instantiierung seiner Klassen zu einem bestimmten Zeitpunkt zu betrachten. Es ist die Modellierung eines „Schnappschusses" von einem modellierten System.
- Paketdiagramm
Pakete erlauben eine Gruppierung von strukturellen Elementen eines Modells. Ein Paketdiagramm gibt die Möglichkeit, die modellierte Struktur eines Systems zu gliedern und bestimmte Elemente in sinnvollen Gruppen (Paketen) zusammenzufassen.
- Kompositionsstrukturdiagramm
Ein Kompositionsstrukturdiagramm ermöglicht explizit die Modellierung von „Teile/Ganzes-Beziehungen". Derartige „Teile/Ganzes-Beziehungen" werden als Kompositionsstrukturen bezeichnet. Kompositionsstrukturen sind häufige Beziehungen zwischen Klassen, die im Klassendiagramm mit Aggregationen oder Kompositionen dargestellt werden.
- Komponentendiagramm
Wie auch das Kompositionsstrukturdiagramm ist das Komponentendiagramm eine Option zur Darstellung von fachlichen Architekturen. Ein Komponentendiagramm dient der Darstellung und Betrachtung der Bestandteile eines modellierten Systems, welche auf einem DV-System – oder allgemeiner: auf einer zugrundeliegenden Plattform – betrieben werden sollen. Als Komponente in diesem Sinne wird ein UML-Element bezeichnet, das eine austauschbare Einheit eines Systems darstellt.
- Verteilungsdiagramm
Ein Verteilungsdiagramm zeigt die Zuordnung von Komponenten – in Form von speziellen SW-Artefakten, zum Beispiel Dateien, Archiven – auf Betriebseinheiten eines Systems. Die Einheiten werden als Knoten oder Geräte (Devices) bezeichnet. Ein Verteilungsdiagramm ordnet also die im Wesentlichen aus Software bestehenden Komponenten den Hardware-Einheiten einer IT-Infrastruktur zu. Dabei wird systemnahe Software – Betriebssysteme, Applikationsserver, DB-Server – im Allgemeinen den Hardware-Einheiten zugerechnet.
- Verhaltensdiagramme
Verhaltensdiagramme sind die Diagrammtypen, die zur Darstellung des funktionalen Verhaltens von Systemen dienen. Es handelt sich hierbei zum Beispiel um Anwendungsfalldiagramme, Aktivitätendiagramme und Zustandsdiagramme. Außerdem zählen dazu die Diagramme, die unter dem Oberbegriff Interaktionsdiagramme zusammengefasst sind, also Sequenzdiagramm, Kommunikationsdiagramme und weitere.
  - Anwendungsfalldiagramm
  Anwendungsfälle sind die systemgestützten Vorgänge oder Prozesse eines betrieblichen Umfelds, einer betrieblichen Organisationseinheit. Anwendungsfälle beschreiben das System so, wie es sich aus der Sicht von bestimmten Akteuren darstellt oder darstellen soll. In einem etwas weiter ge-

fassten, aber durchaus üblichen Verständnis kann man Anwendungsfälle mit Geschäftsprozessen gleichsetzen.
- Aktivitätendiagramm
Mit Aktivitätendiagrammen werden die betrieblichen Prozesse und Aktivitäten der betrachteten realen Welt in ihren zeitlichen und logischen Abläufen modelliert. Aktivitätendiagramme zählen zu den zentralen Diagrammtypen, die zur Modellierung von Prozessen und betrieblichen Abläufen dienen. Die zeitlichen Abläufe ergeben sich aus dem Kontrollfluss, die logischen Abläufe aus dem Datenfluss.
- Zustandsdiagramm
Ein Zustandsdiagramm ist ein weiteres Modell, um Verhalten zu modellieren – in Form von Zuständen und Zustandsübergängen. Dabei geht es im Allgemeinen um das Verhalten von Klassen. Das Verhalten einer Klasse wird mit Zuständen modelliert, die sie im Laufe ihrer „Lebenszeit" (*Lifecycle*) annehmen kann. Zwischen den einzelnen Zuständen kann es Zustandsübergänge geben, die durch Ereignisse ausgelöst werden.
- Sequenzdiagramm
Mit Sequenzdiagrammen wird der Informationsaustausch zwischen beliebigen Kommunikationspartnern innerhalb eines Systems – oder zwischen Systemen generell – modelliert. Die Grundelemente einer Interaktion sind Kommunikationspartner, die durch Lebenslinien repräsentiert sind, und Nachrichten, die von einem Partner – dem Sender – zu einem anderen Partner – dem Empfänger – geschickt werden.
- Kommunikationsdiagramm
Mit Kommunikationsdiagrammen wird der Nachrichtenaustausch zwischen Komponenten von komplexeren Systemen modelliert. Die Kommunikationspartner sind die Einheiten einer komplexen Struktur; dies sind zum Beispiel Komponenten oder Rollen beziehungsweise Akteure.
- Interaktionsübersichtsdiagramm
Interaktionsübersichtsdiagramme kommen in modellierten Systemen zum Tragen, die aus einem Großteil an Interaktionsdiagrammen bestehen. Mit Interaktionsübersichtsdiagrammen ist eine Gruppierung und übersichtlichere Anordnung dieser Diagramme möglich.
- Timingdiagramm
Ein Timingdiagramm zeigt das zeitliche Verhalten von Klassen in einem modellierten System. Timingdiagramme sind also, wie auch andere Verhaltensdiagrammtypen, Klassen zugeordnet, die ein in diesem Fall zeitliches Verhalten haben.

Mit der Veröffentlichung der Version 1.1 ist die UML dahingehend erweitert worden, dass die *Object Constraint Language* (OCL) der Firma IBM eingeflossen ist [Kle03a, Kle03b, OCL]. Seit der Version 1.3 hat durch die Spezifikation des *XML Metadata Interchanges* (XMI) eine Vereinheitlichung des Austauschformates stattgefunden, so dass ein einfacherer Austausch zwischen den Modellierungswerkzeugen unterschiedlicher Hersteller möglich ist [XMI].

Und schließlich ist mit der Version 2.0 die UML konsequent auf der Basis eines UML-Metamodells formal spezifiziert worden. Damit ist die UML zu einer Basis für das MDA-Konzept geworden.

1.2.2 MDA – Model Driven Architecture

In der Abbildung 1.1 kann man bereits erkennen, dass ein zeitgemäßer Anwendungsentwicklungsprozess in jeder Phase immer wieder Modellierung bedeutet. Jede Aktivität der Anwendungsentwicklung umfasst ein stetiges Abstrahieren und Abbilden von Erkenntnissen in einer bestimmten formalen Weise.

Die Erkenntnisse der frühen Phasen werden gemeinsam mit Experten der Fachwelt analysiert und in fachliche Modelle überführt, zum Beispiel Geschäftsprozessmodelle oder Ereignis/Prozessketten. Diese Modelle werden aufgegriffen und in folgenden Phasen in anderen Modellen, zum Beispiel mit Hilfe der UML, dargestellt, bis zuletzt auf der Basis der vorliegenden Modelle eine Implementierung, also eine Überführung in Datenbankschemata, Programme, Konfigurationen, graphische Oberflächen etc. erfolgen kann. Das an sich ist schon in gewisser Weise ein Vorantreiben der Entwicklung durch Modellierung, also modellgetriebene Software-Entwicklung (MDSD).

Der modellgetriebene Vorgehensprozess besteht nicht allein aus Modellierungsaktivitäten. Ein wesentlicher Teil der Entwicklung der letzten Jahre liegt zum Beispiel darin, Softwarekomponenten auf der Basis von Modellen generativ zu erstellen. Diesen Gedanken, dass die Software-Entwicklung der Zukunft aus den Schritten Modellieren, Generieren, Installieren, Konfigurieren besteht, hat man schon mit der strukturierten Software-Entwicklung verfolgt und mit den *Computer Aided Software Engineering* (CASE)-Werkzeugen bis zu einer gewissen Reife gebracht. Allerdings haben sich auch Grenzen gezeigt. Noch ist die Aktivität der Programmierung nicht wegzudenken. Doch nach wie vor wird an der Idee, die Routinetätigkeiten der Codierung durch generative Techniken zu unterstützen, intensiv und durchaus mit Erfolg gearbeitet [Cza00, Sta07, AMDA, OAW].

MDA – mittlerweile ein eingetragenes Warenzeichen der OMG – und MDSD verfolgen prinzipiell die gleichen Ziele. MDA geht jedoch einen Schritt weiter und schlägt vor, dass ein modellgetriebenes Vorgehen in einem ständigen Wechsel von Modellierungs- und Transformationsschritten erfolgt. Das heißt, sofern eine Modellierungsaktivität bis zu einem gewissen Ergebnis bearbeitet worden ist, wird das Modell mit einem Transformationsschritt in eine nächste Phase überführt, wo die Modellierung mit den entsprechenden Mitteln und Techniken fortgesetzt werden kann. Auch die Umsetzung in Code ist in diesem Sinne eine Modellierungsaktivität. Abbildung 1.4 zeigt anschaulich diesen Prozess.

10   1 Einführung

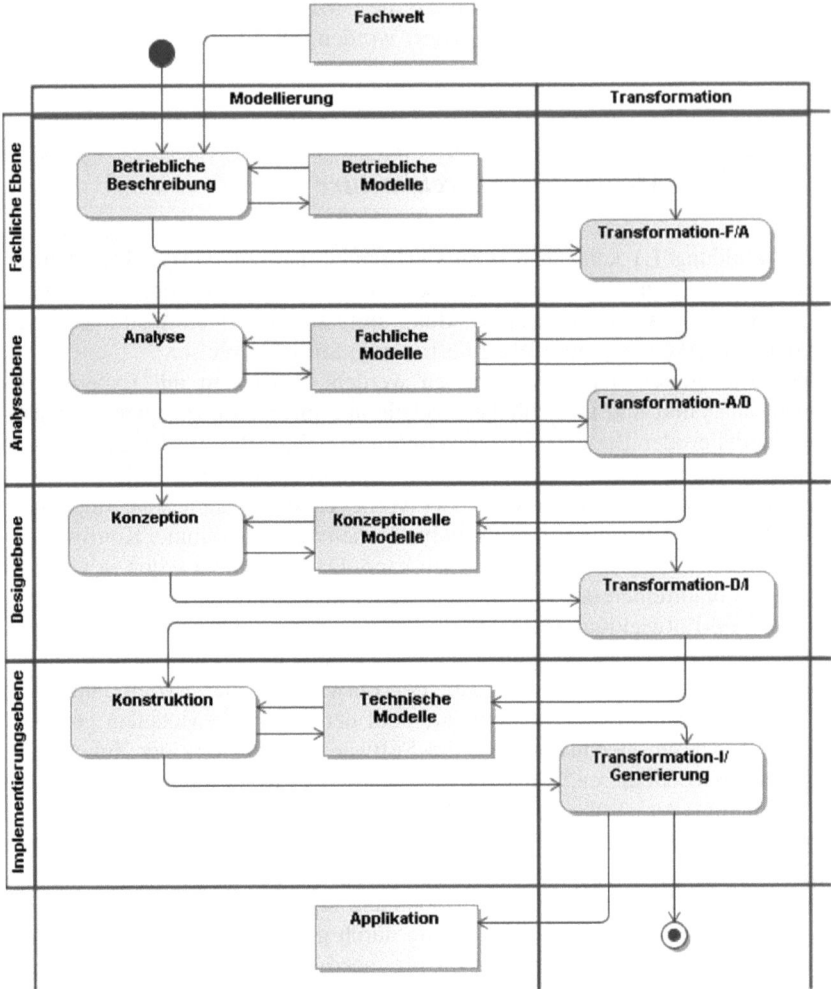

Abb. 1.4: Ein modellgetriebener Anwendungsentwicklungsprozess

Die Phasen beziehungsweise die Entwicklungsebenen, dargestellt durch die horizontalen Bereiche, sind im Grunde genommen die des einfachen phasenorientierten Vorgehensmodells, wie wir es kennen (Abbildung 1.1). In dem MDA-Verständnis gibt es jedoch zwei weitere Säulen, hier dargestellt durch die Partitionen Modellierung und Transformation. Nach der Bearbeitung eines Modells in einer Phase geht dies in den Transformationsbereich über, wo dann eine Transformation eines Modells als Ausgangspunkt für die nächste Modellierungsphase vorgenommen wird. Diese Anschauung ist natürlich noch etwas einfach, denn Transformation ist durchaus auch in derselben Ebene zugelassen, und es muss nicht immer ein *Top-down*-Transformieren „von oben nach unten" sein.

MDA dehnt den Aspekt der modellgetriebenen Generierung auf die Entwicklung von Architekturen aus. Um dies besser zu verstehen, müssen wir uns jedoch die Definitionen der OMG aus dem MDA-Konzept etwas genauer vornehmen. Dies soll hier, auch wenn es für ein Gesamtverständnis wichtig ist, jedoch nur im Überblick getan werden. Zur Vertiefung möchte ich auf die weitere Literatur zum Thema MDA verweisen [Gru06, Pet06], insbesondere auch auf das einleitende Kapitel von [Nol09] und die Originalspezifikation der OMG [MDA], die allerdings nicht immer einfach zu lesen ist.

Grundbegriffe der Model Driven Architecture

Im Folgenden sind einige Definitionen aufgeführt, die in dieser Form auch in [Nol09] und in den dort angegebenen Quellen zu finden sind:

- System

  Ein System ist ein aus Teilen zusammengesetztes und strukturiertes Ganzes. Systeme haben eine Funktion, erfüllen einen Zweck und verfügen über eine Architektur [IEEE 1471]. Damit können nahezu alle konkreten oder abstrakten „Dinge" subsumiert werden, die eine Struktur haben. Im Kontext der modellgestützten Entwicklung von IT-Systemen interessieren uns natürlich alle betrieblichen oder technischen Systeme, in denen IT-Lösungen eingesetzt werden sollen, wie auch die IT-Systeme selbst, die zur Entwicklung der IT-Lösungen herangezogen werden.

- Plattform

  Eine Plattform ist eine Ausführungsumgebung für ein Anwendungssystem. Sie stellt dazu spezielle Schnittstellen bereit, wie zum Beispiel ein Betriebssystem, ein Datenbanksystem oder die Laufzeitumgebung einer Programmiersprache.

  Nach dem Verständnis der OMG ist eine Plattform
  „eine kohärente Menge von Subsystemen und Technologien, die von auf dieser Plattform lauffähigen Anwendungen benutzt werden können. Die Benutzung erfolgt durch die Verwendung genau spezifizierter Schnittstellen und Gebrauchsmuster ohne Kenntnis darüber, wie die über die Schnittstellen angebotenen Dienste implementiert sind".

  Die Plattform als Ausführungsumgebung von Anwendungssystemen kann kaskadierend sein. Das heißt, ein auf einer bestimmten Plattform laufendes Anwendungssystem kann selbst wieder Plattform für ein anderes System sein. So ist zum Beispiel das auf der Hardware eines Rechnersystems laufende Betriebssystem eine mögliche Plattform für ein Datenbanksystem und dies wiederum eine Plattform für eine datenbankgestützte Applikation.

- Modell

    Ein Modell ist die Beschreibung oder Abbildung eines Systems und seiner Umgebung unter einem gewissen Blickwinkel der Betrachtung. (Der Begriff *purpose* der OMG-Definition wird hier mehr in Richtung *aspect* oder *viewpoint* ausgedehnt, vgl. [Gru06].) Ein Modell wird oft, zumindest in frühen Phasen der Anwendungsentwicklung, in einer semi-formalen Weise repräsentiert, bestehend aus graphischen Diagrammen mit erläuternden natürlichsprachlichen Kommentierungen. Ein Modell beschreibt immer die Sachverhalte einer Realität in einer abstrakten graphischen oder textuellen Form. Modelle können auch als maßstabgerechte Nachbildungen einer Realität repräsentiert sein. Das ist in dem MDA-Kontext allerdings nicht relevant.

- Modellierung

    Die Beschreibung eines Systems in Form eines Modells wird als Modellierung bezeichnet; Modellierung ist ein zentraler Gedanke des MDA-Ansatzes. Modellierung ist die konkrete Beschreibung der realen Welt beziehungsweise des Ausschnittes der realen Welt, der Domäne, die Gegenstand der aktuellen Betrachtung ist. In diesem Kontext wird die Darstellung in Modellen ausschließlich mit formalen Modellierungssprachen vorgenommen, zum Beispiel der UML.

- Architektur

    Der nächste wesentliche Aspekt ist der der Architektur und – natürlich – des architekturgetriebenen Vorgehens.

    Nach der [IEEE1471] ist Architektur
    „die fundamentale Organisation eines aus untereinander in Beziehung stehenden Komponenten zusammengesetzten Systems und dessen Umgebung. Das System hat eine Ordnung und ist in einer evolutionären Entwicklung entworfen und realisiert."

    Das heißt, die Architektur eines Systems besteht aus dem System in seinem Aufbau an sich und aus den diversen abstrakten Repräsentationsformen des evolutionären Entwicklungsprozesses.

    Nach dem Verständnis der OMG ist die
    „Architektur eines Systems die abstrakte Spezifikation seiner Bestandteile – Parts –, der verbindenden Elemente – Konnektoren – und der Regeln für die Interaktion zwischen den Teilen eines Systems über die definierten Konnektoren".

Der Begriff MDA ist nun nicht einfach in diesen Katalog einzuordnen. MDA bedeutet intuitiv die systematische Entwicklung von stabilen, tragfähigen IT-Architekturen, also modellgetriebene Architekturentwicklung. Dies geschieht, wie wir oben in Abbildung 1.4 sehen können, durch eine iterierende Abfolge von Modellierungs- und Transformationsschritten. In den Entwicklungsebenen findet Modellierung statt. Der Übergang von einer Entwicklungsebene zur folgenden wird jeweils durch eine Transformation der Modelle unterstützt. Transformationen ermöglichen jedoch nicht nur eine Überführung von Modellen, sondern auch Prüfung von deren Gültigkeit im Sinne einer formalen Modellierung, wodurch gewissermaßen die Tragfähigkeit der Systeme konzeptionell hergestellt werden kann.

Ein willkommener Nebeneffekt eines MDA-orientierten Vorgehens ist es demnach, dass bei jedem Phasenübergang, von einer Entwicklungsebene zu einer anderen, unter formalen Gesichtspunkten gültige Ausgangsmodelle übergeben werden. In gewisser Weise kann auch die semantische, sachlogische Validität von Modellen kontrolliert und gewahrt werden, nämlich durch die Ergänzung und Prüfung von formalen Gültigkeitsbedingungen zum Beispiel mit der *Object Constraint Language*.

Die drei Grundziele der modellgetriebenen Architekturentwicklung [MDA03] sind:

1. Portabilität,
   die größtmögliche Unabhängigkeit eines Systems von möglichen Betriebsplattformen,
2. Interoperabilität,
   die Fähigkeit eines Systems, möglichst nahtlos mit anderen Systemen zusammenzuwirken,
3. Wiederverwendbarkeit,
   das Qualitätsmerkmal eines Systems, möglichst umfassend in möglichst vielen unterschiedlichen Kontexten verwendet werden zu können.

Der MDA-Ansatz versucht, diese grundlegenden Ziele zu erreichen, indem eine konsequente Trennung der Spezifikation eines Systems von dessen Implementierung auf einer speziellen Plattform vorgenommen wird. So beginnt man mit einer Modellierung, die gänzlich losgelöst von entwicklungsspezifischen Sachverhalten ist, *Computational Independent Modeling* (CIM). Dem folgt eine bereits konzeptionellere Modellierung, die immer noch bestimmte Entwicklungs- und Betriebsplattform unberücksichtigt lässt, *Platform Independent Modeling* (PIM). Im Weiteren erfolgt eine Überführung der Spezifikation auf eine oder mehrere beliebige zugrundeliegende Plattform(en), wo eine weitere Modellierung unter plattformspezifischen Gesichtspunkten stattfindet, *Platform Specific Modeling* (PSM). Zuletzt wird eine Überführung des plattformspezifischen Modells in die Implementierungsschicht vorgenommen, *Implementation Modeling* (IM).

Man kann bereits erkennen, dass MDA im Sinne der Architekturentwicklung auch ein spezielles Vorgehen beschreibt, so dass es nahelegt, das MDA-Schichtenmodell in einem Vorgehensmodell zu integrieren (Abbildung 1.5). Weitere Überlegungen dazu finden sich in [Pet06].

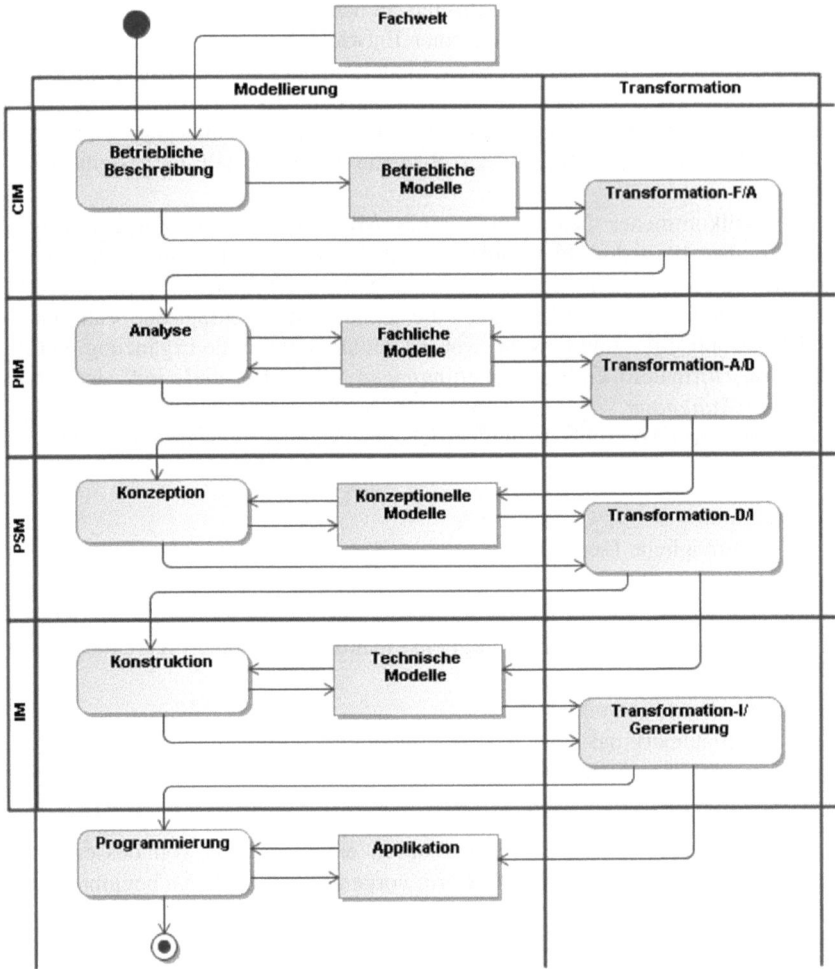

Abb. 1.5: Der MDA-Entwicklungsprozess

Transformation

Der Begriff der Transformation wird in diesem Buch natürlich im Mittelpunkt stehen, da wir uns zum Ziel gesetzt haben, die Transformationssprache *Operational Mappings* kennenlernen zu wollen und Modelltransformationen damit zu entwickeln und auszuführen.

> Transformation ist ein Prozess, um ein oder mehrere Modelle eines Systems in ein oder mehrere andere Modelle desselben Systems zu überführen.

Transformation kann auch synonym und etwas präziser als Modelltransformation bezeichnet werden. Dagegen ist ebenfalls die Erzeugung von Codeartefakten aus formalen Modellen möglich. Dies wird als „Modell-nach-Text"-Transformation oder besser Codegenerierung bezeichnet. Bei einer strengen Auslegung der MDA ist die Generierung von Code in einer formalen Programmiersprache ebenfalls eine Transformation, die Differenzierung zwischen formalen Modellierungssprachen und formalen Programmiersprachen ist nicht so sehr von Belang. *Operational Mappings* ist jedoch eine Sprache, die die Transformation von formalen Modellen unterstützt, worauf wir uns somit konzentrieren werden. Die Generierung von Code, die „Modell-nach-Text"-Transformation, wird in diesem Buch nicht betrachtet werden, auch wenn sie im Rahmen einer Entwicklung von DV-gestützten Anwendungssystemen eine wesentliche Rolle spielt.

Die Modelle, die Gegenstand von Transformationen sind, liegen entweder in derselben Abstraktionsebene – CIM-CIM, PIM-PIM, PSM-PSM – oder in aufeinander folgenden Abstraktionsebenen – CIM-PIM, PIM-PSM, PSM-IM. Theoretisch ist auch ein „Überbrücken" von mehreren Abstraktionsebenen (CIM-PSM) denkbar, praktisch macht es aber keinen Sinn. Theoretisch ist ebenso ein Rücktransformieren zum Beispiel aus der PSM in die PIM denkbar, in wieweit das jedoch auch praktisch Sinn macht, möchte ich bis auf weiteres der Forschung überlassen. In den meisten Quellen wird Transformation zwischen den Ebenen PIM und PSM veranschaulicht; das macht Sinn und das wollen auch wir tun (siehe Abbildung 1.6).

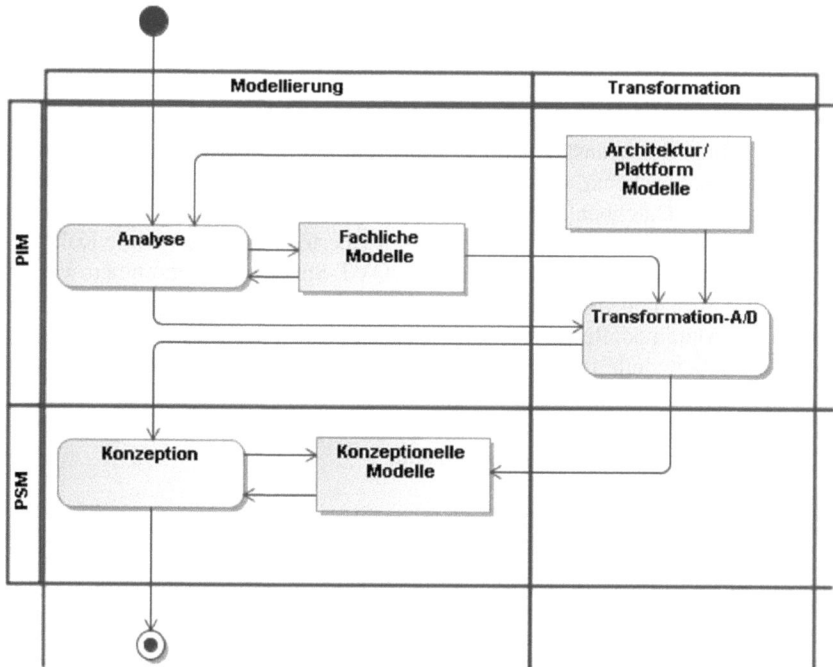

Abb. 1.6: Das MDA-Transformationspattern

Dieses Diagramm entspricht der Darstellung des MDA-Transformationspatterns, wie es im MDA-Guide vorgestellt wird [MDA03], in Form eines UML-Aktivitätendiagramms. Der Prozess `Transformation-A/D` repräsentiert die Aktivität, die mit dem Vorbereiten, dem Beschreiben und Durchführen der Transformation befasst ist. Je nachdem, welche Variante von Transformation angewandt wird (vgl. [Gru06, Pet06]), sind gewisse Vorgaben erforderlich, die hier unter Architektur/Plattformmodelle subsumiert sein sollen. An dieser Stelle kommt also ein neuer Architekturaspekt ins Spiel, nämlich die Bereitstellung von Modellen und Scripten im Transformationssektor.

Architekturentwicklung ist also auf der einen Seite, wie wir sie oben eingeführt haben, die Entwicklung von tragfähigen Anwendungsarchitekturen, auf der anderen Seite geht es um die Erarbeitung und Bereitstellung von Architekturmodellen als Basis für eine modellgetriebene Anwendungsentwicklung. Der zweite Aspekt ist die wesentliche Aufgabe im Rahmen von Modelltransformationen und damit das zentrale Thema dieser Ausarbeitung.

Wir werden uns im Weiteren vorwiegend mit dem metamodellorientierten Ansatz beschäftigen. Aus dem Grund benötigen wir als Architektur/Plattformmodelle mindestens die Metamodelle der zu transformierenden Komponenten. Exemplarisch zeigt dies für das Beispiel, welches sich als roter Faden durch dieses Fachbuch ziehen wird, die Abbildung 1.7:

1. Im Rahmen der fachlichen Analyse von Geschäftsklassen wird unter Verwendung der Modellierungssprache UML ein Klassendiagramm erstellt. Das Klassendiagramm liegt als UML-Modell vor.
2. Im Transformationsschritt soll das Klassendiagramm in ein konzeptionelles Datenbankschema überführt werden. Hierzu wird als Metamodell das *Entity Relationship*-Modell [Che66] verwendet.
3. Das Ergebnis der Transformation ist also ein konzeptionelles *Entity Relationship*-Datenbankschema, das in der konzeptionellen Modellierung im Sinne eines logischen Datenbankdesigns weiter bearbeitet werden kann. Die Wahl der physikalischen Datenbank spielt bei diesen Überlegungen noch keine Rolle.
4. Die Modelltransformation soll mit einer QVT-Sprache vorgenommen werden. Eine der Aufgaben im Rahmen der Aktion *Transformation* besteht nun auch darin, die Metamodelle zu definieren oder zu organisieren. In der Regel existieren die Metamodelle in einer graphischen Repräsentation; für die Transformation werden sie allerdings in einer serialisierten Form benötigt.
5. Und schließlich ist das Schreiben des QVT-Scriptes vorzunehmen, mit dem die Transformation durchgeführt werden soll.

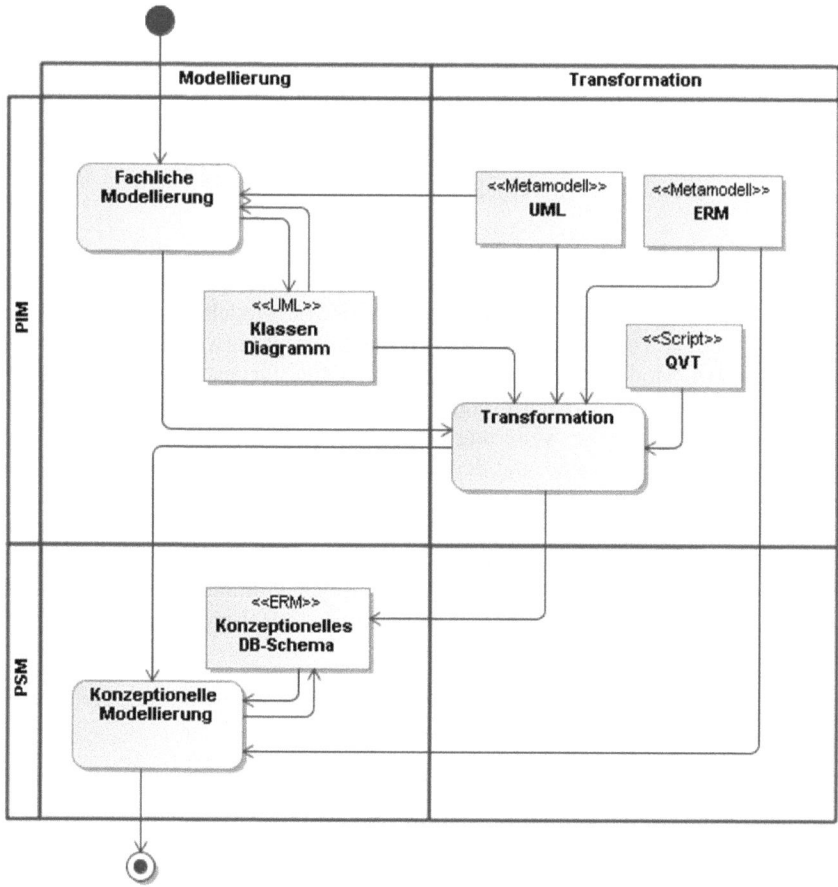

Abb. 1.7: Ein exemplarisches MDA-Transformationspattern

1.2.3 MOF – Modelle und Metamodelle

Wie im vorigen Kapitel angesprochen, sind die Aufgaben im Rahmen der Transformationsaktivität:

1. Erstellen oder Beschaffen von Metamodellen
2. Beschreiben der Transformation
3. Durchführen der Transformation

Das Erstellen und Durchführen von Transformationen ist im Sinne der MDA eine klassische Aufgabe eines IT-Architekten.

Diese ist verhältnismäßig schwierig bis nahezu unmöglich zu lösen, wenn die vorhergehende Modellierung in nicht-formaler Form erfolgt ist, wenn zum Beispiel die Modelle umgangssprachlich in Prosatexten beschrieben worden sind. Eine wesentliche Voraussetzung für eine modellgetriebene Entwicklung ist, wie oben schon mehrfach angedeutet, das Vorhandensein von formalen Modellen.

Was aber ist ein formales Modell?

Ein formales Modell ist ein Modell, welches in einer Modellierungssprache beschrieben worden ist, deren Syntax auf einem Metamodell basiert. Zur Unterstützung der Modellierung und Austauschbarkeit von Modellen hat die OMG im Rahmen der *Meta Object Facility* (MOF) ein Konzept entwickelt, auf der Basis einer formalen Modellierungssprache Metamodelle für andere Modellierungssprachen zu beschreiben [MOF]. Nach [Gru06] ist die MOF das Werkzeug der UML zur Erstellung und Erweiterung von Metamodellen. Oder mit anderen Worten, die UML ist die Sprache, mit der auch formale Metamodelle entwickelt werden, die im Rahmen des MDA-Ansatzes sowohl für die Aufgabe der Modellierung, als auch für die Beschreibung und Durchführung von Transformationen herangezogen werden sollen. Die Syntax von Modellierungssprachen, deren Aufbau und Struktur, wird mit Hilfe von UML-Klassendiagrammen spezifiziert. Dies kann natürlich nicht so stehen bleiben, ohne an einem Beispiel veranschaulicht zu werden.

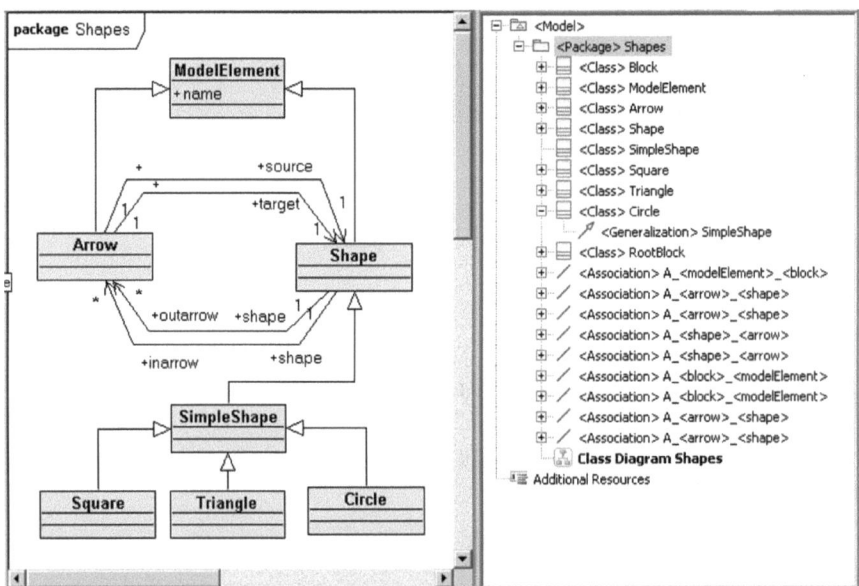

Abb. 1.8: Ein einfaches Metamodell für die Modellierungssprache Shapes

Abbildung 1.8 zeigt ein einfaches Metamodell und das dazugehörige UML-Modell im Eclipse UML2-Framework für eine Modellierungssprache, mit der eine graphische Modellierung von einfachen geometrischen Figuren – Rechtecken, Kreisen, Dreiecken – möglich ist, die mit Pfeilen miteinander verbunden sind. Ein derartig entwickeltes Modell für eine Modellierungssprache ist also ein Metamodell. Modellierungssprachen, die in dieser Weise beschrieben worden sind, wollen wir als formale Modellierungssprachen oder auch MOF-Sprachen bezeichnen. Beispiele für formale Modellierungssprachen in diesem Sinne sind die UML selbst und die BPMN (*Business Process Modeling Notation*) [BPMN]. Mit Metamodellen als Grundlage für eine Modelltransformation werde ich mich in Kapitel 2 noch intensiver beschäftigen.

1.2.4 QVT – Query Views Transformation

Die meisten MDA-Konzepte haben wir kennen gelernt. Was Modelle und Metamodelle sind und wie wir Metamodelle bauen und einsetzen, ahnen wir auch schon. Nun ist es langsam an der Zeit, dass wir uns zum Abschluss der Einleitung mit der QVT beschäftigen. QVT ist der mittlerweile standardisierte Vorschlag der OMG, im Rahmen des MDA-Konzeptes Transformationen zwischen Modellen zu beschreiben.

- Q – Query – ist sinngemäß die Beschreibung einer Anfrage bezogen auf ein Quellmodell, um einen speziellen Ausschnitt als Kandidaten für die Transformation zu ermitteln. Der Kandidat für die Transformation ist entweder das Quellmodell selbst oder eine spezielle Sammlung von Elementen, welche durch die Anfrage, die Query, bestimmt wird.
- V – View – ist die Beschreibung einer Sicht, wie das Ergebnis im Zielmodell aussehen soll. Zum Beispiel können wir es in einem UML-Quellmodell mit `Packages`, `Classes`, `Attributes` oder `Associations` zu tun haben und im RDBM-Zielmodell mit `Schemas`, `Tables`, `Columns`.
- T – Transformation – ist der Prozess, das konkrete Quellmodell mit der definierten Query zu ermitteln und in das Zielmodell zu überführen.

Das QVT-Prinzip liegt also darin, dass zum einen mit Hilfe einer *Query* in einem Quellmodell ein spezielles Teilmodell selektiert wird. Auf der anderen Seite wird in einem Zielmodell eine bestimmte *View* beschrieben als Zielschema für den transformierten Modellausschnitt. Und zum Dritten wird mit Hilfe einer *Transformation* eine Überführung des Quellmodells in die *View*, in das Zielmodell vorgenommen. Mit Transformationen ist es ebenso möglich, die Konsistenz von Modellen zu untersuchen oder gar zu erzwingen.

In der Spezifikation der QVT gibt es grundsätzlich zwei Vorgehensweisen, Transformationen zu beschreiben:

1. Deskriptiver Ansatz
Es wird ein zu bearbeitender Ausschnitt des Quellmodells beschrieben, die Query, und die Form des Zieles im Zielmodell. Die Durchführung der Transformation wird einem QVT-Interpreter überlassen.
2. Imperativer oder operationaler Ansatz
Die Überführung eines Quellmodells in ein Zielmodell erfolgt durch Programmierung des Transformationsprozesses in Form von operativen Transformationsanweisungen.

Einen Überblick über die Sprachen der QVT und eine Differenzierung nach dem deskriptiven oder imperativen Ansatz zeigt Abbildung 1.9.

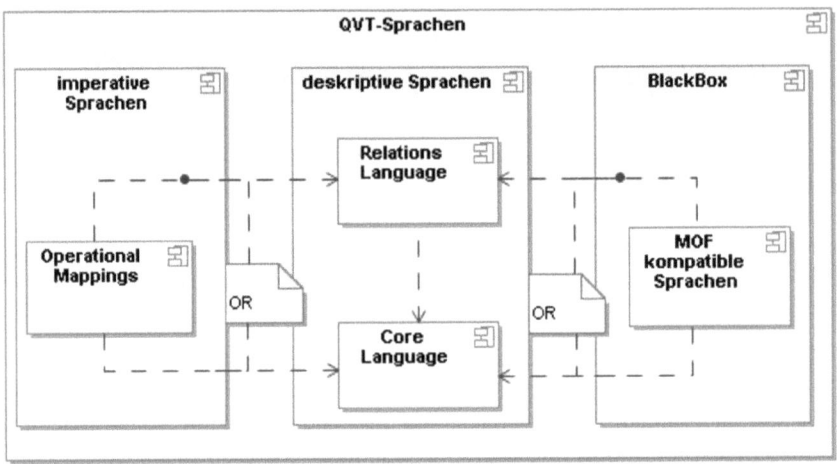

Abb. 1.9: Architektur der QVT-Sprachen

In der Spezifikation MOF QVT wird ein Tripel von Sprachen definiert – *Relations Language, Operational Mappings, Core Language* –, mit dem QVT-Scripte in deskriptiver oder imperativer Weise entwickelt werden können. Bei der *Relations Language* und *Core Language* handelt es sich um deskriptive Sprachtypen, *Operational Mappings* ist eine imperative Sprache. Daneben gibt es die Sprachkomponente *BlackBox*. Hierbei handelt es sich um eine beliebige Transformationssprache aus einer externen Quelle.

Im Sinne der MOF/QVT-Konformität ist lediglich gefordert, dass die *BlackBox*-Sprachen auf eine definierte QVT-Sprache abgebildet werden. Die QVT, insbesondere die QVT-*Core Language*, ist damit das Laufzeitsystem für eine *BlackBox*-Sprache. QVT lässt auch hybride Sprachen zu – genauer: eine gemischte Anwendung der Sprachkonzepte –, die also sowohl imperative wie auch deskriptive Sprachkonstrukte verwenden. Das ist allerdings meiner Meinung nach ein akademischer Aspekt, den ich in diesem Buch nicht weiter verfolgen möchte.

Deskriptive Sprachen

Relations Language

Die *Relations Language* beschreibt in deskriptiver Weise eine Transformation in Form von gültigen Beziehungen zwischen Modellen. Dies geschieht durch Relationen zwischen den beteiligten Modellelementen und der Angabe von Regeln, welche durch spezielle Muster (*Patterns*) spezifiziert werden. Die *Relations Language* ist vom Sprachumfang her relativ mächtig, da neben den Relationen auch Optionen zur Beschreibung von Regeln auf der Basis der kompletten OCL angeboten werden. *Relations Language* ist aufgrund der starken Beziehung zwischen dem Quellmodell (*Query*) und dem Zielmodell (*View*) bidirektional, jede Änderung am generierten Modell schlägt sich auch unmittelbar auf die Quelle der Generierung nieder.

Core Language

Die *Core Language* ist ebenfalls eine deskriptive Sprache, die sich konsequent auf das Prinzip des *Pattern Matching* abstützt. Die *Core Language* ist verhältnismäßig gering im Umfang, aber vollständig im Sinne einer Transformationssprache, so dass jede „Modell-nach-Modell"-Transformation damit beschreibbar ist. Die *Core Language* ist gewissermaßen das Laufzeitsystem für andere – deklarative, wie auch imperative – QVT-Sprachen. Dies wird als *Virtual Machine Analogy* bezeichnet. Mit der *RelationsToCore*-Transformation wird die *Relations Language* vollständig auf die *Core Language* abgebildet.

Imperative Sprachen

Operational Mappings

Die Sprache *Operational Mappings* erlaubt die Formulierung von Relationen und Transformationen mit imperativen Sprachkonstrukten, die denen von bekannten höheren Programmiersprachen ähnlich sind. Die Transformationen zwischen den Modellen werden in Form von *Mapping*-Operationen (*mapping operations*) beschrieben. *Operational Mappings*-Scripte werden entweder auf die *Relations Language* und darüber auf die *Core Language* oder direkt auf die *Core Language* abgebildet. Damit definiert die *Core Language* auch hier das Laufzeitsystem für die *Operational Mappings*. *Operational Mappings* ist unidirektional – und nicht bidirektional –, die durch *Mapping*-Operationen herbeigeführten Änderungen auf dem Zielmodell werden im Quellmodell nicht unmittelbar nachvollzogen.

BlackBox

Neben den deskriptiven und imperativen Sprachen bietet die QVT ein zusätzliches Konzept an, die *BlackBox*-Sprachen. Hiermit ist anderen, zum Beispiel Herstellern von MDA-Werkzeugen, die Möglichkeit gegeben, sich in das QVT-Sprachschema der OMG einzufügen. Es wird also von Dritten nicht gefordert, dass sie imperative oder deklarative Sprachen im Sinne der QVT-Spezifikation beitragen, damit ihre Produkte als MDA-konform gelten. Es wird aber vorgegeben, dass sich die proprietären Sprachen von Dritten in der Weise in die QVT-Architektur einordnen lassen, dass sie vollständig auf die *Relational Language* oder auf die *Core Language* abgebildet werden, so wie das zum Beispiel auch für die QVT-Sprachen *Relations Language* und *Operational Mappings* selbst der Fall ist.

Transformationen können unidirektional oder bidirektional sein.

- Unidirektionale Transformationen sind solche, die nur in eine Richtung erfolgen, die also lediglich aus Quellmodellen ein Zielmodell erzeugen. Zielmodelle können weiter bearbeitet und modifiziert werden, die Änderungen haben aber keine unmittelbare Auswirkung auf das oder die Quellmodelle zur Folge.
- Bidirektionale Transformationen sind in beiden Richtungen möglich. Es erfolgt eine Kopplung der Modelle, so dass Änderungen vom Zielmodell unmittelbar im Quellmodell nachvollzogen werden.

Deskriptive Sprachen der QVT sind bidirektional, imperative Sprachen unidirektional.

1.3 Zusammenfassung und Ausblick

Bisher haben wir uns etwas oberflächlich mit den Ansätzen der MDA im weitesten Sinn beschäftigt. Darunter fallen Konzepte wie

- die Spezifikation von formalen Modelltypen (MOF),
- die Modellierung mit formalen Modellierungssprachen (UML, SysML, BPML etc.),
- die Transformation von formalen Modellen mit QVT.

Bei den einführenden Betrachtungen standen sehr konkret die Veröffentlichungen der OMG im Vordergrund. Es gibt andere Sichtweisen, zum Beispiel *Model Driven Software Development* (MDSD), denen mehr die Ideen aus der modellgetriebenen generativen Software-Entwicklung zugrunde liegen. Zentraler Gegenstand dieses Fachbuches ist allerdings eine konsequente Auseinandersetzung mit den Vorschlägen der OMG für einen modellgetriebenen Ansatz im Allgemeinen und für Transformationen im Besonderen.

Ich werde mich in diesem Buch auf die imperative Sprache *Operational Mappings* konzentrieren. Die QVT *Relations Language* ist ausführlich in [Nol09] vorgestellt worden. Wie auch bei der *Relations Language* werde ich die *Operational Mappings* zuerst von der formalen Seite aus vermitteln und sie daran anschließend in umfassenden und praktischen Beispielen detailliert ausführen.

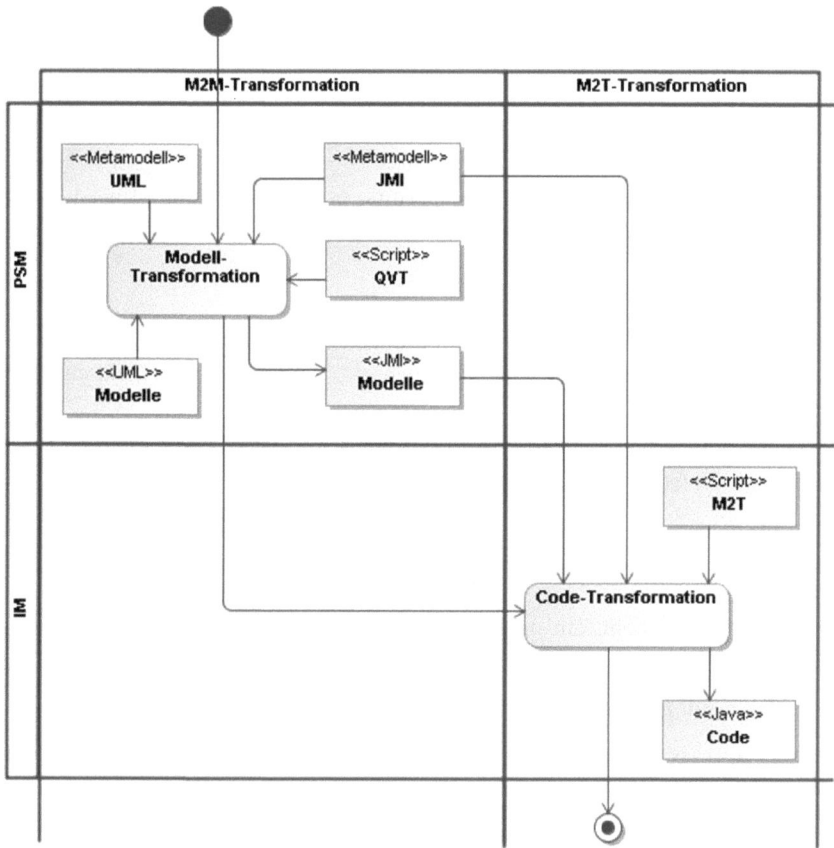

Abb. 1.10: Model-To-Model/Model-To-Text-Abgrenzung

Die deskriptiven Konzepte *Core Language* und *Relations Language* werden also nicht weiter betrachtet, obwohl sie für ein tiefer gehendes Verständnis des Transformationsprozesses durchaus interessant sind. In diesem Punkt möchte ich auf die entsprechenden Ausführungen der Spezifikation – Kapitel 7, „Relations Language", Kapitel 9, „The Core Language", und Kapitel 10, „Relations to Core Transformation" – verweisen [QVT] und natürlich auch auf das ebenfalls in dieser Reihe erschienene Buch *QVT – Relations Language* [Nol09].

Die QVT definiert mit ihren Sprachen ein Konzept für die *Model-To-Model* (M2M)-Transformation. Die *Model-To-Text* (M2T)-Transformation ist in einer eigenständigen Sprachspezifikation der OMG behandelt worden [M2T], welche wie auch die QVT-Spezifikation Anfang 2008 als offizielle erste Version herausgegeben und damit standardisiert worden ist. Mit der M2T kann eine *Model-To-Text*-Transformation beschrieben werden, mit der eine Code-Generierung durchgeführt werden kann (Abbildung 1.10). Die *Model-To-Text*-Transformation ist natürlich das Feld, welches zurzeit mit anderen Sprachen und praktikablen MDSD-Konzepten bedient wird [AMDA, OAW].

1.3.1 Hinweise zur Notation

Die formale Beschreibung der Sprachen erfolgt in einer erweiterten Backus-Naur-Form, mit folgenden Abweichungen:

In der Backus-Naur-Form steht

- „[ ]" für (0..1), also kein oder ein Vorkommen des geklammerten Ausdrucks,
- „{ }" für (0..n), also kein, ein oder mehrere Vorkommen des geklammerten Ausdrucks.

Da die „{ }" jedoch zu den reservierten Symbolen der Sprache gehören, werde ich folgende Notation verwenden:

- [ ] für (0..1) – ein optionales Vorkommen des geklammerten Ausdrucks,
- [ ]$^+$ für (1..n) – mindestens ein oder mehrere Vorkommen des geklammerten Ausdrucks,
- [ ]* für (0..n) – kein, ein oder mehrere Vorkommen des geklammerten Ausdrucks.

Im Weiteren soll gelten:

- < > – Der so geklammerte Ausdruck wird durch einen anderen Ausdruck oder ein reserviertes Wort ersetzt, zum Beispiel `<mapping_operation_call>` repräsentiert **map** `<name>`.
- Wie in den bisherigen Kapiteln werde ich weiterhin *englische Original-Begriffe* aus der Spezifikation kursiv schreiben. Englische Benennungen, die ich für Allgemeingut halte, zum Beispiel Compilation, Script, Code etc., werde ich nicht weiter hervorheben.
- **Reservierte Wörter** werden in fetter Schrift hervorgehoben. Dabei werde ich nicht unterscheiden zwischen reservierten Wörtern von QVT oder OCL, da QVT auf OCL basiert.
- `Namen von Variablen` werden im Text mit einem anderen Schrifttyp geschrieben.
- `Zeichenketten` und `Kommentare` werden in grauer Schrift dargestellt.

1.3.2 Werkzeuge

Die komplette Architektur der hier verwendeten QVT-Entwicklungsumgebung ist in Abbildung 1.11 dargestellt. Mehr über die Entwicklungsumgebung findet sich auf der Webseite des SimpleMDA-Projektes [SMDA]. Zur Erarbeitung und Demonstration der in den folgenden Kapiteln vorgestellten Beispiele sind folgende Werkzeuge eingesetzt worden:

- Eclipse [ECL] mit dem *Eclipse Modeling Framework* ([EMF], EMF Tools) und dem *Graphical Modeling Framework* ist die generelle Plattform für die UML- und QVT-Werkzeuge.
- Für die Erstellung der Modelle und Metamodelle können beliebige UML-Werkzeuge verwendet werden; vorausgesetzt ist, dass sie eine Serialisierung der Metamodelle im Eclipse-Ecore-Format unterstützen. Als frei verfügbare Werkzeuge für die Erstellung von Modellen und Metamodellen bieten sich an das Eclipse *UML2 Modeling Toolkit* [MDT] und Topcased UML2 [TOP].
- Die Entwicklung von Transformationsscripten und die Durchführung von Transformationen wurde mit den frei verfügbaren Werkzeugen SmartQVT [SQVT] und QVT Operational [QVTO] vorgenommen. QVTO ist eine Komponente des *Eclipse Modeling Toolkit*-Projektes [MDT].
- Fast alle Abbildungen dieses Buches sind mit dem kommerziellen UML-Werkzeug MagicDraw [MAG] *Personal Edition* erstellt worden.

Mit Ausnahme von MagicDraw handelt es sich um Werkzeuge, die unter *Public License* als freie und offene Produkte zur Verfügung stehen.

26 1 Einführung

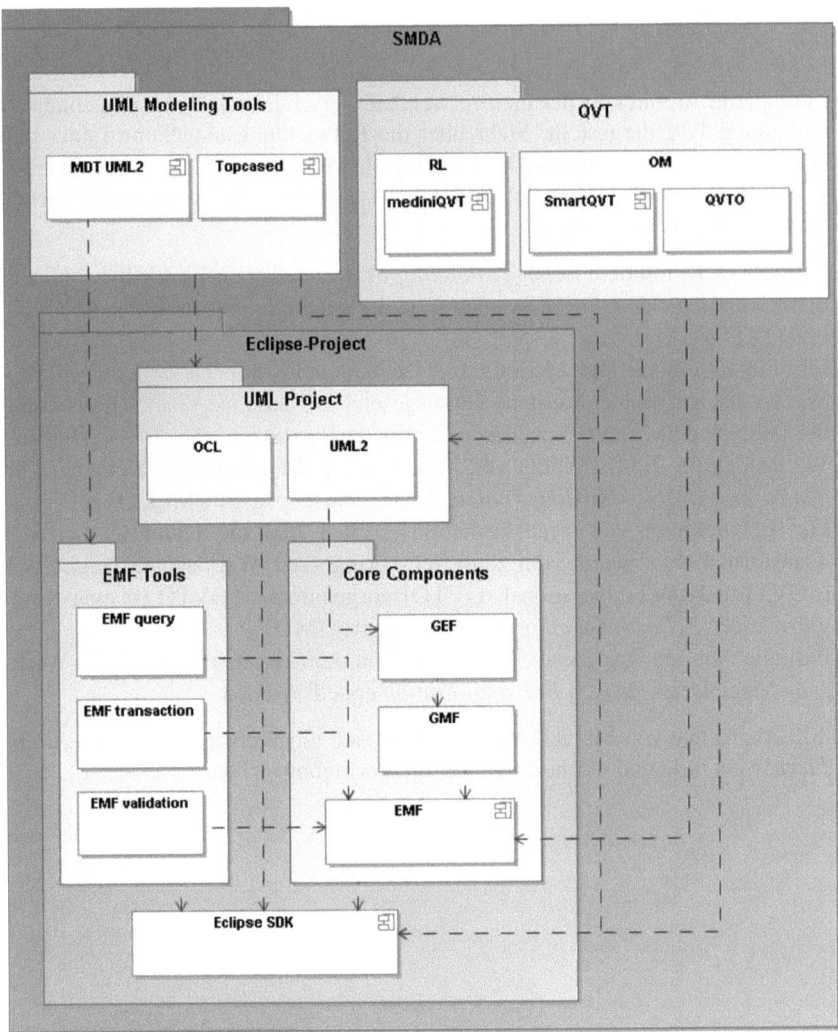

Abb. 1.11: Die Architektur der QVT-Entwicklungsumgebung

2 Modelle und Metamodelle

Eine *Operational Mappings*-Modelltransformation hat als Eingabe ein oder mehrere Quellmodelle und liefert als Ausgabe ein oder mehrere Zielmodelle. Bei den Modellen handelt es sich um formale Modelle. Das sind solche, wie wir wissen, deren Modellierungssprache auf der Grundlage eines Metamodells definiert worden ist. Nach der von der OMG vorgenommenen Spezifikation der *Meta Object Facility* [MOF] erfolgt die formale Beschreibung von Metamodellen – genauer gesagt, ihrer Syntax – mit der UML, mit UML-Klassendiagrammen. Diese sind bereits formal, daher sind auch die damit entworfenen Metamodelle formal.

Metamodelle sind die Datentypen der Argumente einer Transformation:

```
transformation tname ( in  source : Metamodel,
                       out target : Metamodel )
```

oder

```
transformation tname ( source : Metamodel ) :
                       [target :] Metamodel
```

Abbildung 2.1 zeigt das Prinzip der Transformation von Modellen auf der Basis von formalen Metamodellen exemplarisch am Beispiel der Transformation von Fachklassenmodellen im MDA-Transformationspattern. In der fachlichen Analyse, welche in der plattformunabhängigen PIM-Ebene stattfindet, wird zum Beispiel unter Anwendung der UML eine Modellierung von Fachklassen vorgenommen. Die Fachklassenmodelle `fkm:UML` fließen in eine Modelltransformation ein, wo sie unter Verwendung des UML-Metamodells für das Quellmodell und eines *Entity Relationship*-Metamodells für das Zielmodell in ein konzeptionelles Datenbankschema `kdb:ERM` umgewandelt werden. Das Ergebnismodell wird im Rahmen einer plattformspezifischen Modellierung mit Hilfe des *Entity Relationship Model* (ERM) weiter konzeptionell bearbeitet, zum Beispiel mit der Definition von Schlüsseln, Indizes, Wertebereichen der Attribute etc.

28 2 Modelle und Metamodelle

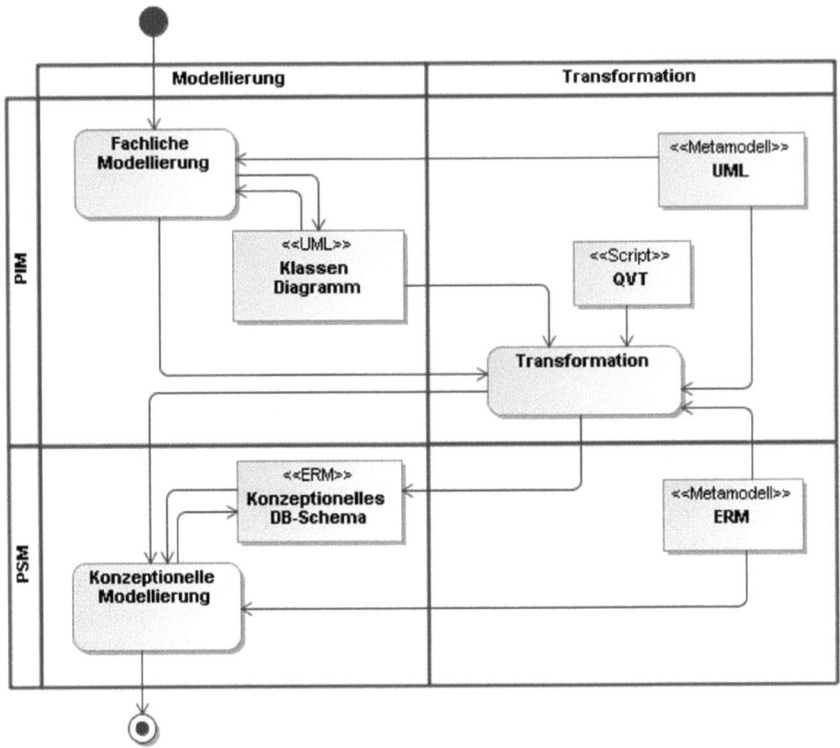

Abb. 2.1: Transformation – UML-Klassendiagramme nach ERM-Schemata

Für diese exemplarische Sicht ergibt sich also folgende Signatur einer Transformation:

transformation UML2ERM (**in** fkm : UML, **out** kdb : ERM)

2.1 Die Metamodelle `SimpleUML` und `SimpleRDBM`

Die oben skizzierte Transformation UML2ERM ist – in etwas vereinfachter, „simpler" Form – die Transformation, mit der wir uns im Rahmen dieses Buches intensiv beschäftigen werden. Analog zu dem Transformationsbeispiel der QVT-Spezifikation wird ein Modell im `SimpleUML`-Metamodell transformiert in ein Modell des Metamodells `SimpleRDBM`. Dazu müssen zuerst die Metamodelle `SimpleUML` und `SimpleRDBM` erarbeitet oder in einer für den Transformator interpretierbaren Form beigestellt werden. Formale Metamodelle werden mit Hilfe von UML2-Klassendiagrammen definiert.

Abbildung 2.2 und Abbildung 2.4 zeigen zum Beispiel die UML2-Repräsentationen der Metamodelle SimpleUML und SimpleRDBM. Sofern für die Modellierungssprachen geeignete graphische Modellierungseditoren zur Verfügung stehen, kann eine graphische Modellierung auf der Grundlage der Sprachen SimpleUML und SimpleRDBM vorgenommen werden. Abbildung 2.3 zeigt das mit der SimpleUML dargestellte einfache Klassendiagramm eines Wohnungsbaukreditgeschäftes. Die hier betrachtete reale Welt ist natürlich sehr viel komplexer und die Modelle von daher komplizierter, aber zur Veranschaulichung und Übung der Modelltransformation soll das soweit reichen. Abbildung 2.5 stellt das entsprechende Schema im simplen relationalen Datenbankmodell SimpleRDBM dar.

2.1.1 Das Metamodell SimpleUML

Das SimpleUML-Modell (Abbildung 2.2) ist ein UML-Metamodell, welches zur Modellierung von einfachen Klassendiagrammen dient. SimpleUML ist ein Metamodell für die PIM-Ebene.

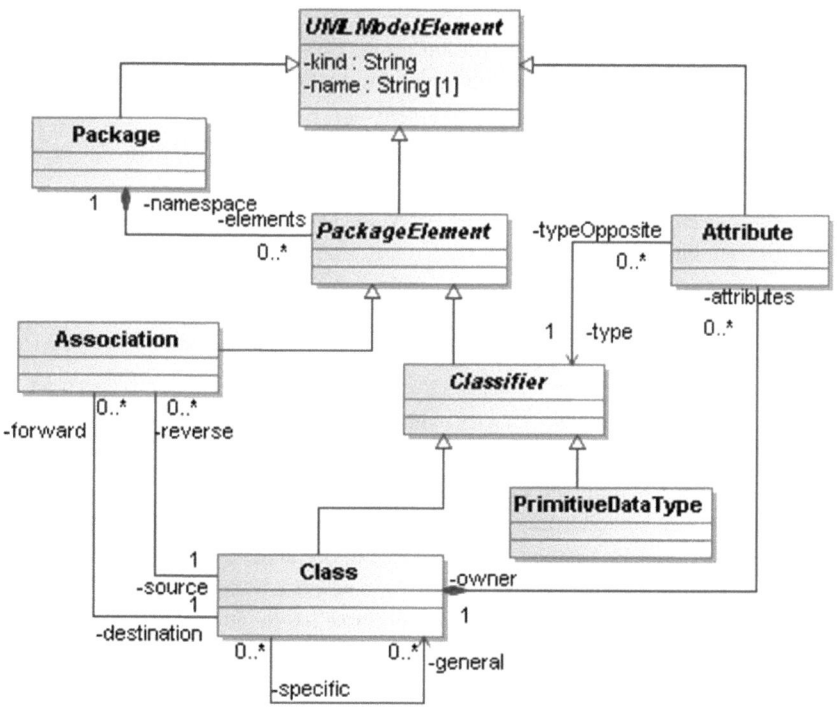

Abb. 2.2: Das Metamodell SimpleUML als UML-Klassendiagramm

Fachliche Gegenstandsstrukturen werden in Form von einfachen Klassendiagrammen dargestellt, ohne zu berücksichtigen, auf welchen Datenbankplattformen diese implementiert werden sollen.

- Ein SimpleUML-Modell besteht aus einer Menge von UMLModelElements.
- Dabei handelt es sich um Packages, PackageElements, Classifier, Classes, Datatypes, Attributes und Associations.
- Packages sind Sammlungen, die mehrere Elemente enthalten können; dies sind elements vom Typ PackageElement.
- Derartige PackageElements sind Classes, Datatypes und Associations.
- Bei Classifiern kann es sich um Classes oder PrimitiveDataTypes handeln.
- Alle UMLModelElements haben einen Typ – kind – und einen Namen – name.
- name ist eine frei definierbare Zeichenkette, welche immer einen Wert haben muss.
- kind repräsentiert einen bestimmten Typ des Elementes, der ebenfalls in Form einer Zeichenkette angegeben werden muss. So können Klassen zum Beispiel persistent sein, die Ausprägung von kind ist dann persistent.
- kind muss nicht notwendigerweise einen Wert besitzen.
- PrimitiveDataTypes haben einen kind mit den möglichen Ausprägungen Integer, Double, String oder Boolean.
- Classifier können attributes vom Typ Attribute besitzen. Die Class ist dann owner der attributes.
- attributes müssen einen owner haben und es kann nur einen owner für jeweils ein attribute geben.
- Attributes besitzen stets genau einen type, dies ist ein Classifier, der entweder ein PrimitiveDataType oder eine komplexere Class ist.
- attributes vom Typ Class sind komplexe Attribute; attributes vom Typ PrimitiveDataType sind primitive Attribute.
- Zwischen den Klassen sind binäre Beziehungen – Associations – herstellbar, in denen es keine Ordnung zwischen den beteiligten Partnern gibt.
- Ein Partner in der Beziehung ist die source, der andere die destination.
- Darüber hinaus können zwischen Klassen eine oder mehrere Generalisierungsbeziehungen modelliert werden; die Oberklasse ist die generelle – general –, die untergeordnete Class ist die konkrete oder spezifische Klasse – specific.
- UMLModelElement, PackageElement, Classifier sind abstrakte Klassen und treten als solche in SimpleUML-Modellen nicht direkt auf. Alle anderen Elemente können in einem SimpleUML-Modell vorkommen.

Das Diagramm in Abbildung 2.3 veranschaulicht die strukturellen Gegebenheiten einer Wohnungsbaufinanzierung als Beispiel eines `SimpleUML`-Modells. In dem Diagramm ist der Sachverhalt der Immobilienfinanzierung natürlich sehr vereinfacht dargestellt.

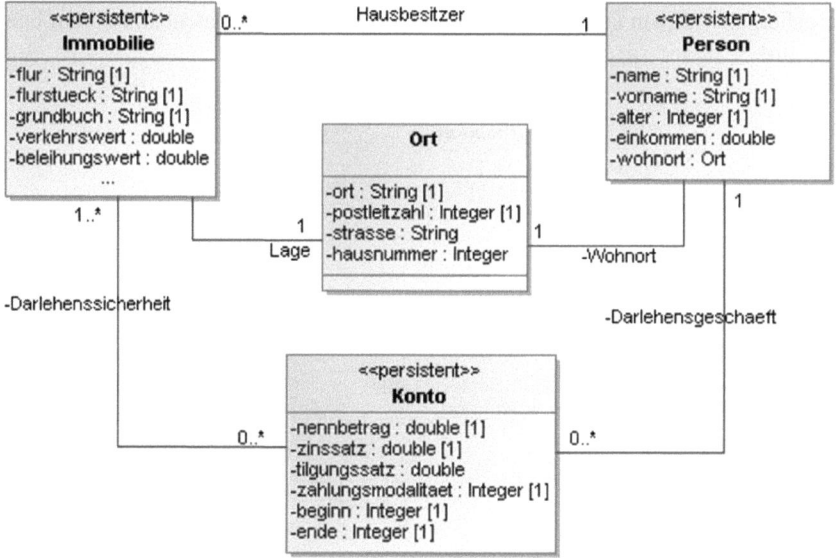

Abb. 2.3: Das Wohnungsbaukreditgeschäft als `SimpleUML`-Modell

- Eine `Person` beabsichtigt, eine `Immobilie` zu erwerben, und nimmt dazu als Fremdmittel ein Wohnungsbaudarlehen auf.
- Das `Darlehensgeschaeft` wird auf einem `Konto` verwaltet.
- In der Klasse `Konto` sind dafür in Form von Attributen die Konditionen dokumentiert, wie `nennbetrag, zinssatz, tilgungssatz` etc.
- Die `Person` hat einen `namen`, ein `alter`, ein `einkommen` und wohnt an einem `wohnort`.
- `wohnort` ist ein komplexes Attribut vom Typ `Ort`.
- Die `Person` des Darlehensnehmers soll der `Hausbesitzer` der finanzierten `Immobilie` sein.
- Bei der `Immobilie` interessiert, wo sie liegt. Die `lage`, ebenfalls ein komplexes Attribut vom Typ `Ort`, soll möglichst auch der Wohnort des Darlehensnehmers sein.
- Die `Immobilie` dient als `Darlehenssicherheit` zur Absicherung des Darlehensgeschäftes.
- Die Ausprägung des Metaattributes `kind` kann durch die Notierungen in spitzen Klammern (<< >>) angezeigt werden.

2.1.2 Das Metamodell SimpleRDBM

SimpleRDBM (Abbildung 2.4) ist das Metamodell für das Zielmodell der Transformation. Es handelt sich um ein Metamodell der PSM-Ebene; wir wissen zwar noch nicht konkret, welches Datenbanksystem wir als Plattform einsetzen wollen, wir gehen aber davon aus, dass es sich um ein relationales Datenbanksystem handeln wird.

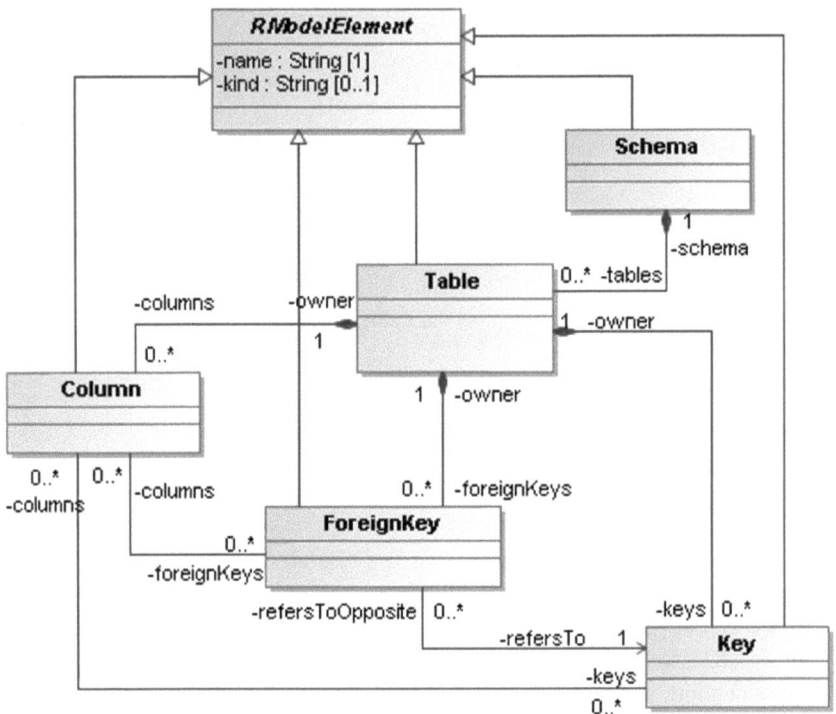

Abb. 2.4: Das Metamodell SimpleRDBM

- Alle Elemente des SimpleRDBM-Modells sind RModelElements.
- Konzeptionelle Datenbankmodelle bestehen aus relationalen Datenbankschemata – Schemas im Sprachgebrauch des SimpleRDBM –.
- Schemas sind die ordnenden Elemente von konzeptionellen Datenbankentwürfen. Sie können tables vom Typ Table enthalten.
- Die tables besitzen columns.
- Eine Tabelle kann mehrere Primärschlüsselattribute – keys – besitzen, die zur Indizierung und eindeutigen Identifizierung der Tabelleneinträge dienen.
- Ein key wird aus einer Liste von columns der Tabelle gebildet.

- Zudem kann es einen oder mehrere Fremdschlüssel – foreignKeys – geben. Diese referenzieren andere Tabellen, indem deren Primärschlüssel als foreignKeys übernommen werden.
- Alle Elemente eines SimpleRDBM haben ein Merkmal name und kind. Das Metaattribut name muss stets einen definierten Stringwert besitzen, kind nicht.

Abbildung 2.5 zeigt ein stark vereinfachtes Wohnungsbaukreditgeschäft als Beispiel eines relationalen Datenbankschemas im SimpleRDBM-Modell. Dieses Schema kann aus dem SimpleUML-Modell, wie in Abbildung 2.3 vorgestellt, durch Modelltransformation generiert werden.

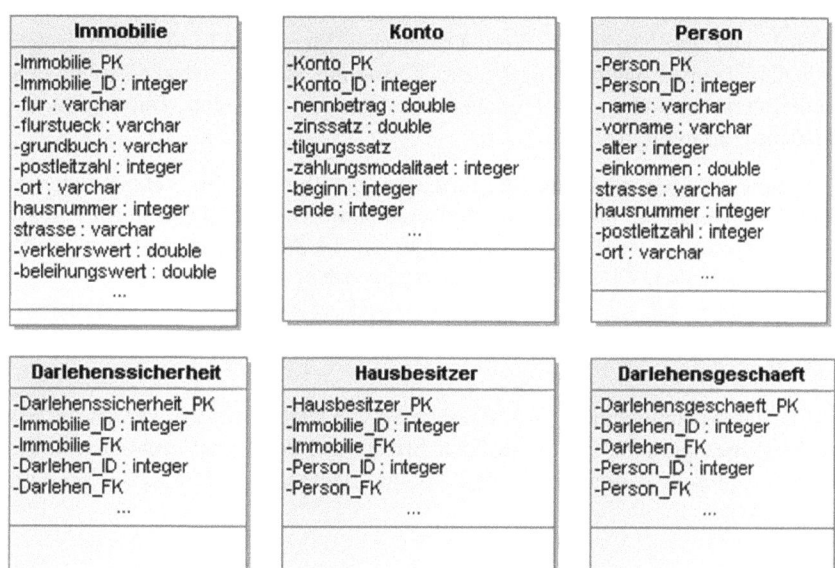

Abb. 2.5: Das Wohnungsbaukreditgeschäft als SimpleRDBM-Modell

- Das Package Darlehen im SimpleUML ergibt das Schema Darlehen im SimpleRDBM.
- Zu jeder „persistenten" Klasse Immobilie, Konto, Person gibt es eine Tabelle gleichen Namens im SimpleRDBM-Schema.
- Die Attribute der Klassen werden zu den columns der Tabelle umgewandelt, wobei die Attribute des komplexen Typs Ort eine Sonderbehandlung erfahren. Ort ist nicht persistent, wird also auch nicht als Tabelle erzeugt. Die Attribute von Ort werden den Tabellen zugeordnet, die Ort referenzieren.
- Die Assoziationen werden durch eigene Tabellen im Schema repräsentiert. Sie erhalten den Namen der jeweiligen Association im SimpleUML-Modell.

- Auf Grund bestimmter Transformationsregeln, auf die wir später noch eingehen werden, verfügen die Tabellen über spezielle `Columns` „<Tabellenname>_PK", „<Tabellenname>_FK" und „<Tabellenname>_ID".

2.2 Serialisierung der Metamodelle

Die Entwicklung von Metamodellen kann wie oben gezeigt in graphischer Form erfolgen. Metamodelle in graphischer Repräsentation sind verständlich und leicht nachvollziehbar. Der Gedanke, mit Metamodellen eine Grundlage für Modellierungssprachen und für eine formale, systematische Modellierung zu schaffen, ist natürlich von unschätzbarem Wert. Damit aber Metamodelle für einen systemgestützten Transformationsprozess zur Verfügung stehen, müssen sie in einer rechnerinterpretierbaren, also serialisierten Notation vorliegen. Dabei sind verschiedene Varianten möglich.

- Zum einen ist, da es sich bei der formalen Spezifikation von Metamodellen um Klassendiagramme handelt, ist eine serialisierte Darstellung in Form von Datenstrukturen einer höheren Programmiersprache denkbar. Diese Form der Abbildung soll als QVT-Datentyp bezeichnet werden.
- Zum anderen hat die OMG für die serielle Repräsentation von Modellen und Metamodellen das generelle Austauschformat *XML Metadata Interchange* (XMI) definiert.

Zur Veranschaulichung der Serialisierung von Metamodellen werden die Modelle herangezogen, die später auch zur Erläuterung der Transformation mit *Operational Mappings* dienen werden, obige Metamodelle `SimpleUML` und `SimpleRDBM`.

2.2.1 Deklaration der Metamodelle als QVT-Datenstruktur

Gemäß der in der Einführung vorgestellten Konvention werden die reservierten Wörter der QVT-Datentypdeklaration fett hervorgehoben.

- Metamodelle sind Packages einer QVT-Datenstruktur, die die gesamte Modelldefinition umklammern. Packages dieser Art bekommen den Namen **metamodel**.
- Die Hauptkomponenten von Metamodellen sind (Meta)Pakete – **package** – oder (Meta)Klassen – **class**. Die Komponenten von Metamodellen sind Metakomponenten. Im Folgenden werde ich diese konsequente Differenzierung nicht mehr vornehmen und mich auf Klassen, Pakete etc. beschränken.

- Weitere Komponenten sind *Enumeration*-Listen – **enum** – und primitive Datentypen – **primitive**
- Klassen können **abstract** sein, diese sind dann nicht als Objekte instantiierbar.
- Klassen können untereinander in Beziehung stehen – **extends**, **references**, **composes**.
- Eine **extends**-Beziehung bedeutet, dass Klassen von anderen Klassen erben.
- **composes** bezeichnet eine Kompositionsbeziehung, das heißt, Objekte einer Klasse setzen sich aus Objekten anderer Klassen zusammen. Eine Klasse ist zum Beispiel dann „sinnvoll", wenn sie Attribute besitzt. Auch Pakete ohne innere Elemente machen wenig Sinn. Eine **composes**-Beziehung drückt also einen stärkeren Verbund zwischen den assoziierten Klassen aus.
- Beziehungen allgemeinerer Art werden durch das Schlüsselwort **references** ausgedrückt. In dem SimpleUML-Beispiel besitzt ein Package verschiedene PackageElements, wohingegen Associations zwei in Beziehung zueinander stehende Klassen referenzieren, aber sie besitzen die assoziierten Klassen nicht. Diese Unterscheidung ist natürlich etwas feinsinnig und nicht immer leicht vorzunehmen.
- Mit **opposites** kann ein Bezug zu der Metaklasse hergestellt werden, die diese Beziehung auf der anderen Seite repräsentiert.
- Mit dem Merkmal **ordered** wird ein strukturierter Datentyp als geordnete Liste deklariert. Dies kann immer dann angegeben werden, wenn ein Attribut die Multiplizität größer als eins besitzt [*].
- Im Folgenden muss man unterscheiden zwischen **class** und Class. Einmal handelt es sich um den strukturierten QVT-Datentyp **class**, zum anderen ist es das neu definierte UMLModelElement Class unseres SimpleUML-Metamodells.

Listing 2.1: Die Metamodelle SimpleUML und SimpleRDBM

```
metamodel SimpleUML
{
   abstract class UMLModelElement
   {
      kind : String;
      name : String;
   }

   class Package extends UMLModelElement
   {
      composes elements : PackageElement [*] ordered
             opposites namespace [1];
   }
```

```
abstract class PackageElement extends UMLModelElement
{}

class Classifier extends PackageElement {}

class Attribute  extends UMLModelElement
{
   references type : Classifier [1]
           opposites typeOpposite [*];
}

class Class extends Classifier
{
   composes   attributes : Attribute  [*] ordered
           opposites owner [1];
   references general    : Classifier [*] ordered
           opposites specific [*];
}

class Association extends PackageElement
{
   source       : Class [1] opposites reverse [*];
   destination  : Class [1] opposites forward [*];
}

class PrimitiveDataType extends Classifier {}
}


metamodel SimpleRDBM
{
   abstract class RModelElement
   {
      kind : String;
      name : String;
   }

   class Schema extends RModelElement
   {
      composes tables : Table [*] ordered
            opposites schema [1];
   }

   class Table extends RModelElement
   {
      composes columns    : Column     [*] ordered
            opposites owner[1];
      composes keys       : Key        [*] ordered
            opposites owner[1];
      composes foreignKeys: ForeignKey [*] ordered
            opposites owner[1];
   }
```

```
class Column extends RModelElement
{
   type : String;
}

class Key extends RModelElement
{
   references columns : Column [*] ordered
              opposites keys [*];
}

class ForeignKey extends RModelElement
{
   references refersTo : Key [1];
   references columns  : Column [*] ordered
              opposites foreignKey [*];
}
}
```

2.2.2 QVT-Datenstrukturen im EMOF/XMI-Format

Das EMOF-Konzept der OMG beschreibt einen Ansatz, unter Verwendung formaler Modellierungssprachen Metamodelle für andere formale Modellierungssprachen zu entwickeln [MOF]. Wie bereits mehrfach und immer wieder gern gesagt, ein gangbarer Weg hierfür – ich möchte nicht sagen, der einzige – ist die Anwendung der UML. Eine Serialisierung eines solchen Metamodells erfolgt dann dadurch, dass eine Repräsentation in dem universellen Austauschformat XMI hergestellt wird [XMI]. Dies soll hier als EMOF-Repräsentation bezeichnet werden. XMI dient generell zum Austausch von formalen Modellen, EMOF ist speziell ein Format zur Beschreibung von Metamodellen, die auf UML-Klassendiagrammen basieren. In beiden Repräsentationen findet sich natürlich das UML-Metamodell mit seinen Strukturen und Elementen wieder.

Beispiel: Ausschnitt des `SimpleUML`-Metamodells im XMI-Format:

```
<xmi:XMI
   xmi:version="2.1"
   xmlns:xmi="http://schema.omg.org/spec/XMI/2.1"
   xmlns:xsi="http://www.w3.org/2001/XMLSchema-instance"
   xmlns:uml="http://www.eclipse.org/uml2/2.1.0/UML">
  <uml:Model xmi:id = "_ev8DoASpEd2Q-dJ-huT-4g"
             Name = "SimpleUML">
    <packagedElement
       xmi:type = "uml:Class"
       xmi:id   = "_ev8DoQSpEd2Q-dJ-huT-4g"
       name     = "UMLModelElement">
```

```
            <ownedAttribute
                xmi:id     = "_ev8DogSpEd2Q-dJ-huT-4g"
                name       = "name"
                visibility = "public"
                isOrdered  = "true">
                <type xmi:type = "uml:PrimitiveType"
                     href = "pathmap://UML_LIBRARIES/
                     EcorePrimitiveTypes.library.uml#EString"/>
            </ownedAttribute>
        </packagedElement>
    </uml:Model>
</xmi:XMI>
```

Ausschnitt des `SimpleUML`-Metamodells im EMOF-Format:

```
<emof:Package
    xmi:version="2.0" xmlns:xmi="http://www.omg.org/XMI"
    xmlns:xsi="http://www.w3.org/2001/XMLSchema-instance"
    xmlns:emof=
            "http://schema.omg.org/spec/QVT/1.0/emof.xml"
    name = "SimpleUML"
    uri  = "http:///SimpleUML.ecore">
    <ownedType xsi:type="emof:Class"
               name="UMLModelElement"
               isAbstract="true">
      <ownedAttribute name="name">
        <type xsi:type="emof:PrimitiveType"
              href=
          "platform:/plugin/fr.tm.elibel.smartqvt.external/
                 ecore/ecore.emof#/0/@ownedType.50"/>
      </ownedAttribute>
    </ownedType>
</emof:Package>
```

Die EMOF-Repräsentationen unserer simplen Metamodelle sind vom Inhalt her identisch zu den obigen QVT-Datentypdeklarationen. Für eine werkzeugbasierte Transformation von Modellen wird häufig diese Form der Repräsentation benötigt; allerdings lässt sich die EMOF-Variante mit geeigneten Werkzeugen recht einfach herstellen. Für ein weiteres Verständnis der Sprache QVT ist sie nicht unbedingt erforderlich, so dass man eine intensivere Auseinandersetzung mit dem folgenden Code-Abschnitt überspringen darf.

Trotzdem möchte ich der Vollständigkeit halber die Metamodelle in ihrer kompletten EMOF-Ausprägung im Listing 2.2 zeigen und einen kurzen exemplarischen Einblick in den Aufbau von EMOF-Datenstrukturen geben. Wer tiefer blicken möchte, sollte sich mit der MOF-Spezifikation beschäftigen [MOF]; auch sind Kenntnisse über das UML2-Metamodell erforderlich [UML2]. Zum besseren Überblick, der ja in den umfassenden Listings leicht verloren gehen kann, sind hier die Namen der Metaelemente fett hervorgehoben.

- Bei EMOF-Dateien handelt es sich um formale Modelle im XMI-Format.
- Das EMOF `Package` repräsentiert das jeweilige Metamodell, hier die Metamodelle `SimpleUML` und `SimpleRDBM`.
- Die Struktur der Datei entspricht dem Metamodell für UML-Klassendiagramme.
- `Packages` können in diesen `ownedTypes` besitzen, als solche zum Beispiel Klassen, Datentypen.
- Eine Klasse kann `ownedAttributes` oder `ownedOperations` besitzen.
- Mit der Eigenschaft `isAbstract` kann spezifiziert werden, ob es sich um eine abstrakte Metaklasse handelt, ob die Metaklasse also als Instanz in Modellen verwendet werden kann, oder nicht, `isAbstract = "false"` | `"true"`.
- Die Eigenschaft `superclass` einer Metaklasse referenziert, wenn sie eine Ausprägung besitzt, deren Oberklasse in einer Generalisierungsbeziehung.
- Die Eigenschaft `type` eines Attributes referenziert dessen Datentyp.
- `opposite` referenziert die assoziierte Metaklasse, sofern das Attribut aus einer Beziehung zwischen Metaklassen resultiert.
- Und `isComposite` drückt aus, ob es sich dabei um eine Kompositionsbeziehung handelt.
- Die Elemente einer EMOF-Datei werden von 0 beginnend implizit nummeriert, hier angedeutet durch die Kommentarzeilen. Die Referenzierung der Elemente untereinander erfolgt über eine Bezugnahme auf diese Ordnungszahlen. Zum Beispiel adressiert „`superClass = //@ownedType.0`" die Metaklasse `UMLModelElement` als Superklasse von `Package`.

Listing 2.2 – `SimpleUML` und `SimpleRDBM` im EMOF-Format

```
<?xml version="1.0" encoding="ASCII"?>
<emof:Package xmi:version = "2.0"
   xmlns:xmi    = "http://www.omg.org/XMI"
   xmlns:xsi    =
              "http://www.w3.org/2001/XMLSchema-instance"
   xmlns:emof   = "http:///emof.ecore"
   name         = "SimpleUML"
   uri          = "http:///SimpleUML.ecore">

   <!-- 0 -->
   <ownedType xsi:type     = "emof:Class"
         name          = "UMLModelElement"
         isAbstract    = "true">
      <ownedAttribute name         = "name"
                  upper        = "1"
                  isComposite  = "false"
                  xsi:type     = "emof:PrimitiveType"
                  href         = ""/>
```

```
            <ownedAttribute name       = "kind"
                            upper      = "1"
                            isComposite = "false"
                            xsi:type   = "emof:PrimitiveType"
                            href       = ""/>
        </ownedType>

        <!-- 1 -->
        <ownedType xsi:type   = "emof:Class"
                   name       = "Package"
                   superClass = "//@ownedType.0"
                   isAbstract = "false">
          <ownedAttribute name       = "elements"
                          upper      = "-1"
                          type       = "//@ownedType.2"
                          opposite   =
                            "//@ownedType.2/@ownedAttribute.0"
                          isComposite = "true"/>
        </ownedType>

        <!-- 2 -->
        <ownedType xsi:type   = "emof:Class"
                   name       = "PackageElement"
                   superClass = //@ownedType.0
                   isAbstract = "false">
          <ownedAttribute name       = "namespace"
                          upper      = "1"
                          type       = "//@ownedType.1"
                          opposite   =
                            "//@ownedType.1/@ownedAttribute.0"
                          isComposite = "false"/>
        </ownedType>

        <!-- 3 -->
        <ownedType xsi:type   = "emof:Class"
                   name       = "Association"
                   superClass = "//@ownedType.2"
                   isAbstract = "false">
          <ownedAttribute name       = "source"
                          upper      = "1"
                          type       = "//@ownedType.6"
                          isComposite = "false"/>
          <ownedAttribute name       = "destination"
                          upper      = "1"
                          type       = "//@ownedType.6"
                          isComposite = "false"/>
        </ownedType>

        <!-- 4 -->
        <ownedType xsi:type   = "emof:Class"
                   name       = "Attribute"
                   superClass = "//@ownedType.0"
```

```
                      isAbstract = "false">
    <ownedAttribute name        = "type"
                    upper       = "1"
                    type        = "//@ownedType.5"
                    isComposite = "false"/>
</ownedType>

<!-- 5 -->
<ownedType xsi:type  = "emof:Class"
           name      = "Classifier"
           superClass = "//@ownedType.2"
           isAbstract = "false"/>

<!-- 6 -->
<ownedType xsi:type  = "emof:Class"
           Name      = "Class"
           superClass = "//@ownedType.5">
    <ownedAttribute name        = "attributes"
                    type        = "//@ownedType.4"
                    upper       = "-1"
                    isOrdered   = "true"
                    isComposite = "true"
                    opposite    =
                    "//@ownedType.3/@ownedAttribute.1"/>
    <ownedAttribute name        = "general"
                    type        = "//@ownedType.6"
                    upper       = "-1"
                    isOrdered   = "true"
                    opposite    =
                    "//@ownedType.6/@ownedAttribute.2"/>
    <ownedAttribute name        = "specific"
                    type        = "//@ownedType.6"
                    upper       = "-1"
                    isOrdered   = "true"
                    opposite    =
                    "//@ownedType.6/@ownedAttribute.1"/>
    <ownedAttribute name        = "reverse"
                    type        = "//@ownedType.4"
                    upper       ="-1"
                    isOrdered   = "true"
                    opposite    =
                    "//@ownedType.4/@ownedAttribute.0"/>
    <ownedAttribute name        = "forward"
                    type        = "//@ownedType.4"
                    upper       = "-1"
                    isOrdered   = "true"
                    opposite    =
                    "//@ownedType.4/@ownedAttribute.1"/>
</ownedType>
```

```xml
    <!-- 7 -->
    <ownedType xsi:type   = "emof:Class"
               name       = "PrimitiveDataType"
               superClass = //@ownedType.5
               isAbstract = "false"/>
</emof:Package>

<!-- ---------------------------------------- -->

<xml version="1.0" encoding="ASCII"?>
<emof:Package xmi:version="2.0"
              xmlns:xmi  = "http://www.omg.org/XMI"
              xmlns:xsi  =
              "http://www.w3.org/2001/XMLSchema-instance"
              xmlns:emof = "http:///emof.ecore"
              name       = "SimpleRDBM"
              uri        = "http:///SimpleRDBMS.ecore">

    <!-- 0 -->
    <ownedType  xsi:type   = "emof:Class"
                name       = "RModelElement"
                isAbstract = "false">
      <ownedAttribute name        = "name"
                      upper       = "1"
                      isComposite = "false"/>
      <ownedAttribute name        = "kind"
                      upper       = "1"
                      isComposite = "false"/>
    </ownedType>

    <!-- 1 -->
    <ownedType xsi:type   = "emof:Class"
               name       = "Schema"
               superClass = //@ownedType.0
               isAbstract = "false">
      <ownedAttribute  name         = "tables"
                       upper        = "-1"
                       type         = "//@ownedType.2"
                       isComposite  = "false"/>
    </ownedType>

    <!-- 2 -->
    <ownedType xsi:type   = "emof:Class"
               name       = "Table"
               superClass = "//@ownedType.0"
               isAbstract = "false">
      <ownedAttribute name         = "columns"
                      upper        = "-1"
                      type         = "//@ownedType.3"
                      isComposite  = "true"/>
```

```xml
      <ownedAttribute name        = "keys"
                      upper       = "1"
                      type        = "//@ownedType.4"
                      isComposite = "true"/>
      <ownedAttribute name        = "foreignKeys"
                      upper       = "-1"
                      type        = "//@ownedType.5"
                      isComposite = "true"/>
</ownedType>

<!-- 3 -->
<ownedType xsi:type   = "emof:Class"
           name       = "Column"
           superClass = "//@ownedType.0"
           isAbstract = "false">
   <ownedAttribute name        = "type"
                   upper       = "1"
                   isComposite = "false"/>
   <ownedAttribute name        = "keys"
                   upper       = "-1"
                   type        = "//@ownedType.4"
                   isComposite = "false"/>
   <ownedAttribute name        = "foreignKeys"
                   upper       = "-1"
                   type        = "//@ownedType.5"
                   isComposite = "false"/>
</ownedType>

<!-- 4 -->
<ownedType xsi:type   = "emof:Class"
           name       = "Key"
           superClass = "//@ownedType.0"
           isAbstract = "false">
   <ownedAttribute name        = "columns"
                   upper       = "-1"
                   type        = "//@ownedType.3"
                   isComposite = "false"/>
</ownedType>

<!-- 5 -->
<ownedType xsi:type   = "emof:Class"
           name       = "ForeignKey"
           superClass = "//@ownedType.0"
           isAbstract = "false">
   <ownedAttribute name        = "columns"
                   upper       = "-1"
                   type        = "//@ownedType.3"
                   isComposite = "false"/>
   <ownedAttribute name        = "refersTo"
                   upper       = "1"
                   type        = "//@ownedType.4"
                   isComposite = "false"/>
```

```
        </ownedType>
    </emof:Package>
```

2.2.3 Die Verwendung der Metamodelle

Metamodelle liegen also alternativ in Form einer QVT-Datenstruktur oder als externe EMOF-Datei vor. Letzteres ist wahrscheinlicher, da wie gesagt die Metamodelle nicht explizit nur für die Transformation erstellt werden, sondern zum Beispiel auch als formale Spezifikation der Syntax der Modellierungssprache. Die Einbindung von Metamodellen in QVT-Scripten kann entweder *Inline* direkt als QVT-Datenstruktur im Script vorgenommen werden – Variante1 – oder über den Import einer externen EMOF-Datenstruktur – Variante 2.

Variante 1: *Inline*-Deklaration von QVT-Datenstrukturen

```
-- Deklaration
metamodel SimpleUML  { /* wie oben Listing 2.1 */ }
metamodel SimpleRDBM { /* wie oben Listing 2.1 */ }

-- Benutzung
modeltype UML  uses SimpleUML;
modeltype RDBM uses SimpleRDBM;

transformation Uml2Rdbm ( in  srcModel : UML,
                         out dstModel : RDBM );
```

Die Metamodelle werden im QVT-Script definiert und als Modelltypen dort benutzt. Diese Lösung hat den Vorteil, dass die Metamodelle in einer relativ lesbaren und verständlichen Form im Script zu finden sind. Außerhalb der Transformation sind sie allerdings nicht bekannt. Das kann zu Problemen führen, wenn die Eingangsmodelle mit einer Modellierungssprache entwickelt worden sind, die sich wenn auch nur geringfügig von dem internen Metamodell unterscheidet. Derartige Konflikte sind mit den zurzeit zur Verfügung stehenden Werkzeugen schwierig zu lokalisieren und zu beheben.

Variante 2: Benutzung von extern definierten Metamodellen

```
-- Benutzung
modeltype UML  uses SimpleUml
               ( "http://omg.qvt-examples.SimpleUml"  );
modeltype RDBM uses SimpleRdbms
               ( "http://omg.qvt-examples.SimpleRdbms" );
```

oder zum Beispiel auch

```
modeltype UML
uses      "http://www.eclipse.org/uml2/2.1.0/UML";

transformation Uml2Rdbm ( in   srcModel : UML,
                          out  dstModel : RDBM );
```

Die Variante 2 zeigt nun die Einbindung von extern definierten Metamodellen. Hierbei handelt es sich um Metamodelle, zum Beispiel insbesondere das UML2-Metamodell, welches so auch als Grundlage für die Implementierung einer Modellierungssprache Verwendung findet. Diese Ausprägung des UML2-Metamodells stammt aus dem Eclipse-UML-Projekt [EUML].

Variante 3: Metamodelle im Eclipse-Kontext

In unseren QVT-Beispielen werden wir es mit Metamodellen zu tun haben, die im Kontext der Transformationsplattform verfügbar sind. Wie bereits angedeutet, werden die Beispiele der operationalen Transformationen mit frei verfügbaren Werkzeugen erarbeitet, die auf der Basis der Entwicklungsplattform Eclipse zur Verfügung stehen. Metamodelle hierfür müssen entweder in einer universellen Fassung vorliegen, die wir oben mit der XMI-Repräsentation schon kennen gelernt haben, oder in einem speziellen Format im De-facto-Eclipse-Standard, dem im *Eclipse Modeling Framework* definierten Ecore-Format. Die Beispiele der Metamodelle `SimpleUML` und `SimpleRDBM` im Ecore-Format finden sich vollständig im Anhang.

Die Metamodelle werden als Eclipse-Plugins aufbereitet und im Eclipse-Kontext publiziert. Das werden wir uns im folgenden Abschnitt ansehen. Die Benutzung erfolgt in ähnlicher Weise wie in der Variante 2.

```
modeltype UML  uses "http:///SimpleUML.ecore";
modeltype RDBM uses "http:///SimpleRDBM.ecore";
```

2.2.4 Werkzeugunterstützung

Wie wir zu Beginn dieses Kapitels gelernt haben, besteht die Entwicklung von Metamodellen aus einer Modellierung des formalen Aufbaus mit UML2-Klassendiagrammen. Natürlich kann und sollte man dazu ein graphisches Modellierungswerkzeug einsetzen, mit dem die Erstellung und Verfügbarmachung der Metamodelle erleichtert wird.

Die Entwicklung und Bereitstellung von Metamodellen besteht aus folgenden Schritten:

1. Modellierung des Metamodells.

2. Export des Modells in einem generellen Austauschformat oder alternativ für eine spezielle Entwicklungsplattform Bauen eines adäquaten Plugins. Für eine generelle Weiterverwendung der Metamodelle in Transformationen reicht es aus, diese in XMI-Form zu exportieren, zum Beispiel unser Metamodell nach `SimpleUML.xmi`. Gegebenenfalls ist eine Umwandlung in das EMOF-Format erforderlich, `SimpleUML.emof` (siehe Listing 1). Einige Transformationswerkzeuge insbesondere im Umfeld der Plattform Eclipse, wie zum Beispiel die später vorgestellten und eingesetzten Werkzeuge SmartQVT und QVT Operational, erfordern Metamodelle im Format des *Eclipse Modeling Framework* (EMF) Ecore, welche als Eclipse-Plugins vorliegen müssen.
3. Import des Metamodells in den Kontext der Transformationsumgebung.

Schritt 1: Modellierung

Grundsätzlich ist jedes moderne – kommerzielle wie auch frei verfügbare – UML-Werkzeug zur Modellierung von Metamodellen geeignet, es werden ja schließlich nur Klassendiagramm-Editoren benötigt. Einige Hersteller haben für diese Zwecke explizit Metamodell-Editoren angeboten, einige von diesen haben sie allerdings auch schon wieder ausgebaut. Anmerken möchte ich an dieser Stelle jedoch, dass mich die kommerziellen Werkzeuge bisher mehr überzeugen konnten als die frei verfügbaren, auch wenn ich in diesem Buch konsequent freie Werkzeuge – eben auch ein Modellierungswerkzeug – einsetze, nämlich Topcased [TOP].

Da wir die Metamodelle in einer Ecore-Fassung benötigen, bietet sich der Ecore-Diagrammeditor von Topcased an. Hierbei handelt es sich zum Beispiel um einen graphischen Editor für Ecore/UML-Diagramme. Mit

File > New > Others ... > Ecore Tools > Ecore Diagram

wird ein Ecore-Modell angelegt und im Ecore/UML-Editor geöffnet.

- Die Diagramminformationen der graphischen Repräsentation des Modells befinden sich in einer `ecorediag`-Datei, zum Beispiel `SimpleUML.ecorediag`.
- Die Modellinformationen werden in einer Ecore-Datei, zum Beispiel `SimpleUML.ecore`, abgelegt.

Abbildung 2.6 zeigt im Ecore-Diagrammeditor das Klassendiagramm des `SimpleUML`-Modells. Jede Modellierungsaktion im graphischen Editor wird unmittelbar in der Modelldatei nachvollzogen. Die so erarbeitete Ecore-Repräsentation ist auch bereits die Fassung, die wir für die folgenden Schritte benötigen. Sofern zur Modellierung der UML-Klassendiagrammeditor verwendet worden wäre, hätte aus der Modelldatei `SimpleUML.uml` erst noch eine Ecore-Fassung hergestellt werden müssen [Nol08, Nol08a].

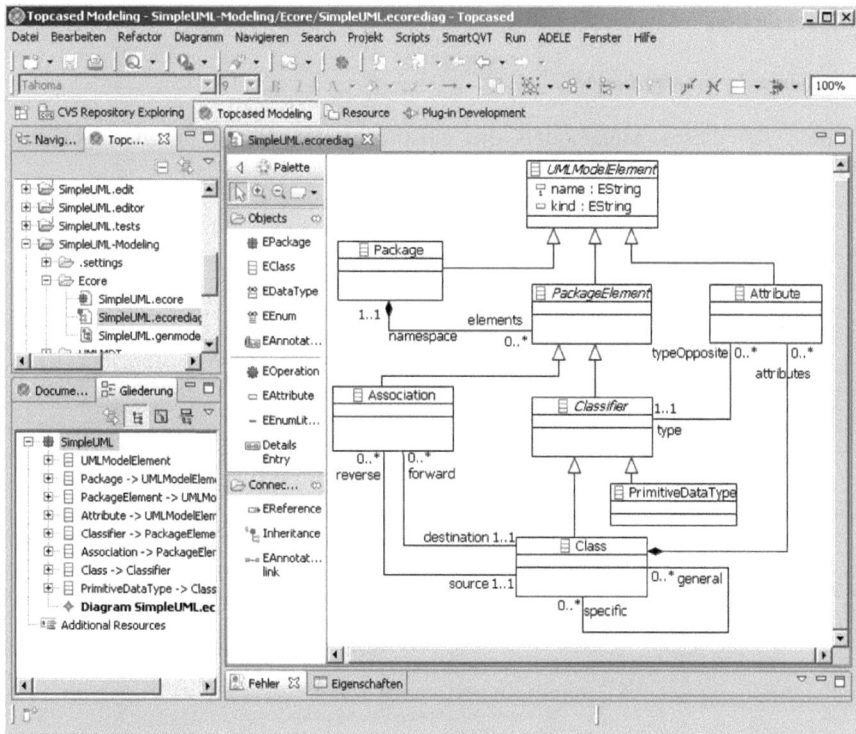

Abb. 2.6: SimpleUML im Topcased Ecore/UML-Editor

Schritt 2: Export des Modells

Das Modell `SimpleUML.ecore` könnte nun im Allgemeinen recht einfach in eine XMI-Repräsentation exportiert werden – das geht nun gerade nicht so einfach mit Topcased, da aber das Metamodell für die folgenden Verwendungszwecke ohnehin als Eclipse-Plugin benötigt wird, wollen wir dies gleich einmal herstellen. Das geschieht mit Hilfe der Werkzeuge des *Eclipse Modeling Frameworks* [EMF]:

> *File > New > Other > Eclipse Modeling Framework > EMF Model*.

Das EMF-Modell muss vom Typ `genmodel` sein, also zum Beispiel `SimpleUML.genmodel`. Als *Model Importer* muss **Ecore model** ausgewählt werden, als Modell-URI wird dann das `SimpleUML.ecore` referenziert. Dieses `SimpleUML.genmodel` ist nun die Quelle für den EMF-Generator.

Mit der Option

Generator > Generate All

werden für dieses Metamodell die entsprechenden Plugin-Projekte generiert (Abbildung 2.7):

- SimpleUML
- SimpleUML.edit
- SimpleUML.editor
- SimpleUML.tests

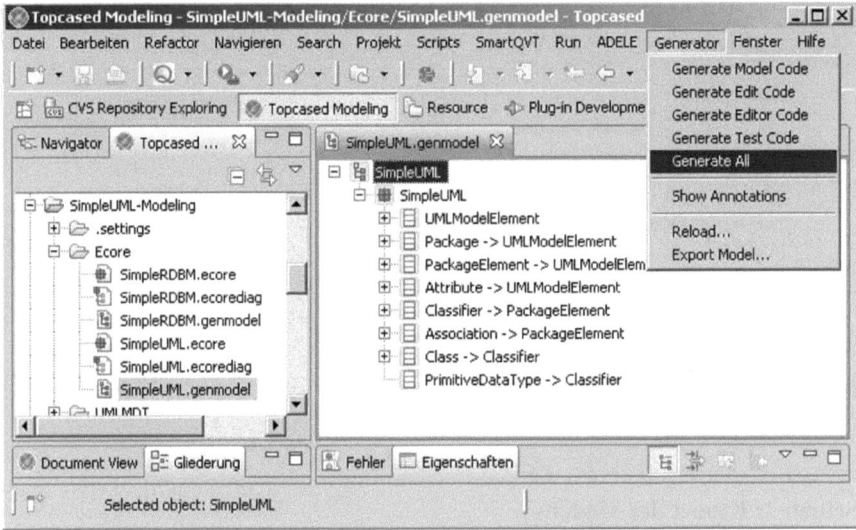

Abb. 2.7 : Generierung der Metamodelle

Schritt 3: Deployment der Plugins

Die Einbindung der Metamodelle in den Eclipse-Kontext – *Deployment* – erfolgt mittels

File > Export > Plug-in Development > Deployable plug-ins and fragments.

Die „*deployable*" Metamodelle werden selektiert und in das „*Destination*"-Verzeichnis der aktuellen Eclipse-Plattform veröffentlicht (Abbildung 2.8). Das heißt, sie werden in das Unterverzeichnis Plugins/ hineinkopiert (Abbildung 2.9).

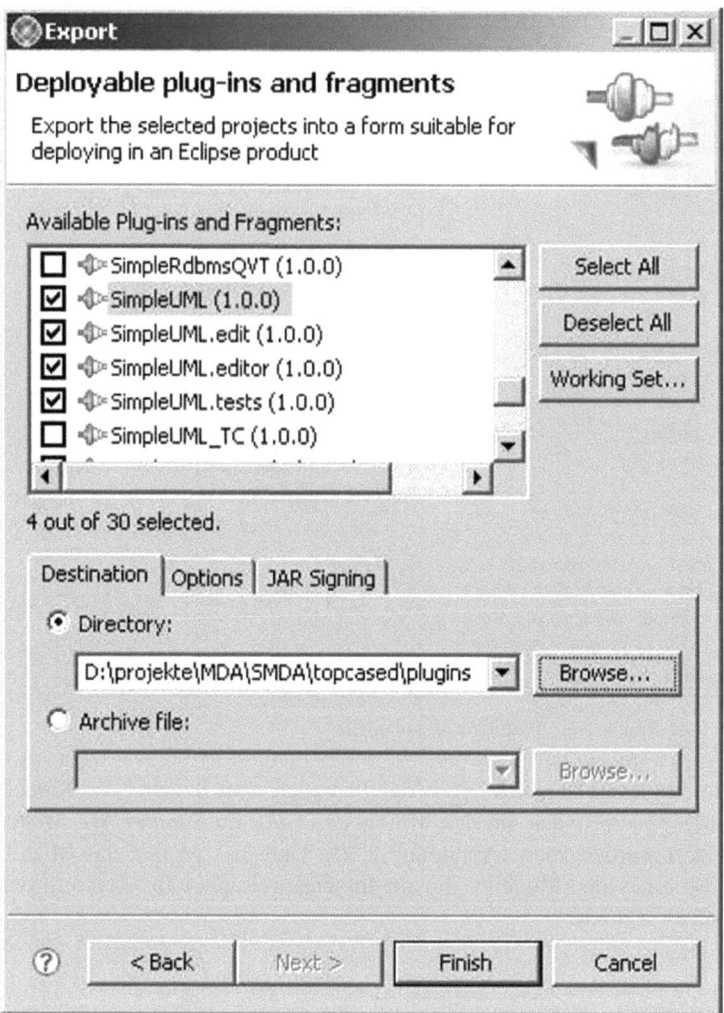

Abb. 2.8: Deployment der Metamodelle

Mit einem Neustart der Entwicklungsumgebung kann nun mit dem Metamodell `SimpleUML` gearbeitet werden:

File > New > Other > Example EMF Model Creation Wizards > SimpleUML Model.

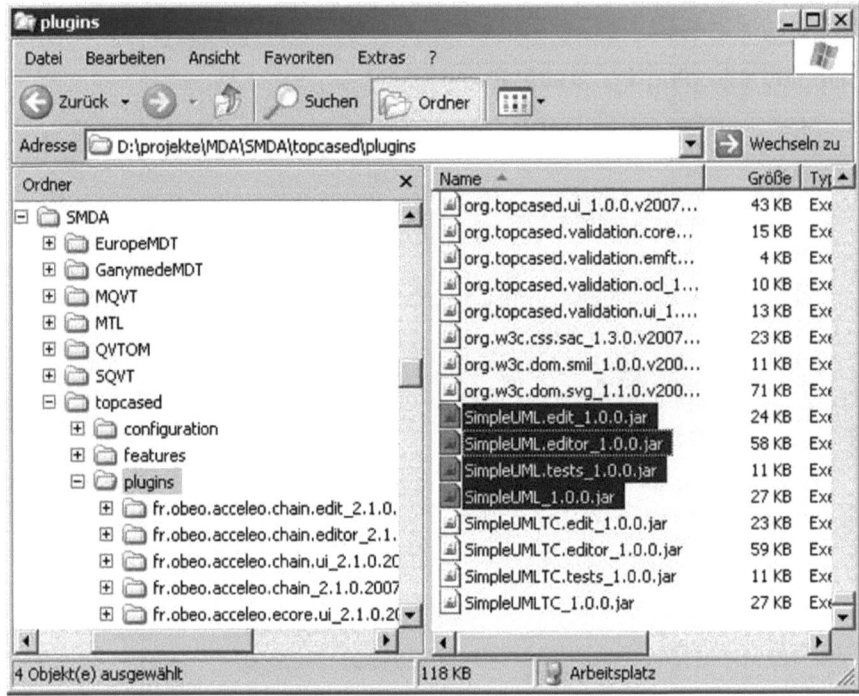

Abb. 2.9: Als Eclipse-Plugins veröffentlichte Metamodelle

Es wird ein einfaches `SimpleUML`-Modell erzeugt, zum Beispiel das Modell `Darlehen.simpleuml`, das mit den Mitteln des EMF im *SimpleUML Model Editor* modifiziert werden kann (Abbildung 2.10). Und dies ist nun das Modell beziehungsweise eines der Modelle, die im folgenden Kapitel im Zentrum der Betrachtung stehen werden.

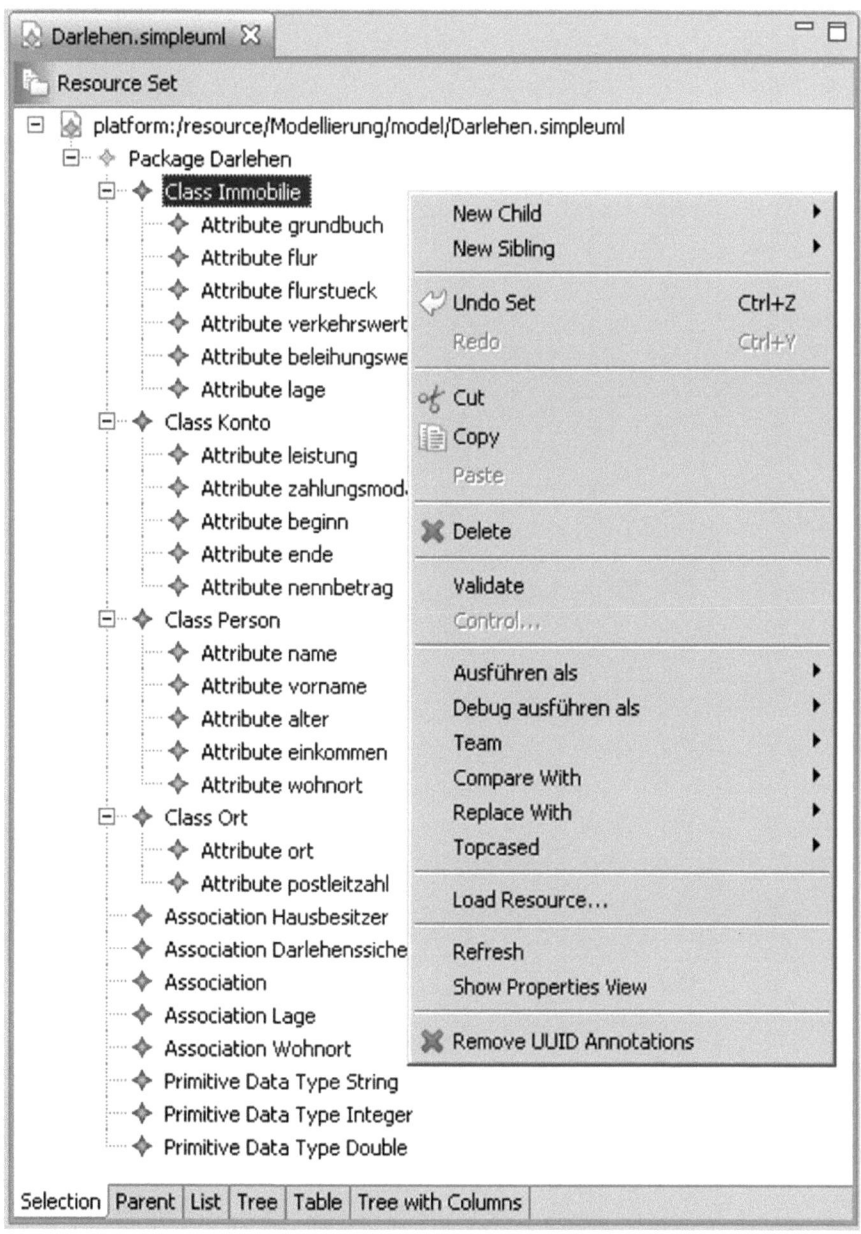

Abb. 2.10: Das `Darlehen`-Modell im `SimpleUML`

3 Operational Mappings – die Sprache

Im Mittelpunkt dieses Buches stehen Modelltransformationen mit der QVT-Sprache *Operational Mappings*. Die Sprache wird in diesem Kapitel zunächst auf der Basis der formalen Syntax in ihrem Sprachumfang vollständig erläutert. Dabei möchte ich versuchen, alle Sprachkonzepte an einfachen Beispielen zu veranschaulichen. Hierzu wird ein QVT-Werkzeug eingesetzt – SmartQVT –, welches von Mitarbeitern der France Telecom entwickelt und frei zur Verfügung gestellt worden ist. SmartQVT ist von daher interessant, weil mit diesem Werkzeug der Sprachumfang von *Operational Mappings* weitestgehend, wenn auch nicht vollständig, abgedeckt ist. Im folgenden Kapitel werden dann einige umfassende Beispiele zur Anwendung und Vertiefung der Sprache erörtert, die im Wesentlichen mit SmartQVT entwickelt worden sind. Aber erst einmal zu dem berühmtesten Programm der Welt.

3.1 HelloWorld als QVT-Applikation

Die Grundlagen einer modellgetriebenen Entwicklung haben wir kennengelernt, und auch mit der Erstellung von Metamodellen als Datentypen beziehungsweise Modelltypen für die Transformation von formalen Modellen haben wir uns vertraut gemacht. Damit verfügen wir über genug Grundkenntnisse, um uns der *Operational Mappings* zuwenden zu können, und zwar als erstes mit dem unvermeidbaren `HelloWorld`.

Beispiel:

```
transformation HelloWorld ();
main()
{
   log ('Hello, World!');
}
```

Dieses Beispiel beschreibt eine formal vollständige, wenn auch nicht gerade sinnvolle Transformation, die lediglich die Zeichenkette „Hello, World!" in die Standardausgabe schreibt. Das Script besteht aus einer operationalen Funktion **main**(), die den Einstieg in den Ablauf der Transformation ermöglicht. Aber wie gesagt, dies ist eigentlich noch keine sinnvolle Transformation, da noch keine Operation auf einem Modell vorgenommen wird. Anders verhält es sich mit folgendem Script, mit dem bereits ein Modell im Metamodell SimpleRDBM erzeugt wird, welches ein Schema namens „HelloWorld" besitzt.

Beispiel:

```
modeltype RDBM uses SimpleRDBM;

transformation HelloWorld2 ( out outmodel : RDBM );

main()
{
   map createHello();
}

-- Erzeugung eines Schemas namens 'HelloWorld'
mapping createHello () : Schema
{
   name := 'HelloWorld ';
}
```

Am Beispiel HelloWorld2 können wir bereits erkennen: Eine operationale Transformation erfolgt in der Weise, dass in Form von *Mappings* Beziehungen zwischen MOF-Modellen oder deren Elementen beschrieben werden. MOF-Modelle werden in der Spezifikation auch als getypte Modelle bezeichnet. Der Typ, gewissermaßen die Datenstruktur eines getypten Modells, ist das Metamodell. Das Transformationsscript HelloWorld2 arbeitet mit einem Modell vom Typ RDBM, hierbei handelt es sich um das Zielmodell, das mit dem Schlüsselwort **out** gekennzeichnet ist.

HelloWorld2 ist im Sinne einer Modelltransformation immer noch nicht zufriedenstellend. Das Zielmodell outmodel wird schließlich nicht durch Transformation erstellt, sondern durch Generierung eines Schemas mit einem willkürlichen Namen. Abhilfe schafft ein nach wie vor einfaches, aber nun vollständiges Transformationsscript HelloWorld3, das ein Quellmodell (**in** inmodel) in ein Zielmodell (**out** outmodel) überführt.

Beispiel:

```
modeltype UML  uses SimpleUML;
modeltype RDBM uses SimpleRDBM;
```

```
transformation HelloWorld3 ( in  inmodel  : UML,
                             out outmodel : RDBM );
main()
{
    inmodel.objects()[Package]->map createHello();
}

-- Erzeugung eines Schemas mit dem Namen des Packages
mapping Package::createHello () : Schema
{
    name := self.name;
}
```

Hier wird also nun nicht mehr „HelloWorld" generiert, sondern auf der Grundlage der Packages des Quellmodells ein Zielmodell erzeugt, welches Schemata erhält, deren Namen unter Verwendung des jeweiligen Packagenamens gebildet werden. Die Generierung von Modellelementen in einem Zielmodell auf der Basis von Elementen eines Quellmodells wird als *Mapping*-Operation bezeichnet. Transformationen in der Sprache *Operational Mappings* bestehen im Wesentlichen daraus, dass die Modellumwandlungen mit *Mapping*-Operationen beschrieben werden. Doch bevor wir nun tiefer in die Transformation von Modellen einsteigen, müssen wir uns zuvor etwas intensiver einem anderen Thema widmen, welches schon das ein oder andere Mal angedeutet worden ist: der Entwicklungsplattform.

3.2 Die Operational Mappings-Plattform SmartQVT

Mit Topcased haben wir ein freies Eclipse-basiertes Werkzeug zur Modellierung von Modellen und Metamodellen kennen gelernt. Die Einführung in die QVT Sprache *Operational Mappings* soll mit der Vorstellung eines weiteren freien Werkzeugs beginnen, mit dem *Operational Mappings*-Transformationen beschreibbar und ausführbar sind: SmartQVT. Nach meiner Kenntnis ist SmartQVT das zurzeit in der Szene verfügbare Werkzeug, welches die größte Nähe zur OMG QVT-Spezifikation besitzt. Wie auch Topcased ist SmartQVT ein Eclipse-Plugin. Alle im Folgenden aufgeführten Beispiele sind mit SmartQVT entwickelt und getestet worden.

3.2.1 Aufbau der SmartQVT-Transformationsumgebung

Das Erscheinungsbild einer SmartQVT-Oberfläche wird exemplarisch in Abbildung 3.1 gezeigt. Es handelt sich um das Projekt OM_HelloWorld, welches hier in verschiedenen Script-Ausprägungen erarbeitet worden ist; HelloWorld1 bis

HelloWorld5. Maßgeblich sind bis auf weiteres die Dateien mit dem Suffix „qvt". Bei diesen handelt es sich um die QVT-Scripte.

1. SmartQVT-Projekte sind Eclipse-Plugin-Projekte, in denen mittels *Operational Mappings*-Scripten – hier HelloWorld5.qvt – Modelltransformationen beschrieben und durchgeführt werden.

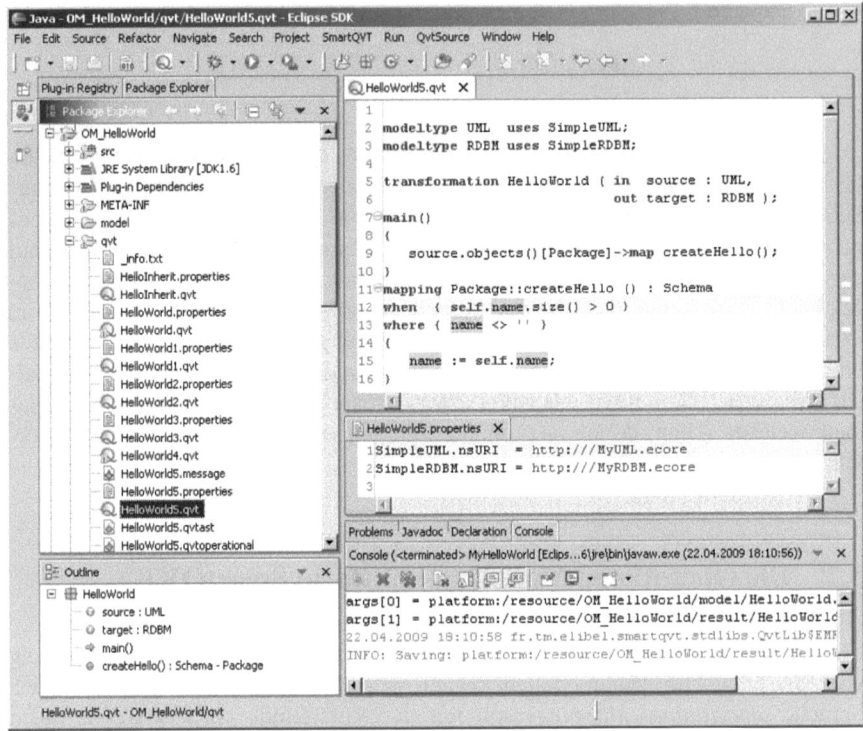

Abb. 3.1: Die *Operational Mappings*-Plattform SmartQVT

2. Transformationsprojekte werden in einer Navigatorsicht – *Project Explorer* oder *Package Explorer* – angezeigt und verwaltet (siehe Abbildung 3.1 oben links).
3. Daneben gibt es einen Editor-Bereich mit Editoren für die Bearbeitung von QVT-Scripten wie zum Beispiel hier HelloWorld5.qvt (siehe Abbildung 3.1 oben rechts). Der QVT-Editor ist ein Texteditor, der diverse Optionen bietet, beispielsweise Hervorheben der *Operational Mappings*-Syntax, Textergänzung und, in gewissen Grenzen, automatisches Parsen und Erkennen von syntaktischen Fehlern.

4. Die Bearbeitung von Modellen und Metamodellen wird in SmartQVT mit den „Bordmitteln" von Eclipse – genauer: dem *Eclipse Modeling Framework* (EMF) – vorgenommen. Das EMF stellt dazu entsprechende XML-basierte Editoren bereit, zum Beispiel den *SimpleUML Model Editor*, sofern das `SimpleUML`-Metamodell in dem Kontext installiert worden ist.
5. Metamodelle – hier `SimpleUML` und `SimpleRDBM` – müssen dazu in Form von Eclipse-Plugins publiziert und in den jeweiligen Kontext eingebunden sein (siehe Kapitel 2, Abschnitt 2.2.4).
6. Die Navigation in umfangreichen Transformations-Scripten kann mit der *Outline View* erleichtert werden (siehe Abbildung 3.1 unten links).
7. Mitte rechts ist in einem weiteren Texteditor die *Properties*-Datei dieses Projektes geöffnet. Die *Properties*-Datei enthält Angaben zur Betriebs- und Laufzeitumgebung von SmartQVT, zum Beispiel wo genau die Metamodelle zu finden sind.
8. Die Informationen des Kompilations-Prozesses
    QVT > Parse, Compile and Build
    wie auch der Ausführung einer Transformation
    QVT > Run
    werden auf der Konsole angezeigt (siehe Abbildung 3.1 unten rechts).

3.2.2 *Exemplarischer Aufbau von QVT-Projekten*

Obwohl Java-Programmierung im Allgemeinen nicht erforderlich ist, sollte man sich bewusst sein, dass QVT-Projekte im Eclipse-Kontext Java-Projekte sind, genau genommen Eclipse-Plugin-Projekte. Grundsätzlich existieren also die Verzeichnisse `src` für die Java-Sources, die im Rahmen der Arbeit mit SmartQVT generiert werden, und `bin` für die Java-*ByteCode*-Repräsentationen, die ebenfalls generiert werden. Mit dem *Build* und *Deployment* von SmartQVT werden dann die ausführbaren Transformationen als Eclipse-Plugins generiert. Diese Zusammenhänge sind wichtig, insbesondere für die Durchführung von Transformationen, wie später noch zu sehen sein wird. Zur Erstellung von *Operational Mappings*-Transformationen werden wir vorwiegend in folgenden Projektverzeichnissen arbeiten:

- `\qvt`
  Die Transformations-Scripte, zum Beispiel `HelloWorld.qvt`, werden in dem Projektunterverzeichnis `qvt` abgelegt. Zudem muss hier eine `HelloWorld.properties` vorhanden sein, in der die Spezifikation der erforderlichen Metamodelle und der Betriebsumgebung der Transformation vorgenommen wird. Jeder Kompilations-Vorgang eines qvt-Scriptes erzeugt die Dateien `<name>.message`, `<name>.qvtast` und `<name>.qvtoperational`, in denen die Übersetzung protokolliert und Zwischenzustände abgelegt werden.

- \model
  Unterverzeichnis für die Quellmodelle, hier zum Beispiel Bank_Kunden.simpleuml, ein Modell in der Modellierungssprache SimpleUML.
- \result
  Die Zielmodelle, also zum Beispiel Bank_Kunden.simplerdbm oder Hello.simplerdbm, befinden sich nach einer erfolgreichen Transformation in dem Verzeichnis result.
- \trace
  Mit jedem Transformationslauf werden gegebenenfalls Protokolle und Log-Files angelegt, die in dem Verzeichnis traces landen sollen.

In Abbildung 3.2 ist diese pragmatische Projektorganisation exemplarisch für das Projekt OM_HelloWorld zu sehen.

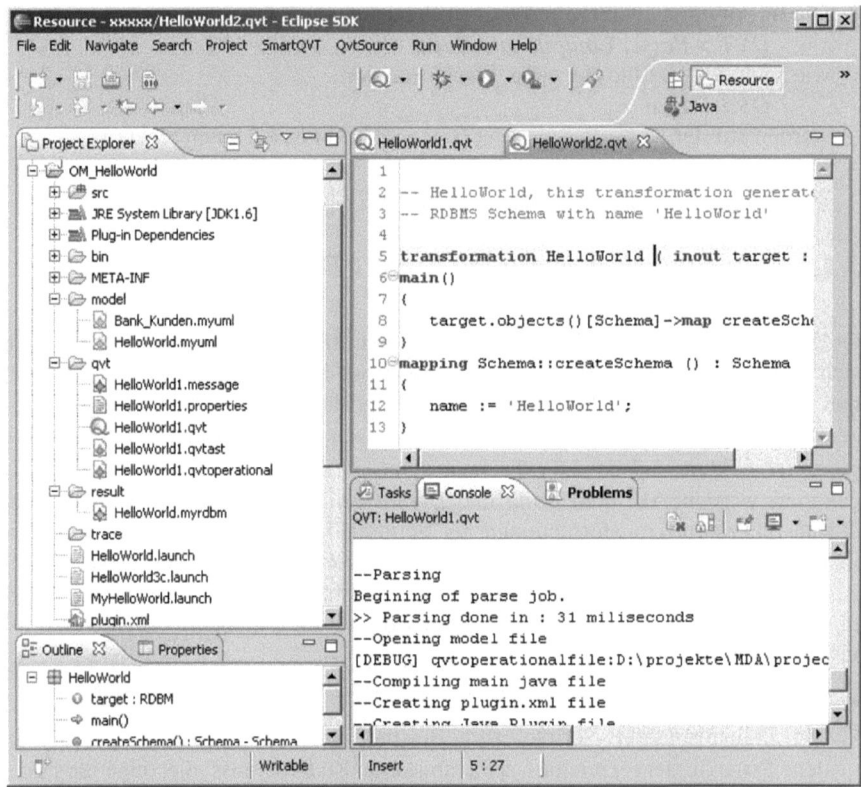

Abb. 3.2: Ein exemplarisches QVT-Projekt

3.2.3 Entwicklung und Durchführung von Transformationen

Zum Öffnen und Bearbeiten von Dateien mit dem Dateityp qvt dient der QVT-Editor. Der Editor ist grundsätzlich mit diesem Dateityp verknüpft.

Open with > QVT Editor

Unterschiedliche syntaktische Konstrukte, zum Beispiel reservierte Wörter der Sprache, Kommentare etc., werden farblich hervorgehoben. Wie in Eclipse üblich, erhält man mit STRG + Leertaste eine kontextabhängige Textergänzung. In gewissen Grenzen werden syntaktische Fehler unmittelbar erkannt und angezeigt.

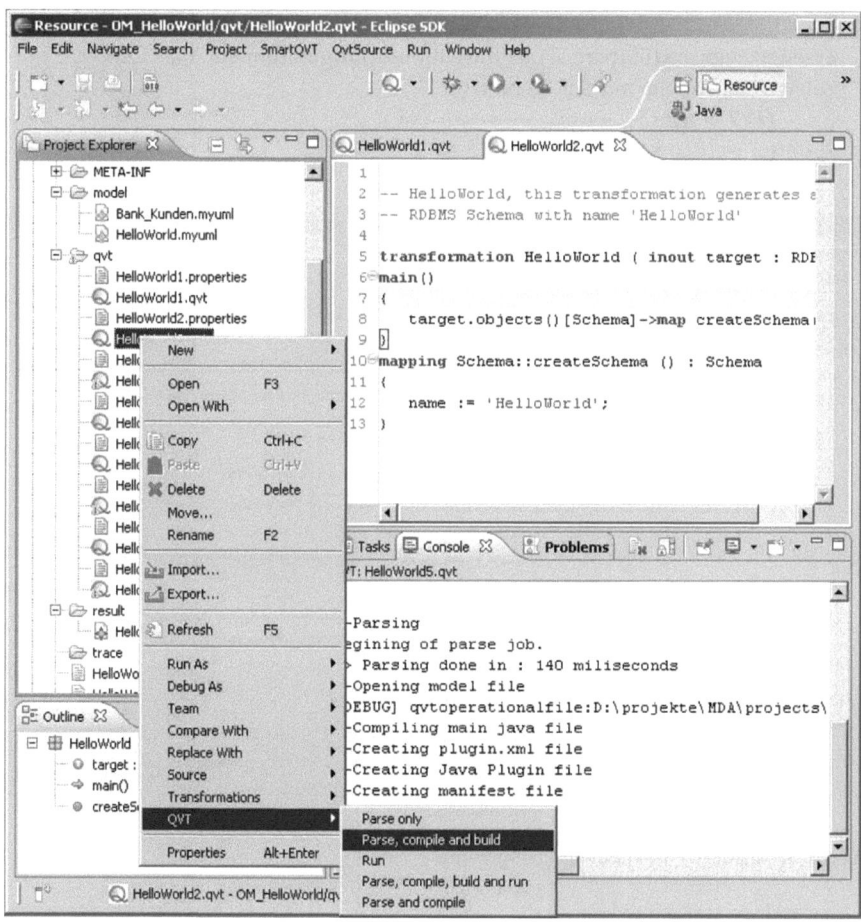

Abb. 3.3: QVT-Optionen im Kontextmenü

Die QVT-Option des Kontextmenüs (Abbildung 3.3) bietet Funktionen zum Analysieren, Kompilieren und Ausführen des Transformationsscriptes an:

1. *Parse Only*
   prüft das Script vollständig nach den syntaktischen Regeln.
2. *Parse and Compile*
   prüft das Script syntaktisch und erzeugt bereits die Java-Quellen für die Generierung des Plugins.
3. *Parse, Compile and Build*
   erzeugt zusätzlich die Binärdateien und stellt anschließend das Eclipse-Plugin mit den erforderlichen Konfigurationsdateien (META-INF/MANIFEST.MF und plugin.xml) zusammen.
4. *Run*
   erzeugt eine ausführbare Transformationskonfiguration für das Eclipse-Laufzeitsystem, welche mit der Option
   QVT > Run
   gestartet werden kann (Abbildung 3.4).

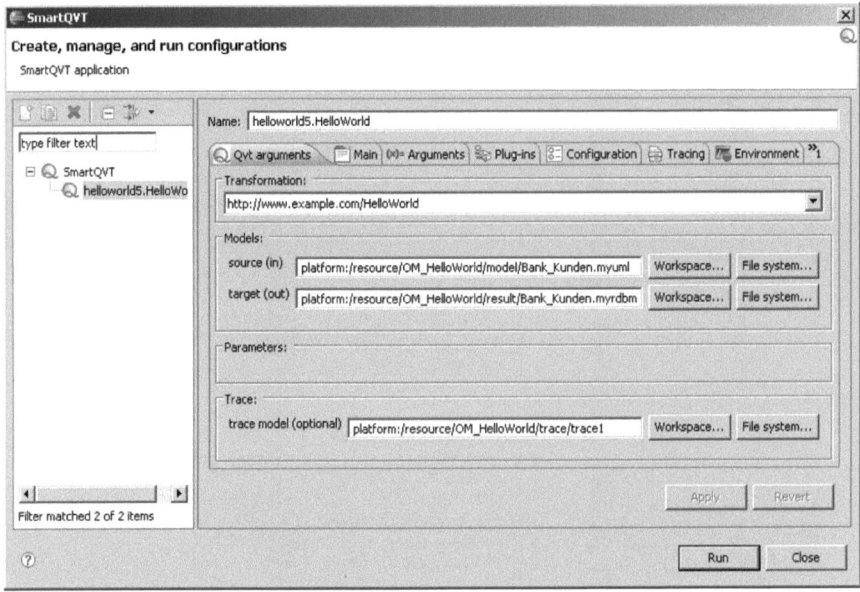

Abb. 3.4: SmartQVT-Ausführungskonfiguration

5. Die SmartQVT-Applikation wird in der Ausführungskonfiguration automatisch angezeigt, hier helloworld5.HelloWorld.
6. Der Name der ausführbaren Eclipse-Applikation, www.example.com/HelloWorld5, ist in der Transformationszeile sichtbar.

7. `source(in)` erwartet die Angabe des Quellmodells, `target(out)` die Angabe des Zielmodells.
8. `trace1` ist der Name einer optionalen Protokolldatei.

Damit lässt sich mit `HelloWorld` bereits eine Transformation wagen, die bei einem gültigen Quellmodell ein `Schema` im Zielmodell erzeugen würde, das denselben Namen wie das `Package` im Quellmodell besitzt. Alle anderen Register sind für QVT-Transformationen über die SmartQVT-Konfiguration der Laufzeitumgebung nicht relevant, sondern nur dann, wenn die Transformation mit Hilfe der Eclipse-Laufzeitumgebung erfolgen soll. Dies wollen wir uns jetzt ansehen, denn mit der derzeitig eingesetzten Version von SmartQVT – es handelt sich wie gesagt um ein *Open Source*-Produkt, das sich in der Entwicklung befindet – ist es nicht immer ganz einfach, über die SmartQVT ***Run***-Option zu vernünftigen Ergebnissen zu kommen.

1. Die Eclipse-Laufzeitumgebung wird mit
   Run > Open Run Dialog
   konfiguriert und gestartet (Abbildung 3.5).

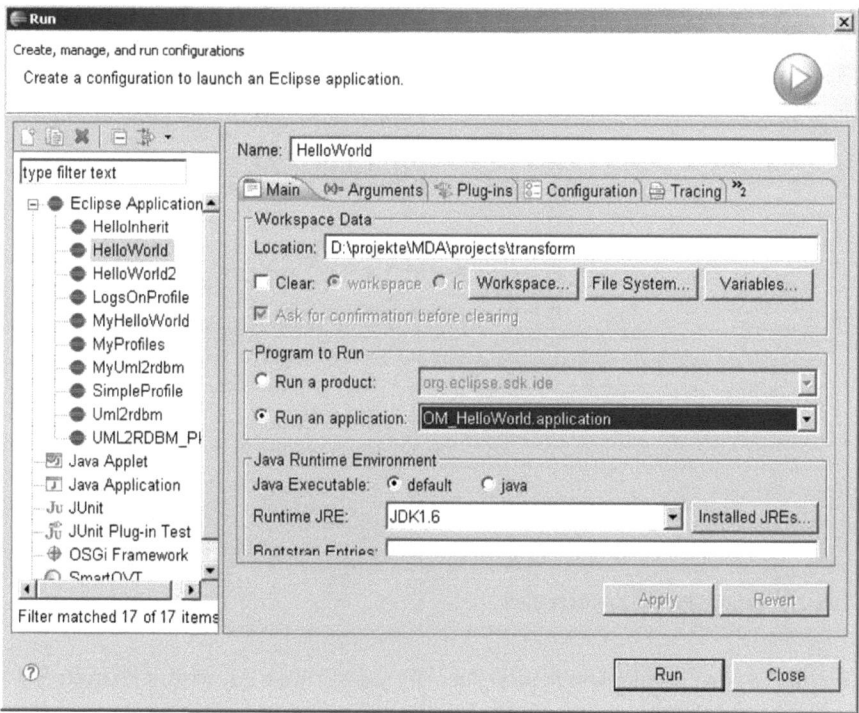

Abb. 3.5: Eclipse-Konfiguration einer SmartQVT-Applikation

2. Der Name der Eclipse *Run*-Konfiguration ergibt sich aus dem Namen des Projektes, hier `HelloWorld`. Die *Workspace Location* ist das Verzeichnis des Eclipse-Arbeitsbereiches, in dem sich die Projekte befinden; diese kann in der Regel so übernommen werden, wie sie ist. Eine SmartQVT-Applikation sollte als
   Program to Run > Run an application
   ausgewählt werden.
3. Die Modelle der Transformation müssen voll spezifiziert als Argumente in dem *Arguments*-Register angegeben werden, zum Beispiel
   ```
   platform:/resource/OM_HelloWorld/model/HelloWorld.myuml
   platform:/resource/OM_HelloWorld/result/HelloWorld.myrdbm
   ```
4. In dem *Plug-ins*-Register (Abbildung 3.6) sollte man ausschließlich mit der Applikation arbeiten und nur mit den Plugins, die dafür erforderlich sind, also
   Deselect All.

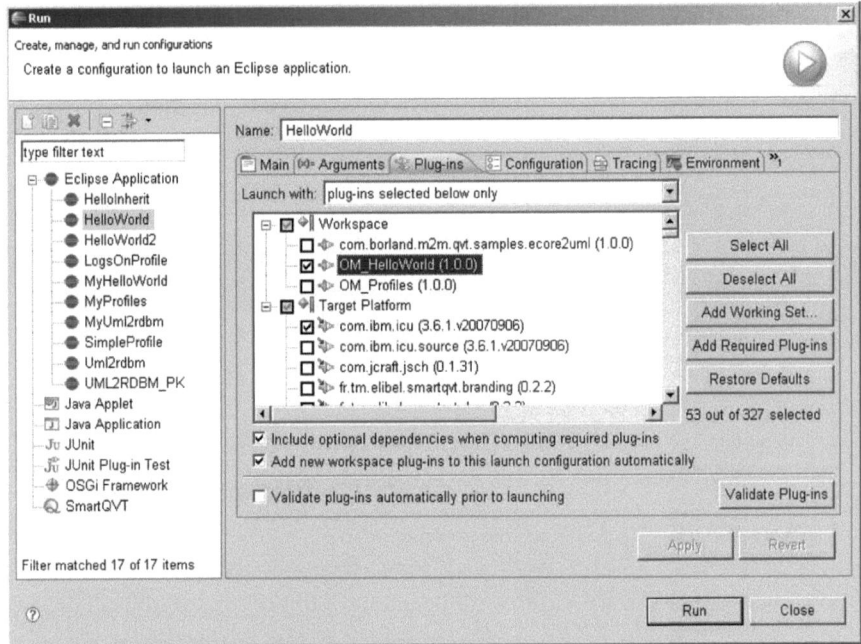

Abb. 3.6: Eclipse-Plugin-Konfiguration

5. Nur die gewünschte Applikation, hier `OM_HelloWorld`, wird selektiert.
6. Dann werden mit
   Add Required Plug-ins
   die erforderlichen Plugins hinzugefügt.

7. ***Validate Plug-ins***
   sollte keine Fehler oder Auffälligkeiten zeigen.
8. Nun kann die Transformation mit
   Run
   gestartet werden, und bei einer korrekten Transformation mit einem gültigen Quellmodell `HelloWorld.myuml` ergibt sich ein Zielmodell `HelloWorld.myrdbm` (`MyUML` und `MyRDBM` sind Varianten der vorgestellten simplen Metamodelle `SimpleUML` und `SimpleRDBM`).

3.3 Allgemeiner Aufbau von Operational Mappings-Scripten

Damit zunächst genug von der Entwicklungsumgebung. Kehren wir zurück zum `HelloWorld`-Beispiel, um uns den grundsätzlichen Aufbau von *Operational Mappings*-Scripten etwas genauer anzusehen.

Beispiel:

```
metamodel SimpleUML
{
   class Package { name : String; }
}

metamodel SimpleRDBM
{
   class Schema  { name : String; }
}

modeltype UML   uses SimpleUML;
modeltype RDBM  uses SimpleRDBM;

transformation HelloWorld ( in  source : UML,
                            out target : RDBM );
main()
{
   log ('Main: Hello, World!');
   source.objects()[Package]->map createSchema();
}

mapping Package::createSchema () : Schema
{
   init { log ('Schema init: Hello, World!');}
   log ('Schema population: Hello, World!');
   name := 'HelloWorld';
   end  { log ('Schema end: Hello, World!');}
}
```

In dieser Modelltransformation wird auf der Basis eines `SimpleUML`-Packages ein `SimpleRDBM-Schema` namens „`HelloWorld`" erzeugt. Die dazu erforderlichen Metamodelle sind sehr schlicht. Jede Operation wird mit einer `log`-Meldung begleitet. Die `log`-Anweisung ist recht hilfreich, wenn man mit den verfügbaren Werkzeugen kein *Debuggen* zur Suche von Fehlern zur Verfügung hat, wie das bei SmartQVT der Fall ist.

Die folgende Anweisung würde bei der Erzeugung des Schemas den Namen des Paketes berücksichtigen:

Beispiel:

```
mapping Package::createSchema () : Schema
{
   init { }
   name := self.name;
   end  { }
}
```

Operational Mappings-Scripte bestehen, wie wir sehen, aus einer einleitenden Angabe der Metamodelle. Dies kann entweder wie oben durch Definition entsprechender QVT-Datentypen im Script erfolgen oder alternativ durch die Referenzierung von verfügbaren Metamodellen in einem generellen Austauschformat, zum Beispiel XMI.

Das Wesentliche eines *Operational Mappings*-Scriptes ist natürlich die Transformationsanweisung. In der Transformation ist in Form von *Mapping*-Operationen die Behandlung von bestimmten Modellelementen beschrieben, hier zum Beispiel das *Mapping* von `Packages` nach `Schemas`. *Mapping*-Operationen bestehen aus speziellen, zum Teil optionalen Blöcken, in denen die Operation vorbereitet (**init**), beschrieben (**population**) und nachbehandelt (**end**) wird.

Beispiel:

```
mapping Package::createSchema () : Schema
{
   init { log ('Initialisierung'); }
   population
   {
      log ('Durchführung');
      name := self.name;
   }
   end { log ('Terminierung'); }
}
```

Vorbereitung und Nachbehandlung sind optional, eine **population** ist immer erforderlich, wobei die Angabe des Schlüsselwortes **population** weggelassen werden kann.

3.3 Allgemeiner Aufbau von Operational Mappings-Scripten 65

Manche Werkzeuge sehen die Klammerung des **population**-Blocks und das entsprechende Schlüsselwort auch gar nicht erst vor, wie zum Beispiel das „QVT Operational" der *Eclipse Modeling Tools*-Initiative, mit dem wir uns später noch eingehender beschäftigen werden.

Beispiel:

```
mapping Package::createSchema () : Schema
{
    log ('Durchführung');
    name := self.name;
}
```

Es ist möglich, *Mapping*-Operationen durch Angabe von Bedingungen konkreter zu beschreiben. Dabei handelt es sich einerseits um Vorbedingungen – **when**-Prädikate –, die erfüllt sein müssen, damit die Operation überhaupt ausgeführt wird, und andererseits um Invarianten – **where**-Prädikate –, die für den gesamten Lebenszyklus der von der Operation betroffenen Modellkomponente erfüllt sein müssen. Bedingungen dieser Art werden in Form von OCL-Ausdrücken spezifiziert.

Beispiel:

```
mapping Package::createSchema () : Schema
when
{
    -- der Name des Packages muss länger sein als
    -- 0 Bytes
    self.name.size() > 0
}
where
{
    -- der Name des generierten Schemas darf nicht
    -- leer sein
    name <> ''
}
{
    name := self.name;
}
```

Der Einstiegspunkt in eine *Operational Mappings*-Transformation ist die **main**-Funktion, ein spezielles *Mapping*, das die Transformation der Modelle repräsentiert. Die Argumente der **main**-Funktion sind demnach die Modellparameter der Transformation. In der **main**-Funktion wird keine Initialisierung und Terminierung vorgenommen; als Operationen sind nur Funktionen auf Modelle zugelassen. Im folgenden Scriptausschnitt wird zum Beispiel die Standardfunktion **objects** benutzt, die auf Modelle definiert ist, um die Objekte eines bestimmten Typs zu selektieren.

Beispiel:

```
transformation HelloWorld ( in  source : UML,
                            out target : RDBM );
main()
{
   log ('Main: Hello, World!');
   source.objects()[Package]->map createSchema();
}
```

Eine vollständige Übersicht der auf Modelle definierten Standardmethoden befindet sich im Anhang.

Aus diesen Einführungen ergibt sich bereits folgender grober Aufbau von *Operational Mappings*-Scripten, der in Abbildung 3.7 in Form eines UML-Klassendiagramms noch einmal vor Augen geführt wird:

```
[ metamodel <metamodelName>
   {
      class <className> { [<attributDefinition>;]* }
   } ]*

[ modeltype <modeltypeName>
      uses [ <metamodelName> | <metamodelReferenz> ]; ]+

transformation <transformationName>
      ( [ [in|out] <modelName>:<modelTypeName>[,] ]+ );
main()
{
   [ <OLC-Statement>; ]*
   [ <mappingCall>;   ]*
}

mapping [<modelElementType>::]<mappingOperationeName>
( [<argumentDeklaration>[,]]* )
: <resultType>[, <resultDeclaration>]*
[ when  { <OCL-Statement> } ]
[ where { <OCL-Statement> } ]
{
   [ init { <OCL-Statement>; }]
   [ population ] [{
   [ <OLC-Statement>; ]*
   [ <mappingCall>;   ]* [}]
   [ end {} ]
}
```

3.3 Allgemeiner Aufbau von Operational Mappings-Scripten 67

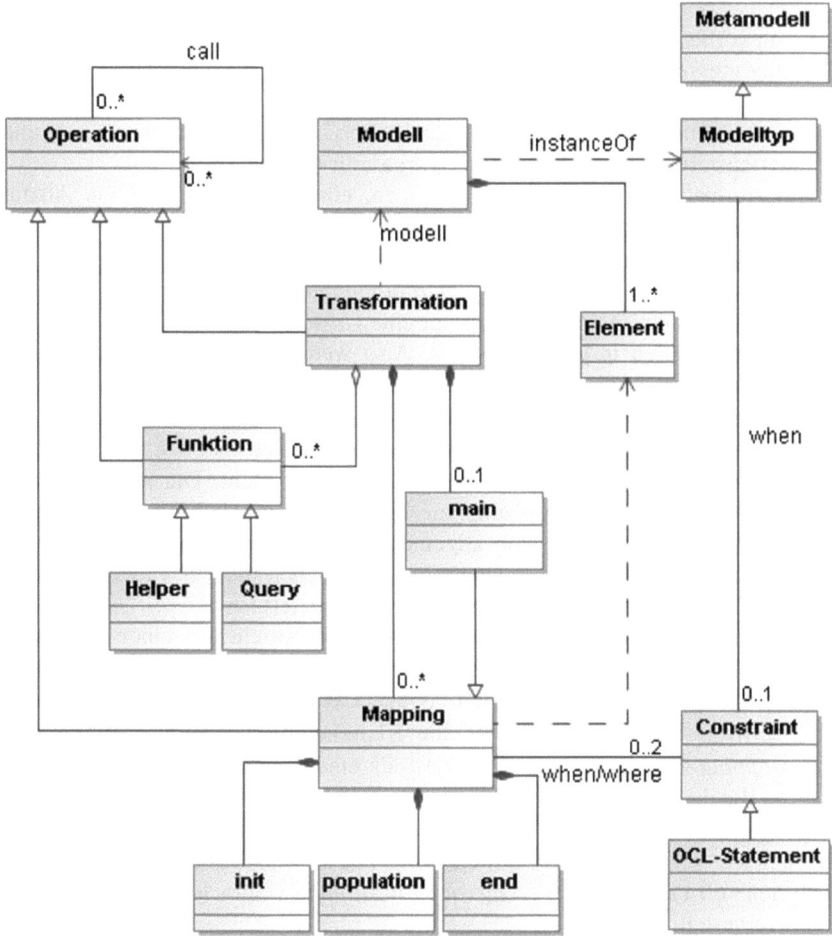

Abb. 3.7: Aufbau von *Operational Mappings*-Transformationen

3.3.1 Zusammenfassung

Transformationen operieren auf Modellen. Modelle sind Instanzen von Modelltypen; bei diesen handelt es sich um spezielle Metamodelle, die zuvor beigestellt worden sind. Modelltypen können durch Angabe von Bedingungen spezialisiert werden. Die Definition von Metamodellen kann entweder durch eine QVT-Datenstruktur im Script oder durch eine Referenz auf ein externes Metamodell erfolgen, welches dann in einem allgemeinen Austauschformat vorliegen muss, zum Beispiel XMI oder einer auf XMI basierenden Variante.

Üblicherweise werden Metamodelle referenziert, die in einer externen Repräsentation vorliegen, da diese in der Regel ja auch als Modell für die Definition der Modellierungssprachen benutzt werden, zumindest für die Sprachen, deren Modelle Gegenstand der Transformation sind. (Umfassende Beispiele für die Definition von Metamodellen, `SimpleUML` und `SimpleRDBM`, sind bereits im Kapitel 2.2, „Serialisierung der Metamodelle", vorgestellt worden.)

Transformationen besitzen einen Namen, eine Signatur und einen Ausführungsteil. In der Signatur werden die Modelle angegeben, die Gegenstand der Transformation sind. Dabei kann es sich um Eingangsmodelle handeln (**in**) oder um Ausgangsmodelle (**out**). *Operational Mappings*-Transformationen sind unidirektional. Das heißt, in der Regel erfolgt eine Umwandlung von einem oder mehreren Quellmodellen in ein Zielmodell. Also werden mindestens zwei Modelle erwartet, oder ein Modell, welches gleichermaßen Quellmodell wie auch Zielmodell ist (**inout**).

Jede Transformation besitzt im Allgemeinen eine **main**-Funktion, die gewissermaßen als Einstieg in den Transformationsablauf dient. Die **main**-Funktion umfasst in der Regel die Anweisung zur Transformation der Modelle. Sie besteht aus einer beliebigen Anzahl von allgemeinen OCL-Anweisungen und aus dem Aufruf von speziellen *Mapping*-Operationen, in denen die Umwandlung von einem Modellelement in ein anderes konkreter spezifiziert ist.

Der Ausführungsteil einer *Mapping*-Operation besteht aus einem optionalen Initialisierungsbereich (**init**), aus einem optionalen Terminierungsbereich (**end**) und einem obligatorischen Hauptteil (**population**), wobei die Angabe des Schlüsselwortes **population** und die Klammerung wiederum optional sind. Eine *Mapping*-Operation kann durch jeweils einen optionalen **when**-Block und **where**-Block ergänzt werden, in dem die Vorbedingung beziehungsweise der jeweils geltende Zustand der Operation beschrieben sind. Soweit der kurze Abriss, der vielleicht schon ausreicht, um einfache Transformations-Scripte zu erstellen. Doch nun soll erst einmal die *Operational Mappings*-Sprache in ihrer gesamten Breite vorgestellt werden.

3.4 OCL- und QVT-Grundlagen

Im vorhergehenden Kapitel ist etwas oberflächlich der Aufbau von *Operational Mappings*-Scripten behandelt worden, aber immerhin schon so weit, dass man damit bereits einfache Modelltransformationen beschreiben kann, wobei allerdings eine Grundkenntnis von OCL vorausgesetzt wird. Das wird auch im Weiteren so bleiben, denn, wie die QVT-Sprachen schlechthin, so basiert auch *Operational Mappings* konsequent auf OCL. Bevor wir also auf die formalen Aspekte der *Operational Mappings* eingehen, müssen wir uns erst einmal mit ein paar QVT- und OCL-Grundlagen auseinandersetzen. Allerdings auch dies eher wieder etwas oberflächlich. Für tiefer gehendes Interesse bleibt das Lehrbuch von Kleppe/Warmer [Kle03b] oder die schwieriger zu lesende OCL-Spezifikation [OCL].

3.4.1 OCL- und QVT-Datentypen

Operationale Transformationen operieren in der Regel auf Elementen von Modellen oder auf Modellen insgesamt. Diese stehen über die Metamodelle zur Verfügung, die gewissermaßen als Datentypen gesehen werden können. Zudem ist es oft erforderlich, Variablen zur Hilfe zu nehmen. Erlaubt sind dazu Variablen von sämtlichen OCL-Datentypen,. Zudem sind einige spezielle QVT-Datentypen vordefiniert.

```
var <name> : <datatypename>;
```

Primitive OCL-Datentypen

`Integer`	numerische ganzzahlige Werte
`Real`	numerische reelle Werte
`String`	Zeichenketten
`Boolean`	Bool'sche Werte **true** oder **false**

Komplexe OCL-Datentypen

`Collection`	eine beliebige Menge von Elementen
`Collection`	ist der Oberbegriff für die folgenden Mengentypen:
`Set`	eine ungeordnete Menge von Elementen ohne Duplikate
`OrderedSet`	eine geordnete Menge von Elementen ohne Duplikate.
`Bag`	eine ungeordnete Menge von Elementen, in der Duplikate erlaubt sind
`Sequence`	eine geordnete Menge von Elementen, in der Duplikate erlaubt sind

Komplexe QVT-Datentypen

Transformation	repräsentiert eine instantiierte Transformation.
Model	repräsentiert alle instantiierten Modelle.
Object	repräsentiert Instanzen aller Typen, Modellelemente und Datentypen.
Element	repräsentiert alle Instanzen, die Modellelemente sind.
Status	enthält Informationen über den Zustand einer Transformation in Ausführung.
Exception	stellt den Basistyp für die Behandlung aller Ausnahmen dar.

`NumericType`	generelle Metaklasse für numerische Standardtypen
`List`	generelle Metaklasse für alle Sammlungstypen. `List` ist eine geordnete Liste von Werten. Im Gegensatz zu dem OCL-Datentyp `Collection` sind auf Listen QVT-Operationen definiert.
`Dict`	(*Dictionary*) ist ein parametrisierter Listentyp, der eine *Hash*-organisierte Datenstruktur darstellt. `Dict` ist eine ungeordnete Liste von Werten, die über einen Index adressiert werden kann. Auf `Dict`-Datentypen sind in der Standardbibliothek ebenfalls Operationen vordefiniert.
`Tuple`	ist ein Datentyp, der eine ungeordnete Liste von anonymen Elementen repräsentiert.

Definition eigener Datentypen

Mit `typedef` ist es möglich, zum einen komplexe Datentypen mit einem Aliasnamen zu versehen und zum anderen Datentypen in einem speziellen Kontext Bedingungen zuzuordnen. Die Bedingung wird dem Datentyp als *Guard* innerhalb von „[" zugewiesen. In diesem Zusammenhang sei darauf hingewiesen, dass es sich bei den „[ ]" um explizite Symbole der Sprache handelt und nicht, wie bisher verwendet, die Symbole der Backus-Naur-Form. Weil es sich um reservierte Symbole der Sprache handelt, werden die „[ ]" hier fett hervorgehoben.

```
typedef <typename> = <defined_typename> [ <guard> ];
```

Beispiele:

1. Definition eines Package namens `TopLevelPackage`, das keine übergeordneten Elemente haben darf.

    ```
    typedef TopLevelPackage = Package
                     [ _parentInstance() = null ];
    ```

2. `AttributeOrOperation` ist jedes Element (**Any**), das entweder vom Typ `Attribut` oder `Operation` ist.

    ```
    typedef AttributeOrOperation = Any [ #Attribute or
                                          #Operation ];
    ```

    [#...] ist eine abgekürzte Schreibweise (*Shorthand*) für die Methode **isTypeOf** ().

Also ausführlich, ohne *Shorthand*:

```
typedef AttributeOrOperation =
        Any [ self.isTypeOf (Attribute) or
              self.isTypeOf (Operation) ];
```

3. Activity sind Actions, die mit dem Stereotyp „Activity" versehen sind.

```
typedef Activity = ActionState
                [ stereotypedBy('Activity') ];
```

3.4.2 Deklaration von Variablen

Die Deklaration von Variablen und Objekten erfolgt mit dem Schlüsselwort **var**. Mit der Deklaration kann unmittelbar auch eine Wertzuweisung vorgenommen werden.

```
var <name> : <datatypename> [ = <value_assignment> ];
```

Beispiele:

```
var irgendeineVariable : String = 'irgendeinWert';
var i : Integer = 0;
var b : Boolean = false;
```

Es gibt folgende vordefinierten Variablen:

this   Diese Variable repräsentiert die aktive Transformation selbst. **this** kann im Rahmen der Definition verwendet werden, um auf die Attribute und Operationen zugreifen zu können, die zu den Merkmalen der Transformation gehören. Das heißt, diese Variable ermöglicht es, in die laufende Transformation einzugreifen. Dazu gibt es spezielle Standardfunktionen in der QVT-Bibliothek.

self   Diese Variable referenziert das Objekt, welches der aktuelle Gegenstand einer *Mapping*-Operation ist.

result Die **result**-Variable existiert ausschließlich in dem Kontext einer *Mapping*-Operation. Sie repräsentiert das Objekt, das als Ergebnis eines *Mappings* geliefert wird.

Es gibt folgenden vordefinierten Wert:

null   Hierbei handelt es sich nicht um eine Variable, sondern um einen vordefinierten Wert für beliebige Variablentypen, und zwar für Variablen oder Objekte, die deklariert, aber noch nicht definiert sind.

```
var irgendeineVariable : String = null;
```

Die Abfragen

```
<variable_name>.oclIsUndefined()
```

oder

```
<variable_name> == null
```

erlauben nun in identischer Weise die Abfrage dieses Zustandes.

Beispiele:

```
var classes : OrderedSet(Class) = null;
var package : Package = self;

var liste   : List = null;
liste := List { 'A','B','C' };

var dict : Dict = Dict { 'one' = 1,'two' = 2,'three' = 3 };
var myTuple : Tuple = Tuple {  1, 2, 3  };
```

Tuple ist eine ungeordnete Menge von Werten, auf die nicht einzeln zugegriffen werden kann. Durch Zuweisung an andere Variablen sind die Elemente eines Tupels erreichbar. So wird zum Beispiel ein Tupel auf eine Menge von mehreren Variablen verteilt.

```
var ( x, y, z ) := myTuple;
⇒ x = 1;   y = 2; z = 3;
```

3.4.3 Operatoren

1. Sequentiell aufeinander folgende Ausdrücke werden mit einem Semikolon getrennt:

   ```
   <expression>;<expression>
   ```

2. Die Zuweisung eines Wertes an eine Variable erfolgt mit dem Zuweisungsoperator „:=":

```
<variable> := <value_assigment>
```

3. Der Operator „+=" ist ein spezieller Zuweisungsoperator, mit dem Elemente einer Liste hinzugefügt werden:

```
<collection_variable> += <variable>
```

Der Operator „:=" ist ebenfalls als Operator anwendbar, würde allerdings die Liste nicht ergänzen, sondern ersetzen:

```
<collection_variable> := <variable>
```

4. Ein Vergleich auf Gleichheit kann mit den Vergleichsoperatoren „=, ==" vorgenommen werden; die Abfrage auf Ungleichheit erfolgt mit „!=, <>".

```
<variable> [== | = | != | <>] <value_assigment>
```

Eine Vergleichsoperation muss immer ein Bool'sches Resultat – **true** oder **false** – ergeben.

5. Vereinigung von Zeichenketten wird mit dem Konkatenationsoperator „+" durchgeführt.

```
<string_expression> + <string_expression>
```

6. Mit der „."-Notation werden bestimmte Elemente – Attribute oder Operationen – von Objekten referenziert.

```
<QVT_variable>.<expression>
```

7. Die Elemente eines Sammlungstyps können mit dem Operator (->) referenziert werden.

```
<QVT_variable>-><expression>
```

Mit (->) ist es möglich, implizit über alle Elemente eines Sammlungstyps zu iterieren.

8. Der **map**-Operator wendet eine referenzierte *Mapping*-Operation auf einem Element an. Oder mit anderen Worten, der **map**-Operator ruft eine *Mapping*-Operation auf.

```
map <mapping_operation>
```

3.4.4 Imperative QVT-Ausdrücke

Imperative Ausdrücke sind QVT-Standardausdrücke, mit denen in *Operational Mappings*-Scripten anweisungsorientierte Programmierelemente angeboten werden, zum Beispiel Textausgaben auf eine Konsole, oder Sprachmittel der strukturierten Programmierung.

Logging

`log`-Ausdrücke werden an beliebiger Stelle benutzt, um Meldungen auf die Standardausgabe auszugeben. `log`-Ausdrücke unterbrechen oder beenden den Ablauf nicht. Als erstes Argument enthalten sie irgendeinen Text, als zweites Argument können sie optional ein Objekt enthalten. `log`-Ausdrücke können mit einer Bedingung verknüpft sein; die Meldung wird nur dann angezeigt, wenn die Bedingung erfüllt ist.

```
/* Anweisungen */
log ("Irgendeine Meldung");
log ("Irgendeine Meldung", <objectname>);
log ("Irgendeine Meldung") when <constraint>;
/* Anweisungen */
```

Da die meisten derzeitig erhältlichen QVT-Interpreter nicht über Debug-Funktionalität verfügen, ist das *Logging* sehr hilfreich bei einer Fehlersuche.

Blöcke

Blöcke sind eine Folge von Anweisungen, die mit geschweiften Klammern zusammengefasst sind. Die Anweisungen sind durch Semikola getrennt.

```
{
    -- Anweisungsteil
}
```

Blöcke kommen üblicherweise in umfassenderen Ausdrücken vor, wie zum Beispiel Operationen, Schleifen, Anweisungsteilen von bedingten Ausdrücken. Die allgemeinste Form eines Blockes ist die **do**-Anweisung:

```
do { /* Anweisungsteil */ }
```

Blöcke können ordentlich mit der **return**-Anweisung verlassen werden, wobei mit dem **return** auch ein Ergebniswert zurückgegeben werden kann.

Dies ist dann erforderlich, wenn die umschließende Operation einen entsprechenden Ergebnistyp besitzt:

```
do
{
   /* Anweisungsteil */
   return;
}
```

Bedingte Ausdrücke

Ein **if**-Ausdruck ist ein bedingter Ausdruck, in dem die Anweisungsteile in Abhängigkeit von einer Bedingung ausgeführt werden. Sofern die Bedingung **true** ergibt, wird der Anweisungsteil im **then**-Zweig ausgeführt, andernfalls im **else**-Zweig:

```
if      ( /* Bedingung */ )
[then]  { /* Anweisungsteil */ }
[elif   ( /* Bedingung */ )
[then]  { /* Anweisungsteil */ }
[else   { /* Anweisungsteil */ }
[endif]]*
[endif];
```

Das **then**-Schlüsselwort wie auch das **endif**-Schlüsselwort ist optional. Falls es in den Anweisungsteilen mehr als eine durch Semikolon getrennte Anweisung gibt, handelt es sich um einen Block, der mit „{ }" geklammert werden muss. Andernfalls können die „{ }" weggelassen werden. Das **do**-Schlüsselwort kann ebenfalls entfallen. Es ist zulässig, bedingte Ausdrücke beliebig tief zu schachteln.

Man kann umfangreiche **if**-Anweisungen durch einen **switch**-Ausdruck vereinfachen. Ein **switch**-Ausdruck besteht aus der Einführung einer Variablen, die als Bedingungsvariable in **case**-Abfragen dient. Sofern eine dieser Abfragen, die jeweils erste, für die Bedingungsvariable erfüllt ist, wird der entsprechende Anweisungsblock ausgeführt. Optional kann noch ein **else**-Block angegeben sein, für den Fall, dass alle Abfragen scheitern:

```
switch ( /* Bedingungsvariable */ )
{
   case ( /* Bedingung */ ) { /* Anweisungsteil */ }
   [case ( /* Bedingung */ ) { /* Anweisungsteil */ }]*
   [else { /* Anweisungsteil */ }]
};
```

compute-Ausdruck

In einem **compute**-Ausdruck wird in einem vorbereitenden Teil eine Variable definiert und gegebenenfalls initialisiert, die dann im Durchführungsblock für eine weitere Bearbeitung zur Verfügung steht.

```
compute ( /* Initialisierung */ )
{
   /* Anweisungen */
};
```

Schleifen

while-Schleifen sind Kontrollausdrücke, die einen Blockausdruck solange iterieren, bis eine gegebene Bedingung den Wert **false** ergibt.

```
while ( /* Bedingung */ )
{
   /* Anweisungsteil */
};
```

Wenn eine **while**-Schleife mit einem **compute**-Ausdruck kombiniert ist, dann kann der Initialisierungsteil des **compute**-Ausdrucks in den Bedingungsteil des **while**-Ausdrucks hineingezogen werden. Das Schlüsselwort **compute** ist dadurch überflüssig.

```
compute ( /* Initialisierung */ )
while ( /* Bedingung */ )
{
   /* Anweisungsteil */
};
```

ist gleichbedeutend mit

```
while ( /* Initialisierung */; /* Bedingung */ )
{
   /* Anweisungsteil */
};
```

while-Schleifen können mit der **break**-Anweisung an beliebiger Stelle innerhalb des Anweisungsteils abgebrochen werden. **break** bewirkt einen Sprung zum Ende der Schleife. Der Ablauf wird hinter der Schleife fortgesetzt. Mittels **continue** wird die Iteration an der Stelle unterbrochen und am Anfang des Schleifenblocks wieder aufgesetzt. **continue** beginnt also einen neuen Iterationsschritt, während **break** die gesamte Iterationsausführung beendet.

for-Iteration

Ein **for**-Ausdruck ist eine Schleife, die zur Iteration über eine Sammlung dient. Eine **for**-Schleife iteriert über eine Collection und wendet auf jedes Element der Sammlung einen definierten Anweisungsblock an.

```
<SourceCollection>->[forEach|forOne]( <iteratorlist>
                                     [| <constraint>] )
{ /* Anweisungsteil */  }[;]
```

SourceCollection ist eine Liste, über die iteriert wird; iteratorlist ist eine durch Kommata getrennte Liste von Iteratorvariablen. Diese können in der constraint noch mit einer Bedingung verknüpft werden. In dem Anweisungsteil befinden sich dann die Operationen, die auf die einzelnen Elemente der SourceCollection angewendet werden. **forEach** iteriert stets über alle Elemente der SourceCollection und führt den Anweisungsteil für jedes Element aus, welches die Bedingung erfüllt, **forOne** führt den Anweisungsteil nur für den ersten Treffer aus und bricht die Iteration dann ab.

assert-Ausdruck

Der **assert**-Ausdruck ist eine Anweisung, um zu prüfen, ob bezogen auf ein Objekt eine bestimmte Bedingung gilt. Es kann optional eine Fehlermeldung angegeben werden, die, sofern die Bedingung verletzt ist, auf die Konsole geschrieben wird. Zudem gibt es ein Fehlerereignis AssertionFailed.

```
assert   [ warning | error | fatal ]
         [(] /* Bedingung */ [)]
         with log ( /* Meldungstext */ );
```

Der Zusicherungstyp **error** ist als Standard voreingestellt und gilt dann, wenn nichts weiter angeben wird.

Exception-Ausdruck

Ein **Exception**-Ausdruck überwacht einen Anweisungsteil auf irgendwelche Ausnahmen. Falls eine Ausnahme auftritt, wird geprüft, ob sich diese in einer Liste von definierten Ausnahmen befindet, und wenn das der Fall ist, wird eine Ausnahmebehandlung angestoßen.

```
try
{
   /* überwachter Ausführungsteil */
}
```

78   3 Operational Mappings – die Sprache

```
except ( /* Liste von Ausnahmen */ )
{
   /* Ausnahmebehandlung */
};
```

Mit Hilfe eines **raise**-Ausdrucks kann eine Ausnahme erzeugt werden. Sofern dieser innerhalb eines überwachten Ausführungsteiles auftritt, wird durch diese Ausnahme eine kontrollierte Ausnahmebehandlung ausgelöst.

3.4.5 Beispiele von imperativen QVT-Codeabschnitten

1. Einfache String-Konkatenation:

```
compute (s : String = '')
{
   s := 'ABC' + 'DEF';
   log ('s = ' + str);
};
```

2. Bedingungsausdrücke:

```
if   (i == 0) log ("i = 0")
elif (i < 0)  log ("i < 0")
elif (i > 0)  log ("i > 0")
else log ("undefined")
endif;

switch (i)
{
   case (i < 0)  log ("i < 0");
   case (i == 0) log ("i = 0");
   case (i > 0)  log ("i > 0");
   else log ("undefined");
};
```

3. Berechnung der Summe einer numerischen Liste mit Hilfe eines **iterate**:

```
compute (i : Integer = 0)
{
   i := Set {1,2,3}->iterate ( idx : Integer;
                               sum : Integer = 0
                             | sum + idx );
   log ('Summe = ', i);
};
```

4. Das Gleiche mit Hilfe eines `forEach`:

   ```
   compute (sum : Integer = 0)
   {
      Set {1,2,3}->forEach (idx) { sum := sum + idx };
      log ('Summe = ', sum);
   };
   ```

5. Objektzusicherung:

   ```
   var liste : Sequence(String) := Sequence{"A", "B", "C"};
   assert (liste->includes("X"))
          with log ( "Die Liste enthält kein X", liste );

   try
   {
      assert (liste->includes("X"));
   }
   except (AssertionFailed)
   {
      log ('FEHLER: AssertionFailed')
   };
   ```

3.4.6 Operationen auf Sammlungstypen

OCL wie auch QVT sind Sprachen, die im Wesentlichen auf Mengen von Modellelementen operieren. Mit den *Mapping*-Operationen lassen sich Mengen von Elementen eines Modells in Mengen von Elementen eines anderen Modells überführen. Die geforderten Mengen der Quellmodellelemente müssen dazu zunächst selektiert werden, bevor eine *Mapping*-Operation angesetzt werden kann. Zum Zugriff auf Ausschnitte von Modellen sind auf der einen Seite diverse OCL-Standardfunktionen und auf der anderen Seite QVT-Standardfunktionen vorgesehen.

Ein Einblick in die OCL-Standardbibliothek

Einige Funktionen der OCL-Standardbibliothek, insbesondere die, die in diesem Zusammenhang im Allgemeinen häufig benötigt werden, sollen hier kurz vorgestellt werden. Ein umfassenderer Überblick über die OCL-Standardbibliothek befindet sich im Anhang.

- `allInstances() : Set ( Type )`

  liefert alle Instanzen einer Klasse; `allInstances` ist nur auf Klassen anwendbar, in allen anderen Fällen liefert sie `oclVoid`.

- **oclIsTypeOf** (Type) : Boolean

  prüft, ob ein Element einen bestimmten vorgegebenen Typ besitzt.

- **oclAsType** (Type)   : Type

  passt den Typ des Elements auf den angegebenen Typ an (Typkonvertierung, *Casting*). Analog können Mengentypen mit **asBag**, **asSequence**, **asOrderedSet**, **asSet** angepasst werden.

- **isEmpty**() : Boolean

  prüft eine Liste, ob sie Elemente enthält. Analog prüft **notEmpty** eine Liste, ob sie nicht leer ist.

- **size**() : Integer

  liefert die Anzahl der Elemente einer Liste.

- **union** (set : **Set**(Type)) : **Set**

  ergibt die Vereinigung zweier Mengen.

  Beispiel:
  ```
  Set {A,B,C}->union Set {E,F,G}
  ergibt
  Set {A,B,C,E,F,G}
  ```

- **flatten**() : **Set** (Type)

  Alle Elemente aller Untermengen einer Menge werden insgesamt zu einer einfachen Menge, zu einem **Set**, bestehend aus nur einfachen Elementen, „flachgeklopft". Wenn eine Collection aus Elementen besteht, die wiederum Collections sind, dann werden deren Elemente der Zielmenge hinzugefügt, und nicht die Menge insgesamt. Diese Methode ist auch auf Bag und Sequence definiert.

  Beispiel:
  ```
  Set { A, {A,B, C}, D, {E,{F,G}}->flatten()
  ergibt
  Set { A, A, B, C, D, E, F,G }
  ```

Eine Auswahl von QVT-Standardfunktionen

Auch *Operational Mappings* stellt für die Arbeit auf und mit Modellausschnitten diverse Standardmethoden auf Modellen oder Modellelementen zur Verfügung, von denen hier einige der gebräuchlichsten vorgestellt werden sollen. Eine vollständige Zusammenstellung der QVT-Standardfunktionen befindet sich im Anhang.

- **objectsOfType**(<OCLType>) : **Set**(<Element>)

  ist eine Methode auf Modellen, die eine ungeordnete Liste von Objekten eines vorgegebenen OCL-Datentyps liefert.

  ```
  var packages = irgendeinModell.objectsOfType (Package);
  ```

  liefert eine Liste aller Elemente vom Typ `Package` des Modells `irgendeinModell`. Für diese Funktion haben wir oben schon den *Shorthand* **objects** kennengelernt:

  ```
  var packages = irgendeinModell.objects()[Package];
  ```

- **subobjects**() : **List** <Element>

  ist eine Methode, die auf beliebige Elemente definiert ist. Sie liefert eine Liste aller direkten Subelemente des Elements:

  ```
  var elements = packages->subobjects();
  ```

  `elements` repräsentiert alle Elemente, die direkt in einem `Package` aus `packages` liegen. Hier wird also in einer Ebene des Baumes selektiert.

- **allSubobjects**() : **List** <Element>

  ist eine Methode, die auf beliebige Elemente definiert ist. Sie liefert eine Liste aller Subelemente des Elements, also auch iterativ absteigend die Subelemente von Subelementen.

  ```
  var elements = packages->allSubobjects();
  ```

  `elements` repräsentiert nun alle Elemente, die direkt in einem `Package` und in den `Packages` liegen, die sich in jeweils einem Exemplar von `packages` befinden. Hiermit wird in die Tiefe des Baumes selektiert.

- **subobjectsOfType**(<OCLType>) : **List** <Element>

  liefert eine Liste aller direkten Subelemente des Elements, gefiltert nach einem vorgegebenen Typ.

```
var classes = packages->subobjectsOfType(Class);
```

classes repräsentiert nun alle Klassen, die direkt in einem Package aus packages liegen. Hier wird also in einer Ebene des Baumes selektiert.

- **allSubobjectsOfType**(<OCLType>) : **List** <Element>

    liefert eine Liste aller Subelemente des Elements, gefiltert nach einem vorgegebenen Typ.

    ```
    var classes = packages->allSubobjectsOfType(Class);
    ```

    classes repräsentiert nun alle Klassen, die direkt in einem Package und in den Packages liegen, die sich in jeweils einem Exemplar von packages befinden. Hiermit wird in die Tiefe des Baumes selektiert.

Selektion mit QVT-Standardfunktionen

Die Verwendung dieser gebräuchlichen Selektionsfunktionen der QVT-Standardbibliothek sollten wir uns wieder einmal an einem kleinen, aber durchaus repräsentativen Beispiel vor Augen führen:

1. Zunächst werden alle Modellelemente vom Typ Package ermittelt. Hierzu dient die Funktion „**objectsOfType**(Package)".
2. Die Ergebnismenge wird dann der *Mapping*-Operation mapPackages übergeben. In mapPackages werden die Elemente des Paketes selektiert, die vom Typ Class sind, „**subobjectsOfType**(Class)".
3. Diese werden dann mit mapClasses weiter behandelt.

    Beispiel:
    ```
    transformation HelloWorld ( in  source : UML,
                                out target : RDBM );
    main ( )
    {
       source.objectsOfType(Package)->map mapPackages();
    }
    mapping Package::mapPackages() : Schema
    {
       name   := self.name;
       tables += self.subobjectsOfType(Class)
                 ->map mapClasses();
    }
    mapping Class::mapClasses() : Table
    {
       name := self.name;
    }
    ```

QCL-Selektionstechniken

Nicht alle Werkzeuge unterstützen die Funktionen der QVT-Standardbibliothek vollständig, was zwar gelegentlich ein kleines Hindernis darstellt, welches jedoch durch Anwendung von geeigneten OCL-Mitteln überwindbar ist. Denn die Selektion von Elementmengen auf der Basis des Modells kann man natürlich auch in ähnlicher Weise mit Hilfe von OCL-Techniken implementieren. Im Folgenden werden nun die OCL-Methoden vorgestellt, die in diesem Zusammenhang am häufigsten angewendet werden können, **collect**, **select** und **iterate**.

collect

collect iteriert über die Elemente einer Sammlung, wendet einen gegebenen Ausdruck auf die Elemente der Sammlung an und liefert eine Menge mit den Ergebniselementen. Dies ist eine Untermenge der Ausgangsmenge.

Syntax:

```
<collection>->collect ( [<iterator>[:<iterator_type>] |]
                        [<expression> |
                        <iterator_expression>] )
```

Als Argument kann optional eine Iteratorvariable angegeben werden. Dann muss ein Ausdruck folgen, der die Iteratorvariable verwendet. Als Ergebnis kann natürlich auch einfach der Wert eines Elements zurückgegeben werden, zum Beispiel die Namen von Attributen, die Namen von Klassen etc. Mit der folgenden Anweisung werden alle Elemente eines `Packages` eingesammelt, die vom Typ `Class` sind.

Beispiel:

```
var pckg : Package;
var cls  : OrderedSet(Class);

cls += pckg->collect( elements.oclAsType(Class) ).
                      asOrderedSet ();
-- oder
cls += pckg->collect( p | p->elements.oclAsType(Class)).
                      asOrderedSet ();
```

Die Typanpassungsanweisung **oclAsType**(`Class`) ist erforderlich, da die Ergebniselemente der Sammlung einer `Class`-Liste zugewiesen werden. Die **collect**-Anweisung würde scheitern, wenn sich in der Ausgangsmenge Elemente befinden, die nicht zu einer `Class` konvertiert werden können. In dem Fall sollte eine der Varianten **select** oder **iterate** gewählt werden.

select

select ist etwas qualifizierter als **collect** und liefert alle Elemente einer Menge, die ein bestimmtes Selektionskriterium erfüllen. **select** iteriert über die Elemente einer Sammlung und liefert eine Teilmenge aller Elemente, die eine gegebene Bool'sche Bedingung erfüllen.

Syntax:

```
<collection>->select ( [<iterator>[:<iterator_type>] |]
                      [<boolean_expression> |
                       <iterator_boolean_expression>] )
```

Eine Iteratorvariable kann definiert werden. Der Bool'sche Ausdruck muss dann die Iteratorvariable verwenden. Ein **select** entspricht einer Selektionsabfrage in relationalen Datenbanken.

Beispiel:

```
var pckg : Package;
var cls  : OrderedSet(Class);

cls += pckg.elements->select( c : PackageElement |
                              c.oclIsTypeOf(Class)).
                     asType(Class).
                     asOrderedSet ();
```

Bei dieser Lösung werden nur die Klassen in einem Package selektiert.

iterate

iterate iteriert über eine Sammlung von Elementen und wendet auf jedes Element eine spezielle Operation an. Diese Iterationsoperation wird auch als Akkumulation bezeichnet. **iterate** ist die generellste Funktion auf Sammlungen, mit der alle anderen implementiert werden können.

Syntax:

```
<collection>->iterate( <iterator>[:<iterator_type>];
  <accumulator>[:<accumulator_type>]= <expression> |
  <iteration_expression> )
```

Beispiel:

```
var pckg : Package;
var pEls : OrderedSet(PackageElement):= null;
```

3.4 OCL- und QVT-Grundlagen

```
var cls    : OrderedSet(Class)            := null;

pElements := inPckg->collect ( p | p->elements )
                    ->asOrderedSet();

cls += pEls->iterate ( iter : PackageElement;
                       acc  : Set(Class) = Set{} |
                       if   iter.oclIsTypeOf(Class)
                       then acc->including(iter)
                       endif );
```

Iteriert wird hier über alle Elemente `pEls` eines `Packages`. Wenn ein aktuelles Element vom Typ `Class` ist, wird es mit der OCL-Funktion **including** der Liste der Klassen `acc` hinzugefügt. `acc` ist das Akkumulationsobjekt, `iter` der Iterator. Iterator und Eingangsobjekt müssen von demselben Typ sein, hier `PackageElement`.

In den oben angeführten Beispielen wurden nun einige Lösungen beschrieben, die unter Verwendung der OCL-Sammlungsoperationen Selektionen auf einem Modell realisieren. Diese können anstelle der QVT-Standardfunktionen in den *Mappings* eingesetzt werden. Grundsätzlich ist also jede QVT-Standardoperation auch mit OCL-Techniken zu implementieren, was, wie gesagt, interessant ist für einige *Operational Mappings*-Werkzeuge, die die QVT-Standardbibliothek nur unzureichend unterstützen.

Beispiel:

```
main ( )
{
   source.objectsOfType(Package)->map mapPackages();
}

mapping Package::mapPackages() : Schema
{
   init
   {
      var classes : OrderedSet(Class);
      classes := selectClasses   (self);
   }
   name   := self.name;
   tables += classes->map mapClasses();
}

mapping Class::mapClasses() : Table
{
   name := self.name;
}
```

```
query selectClasses( in pckg : Package ) :
                    OrderedSet(Class)
{
   var cls : OrderedSet(Class);

   cls += pckg.elements->select( c : PackageElement |
                                 c.oclIsTypeOf(Class)).
                         asType(Class).
                         asOrderedSet ();
   return cls;
}
```

3.5 Operationale Transformationen

Nach der Einführung in die QVT-Grundlagen wie auch der Betrachtung einiger zentraler OCL-Konzepte, die im Rahmen der Entwicklung von operationalen Transformationen oft eine Rolle spielen, soll nun die Erläuterung der Hauptsprachmittel folgen, mit denen *Operational Mappings*-Scripte erarbeitet werden. Es handelt sich dabei im Wesentlichen natürlich um Transformationen und um *Mapping*-Operationen und im Weiteren um einige spezielle Hilfsmittel und Techniken in diesem Zusammenhang.

3.5.1 Definition von Metamodellen mit QVT-Sprachmitteln

Das Thema Metamodelle ist ausgiebig in Kapitel 2 behandelt worden, wobei wir uns sowohl mit Metamodellen in Form von QVT-Datenstrukturen wie auch mit Metamodellen in einem generellen Austauschformat beschäftigt haben. In diesem Abschnitt wollen wir uns noch einmal mit den Sprachmitteln der QVT zur Definition von Metamodellen befassen und zwar auf der Ebene der formalen Syntax.

Wie wir auf der Grundlage des MOF-Konzeptes bereits erkannt haben, handelt es sich bei formalen Metamodellen um Datenstrukturen, die als UML-Klassendiagramme dargestellt werden können. Zur rechnergestützten Interpretation der Metamodelle in Transformationsscripten benötigen wir sie in einer serialisierten Form. Auch die QVT stellt Sprachmittel zur Verfügung, um die in Form von Klassendiagrammen repräsentierten Modelle in seriellen Datenstrukturen implizit im Rahmen eines Transformationsscriptes definieren zu können.

Definition von Metamodellen

Metamodelle sind Pakete von speziellen Modellelementen. Sie werden mit dem Schlüsselwort **package** oder **metamodel** eingeleitet, gefolgt von einem Namen. Alle Elemente innerhalb einer Metamodelldefinition können in Paketen weiter gegliedert und strukturiert werden. Bei den inneren Paketen ist nur das Schlüsselwort **package** zulässig; es ist empfohlen, das äußere Paket mit dem Schlüsselwort **metamodel** zu versehen. Metamodelle bestehen im Wesentlichen aus der Definition der Metaelemente in Form von Klassen (**class**); im Weiteren ist die Definition von primitiven Datentypen (**primitive**) und Aufzählungstypen (**enum**) wie auch ein spezielles Konstrukt für die Behandlung von Ausnahmefällen (**exception**) vorgesehen.

Syntax:

```
[metamodel | package] <metamodel_name>
{
  [ <class_definition>                                     |
    package <package_name> { <package_definition> }[;]    |
    primitive <primitivetype_name>;                        |
    enum <enumeration_name> { <enumeration_list> };       |
    exception <exception_name>
              [extends <exception_name>]; ]
}
```

Primitive Datentypen werden definiert durch Angabe des Schlüsselwortes **primitive**, gefolgt von einem beliebigen Namen. Aufzählungstypen werden definiert durch eine Liste von Bezeichnern, denen das Schlüsselwort **enum** vorangestellt ist.

Beispiele:

```
metamodel SimpleUML
{
   -- STRING ist ein selbst-definierter primitiver
   -- Datentyp.
   primitive STRING;

   -- ClassType ist ein Aufzählungstyp, mit primitive
   -- oder complex kann ein Classifier gekennzeichnet
   -- werden.
   enum  ClassType {"primitive","complex"};

   -- Deklaration der Metaklassen
   -- ...
}
```

Die Definition eines Metamodells besteht aus der Beschreibung der Metaklassen und deren Beschaffenheit. Die Spezifikation von Klassen wird durch das Schlüsselwort **class** eingeleitet, gefolgt von einem frei wählbaren Namen. Mit dem optionalen Zusatz **extends** werden andere Klassen als Superklassen angegeben, von denen eine Subklasse Eigenschaften und Operationen erben kann. Die **extends**-Beziehung ist auch für **exceptions** definiert. Es ist möglich, Klassen mit dem Bezeichner **abstract** zu versehen, um sie damit als abstrakte Klassen zu kennzeichnen. Abstrakte Klassen können nicht instantiiert werden. Abstrakte Metaklassen stehen somit im Rahmen einer Modellierung als Elemente nicht zur Verfügung, sondern nur indirekt in der Weise, dass andere, natürlich auch nicht abstrakte Metaklassen von ihnen erben können.

Syntax:

```
[abstract] class <class_name>
[extends <id_name>[, <id_name>]*]
{
  [<class_body_definition>]*;
}
```

Beispiel:

```
metamodel SimpleUML
{
  -- Deklaration der Metaklassen
  abstract class ModelElement       {}
  abstract class Classifier    extends ModelElement {}
  class Package                extends ModelElement {}
  class Class                  extends Classifier   {}
  class Attibut                extends ModelElement {}
  class PrimitiveDataType      extends Classifier   {}
}
```

`ModelElement` wie auch `Classifier` sind abstrakt, also nicht instantiierbar. `Classifier` erbt von `ModelElement` Eigenschaften, die wir noch nicht kennen. `Class` und `PrimitiveDataType` sind Spezialisierungen von `Classifier` und erben von dieser damit ebenfalls die bisher noch unbekannten Attribute. `Class` und `PrimitiveDataType` sind die konkreten Klassen, die wir bisher als Sprachmittel der Modellierungssprachen benutzen können.

Klassen besitzen Eigenschaften – `Properties`. Dabei handelt es sich einerseits um strukturelle Eigenschaften – `Attributes` – und andererseits um funktionale Eigenschaften – `Operations`. Im Rahmen dieses Fachbuches werde ich mich auf die statischen Attribute konzentrieren, wobei eine akademische Erörterung von dynamischen Aspekten in Metamodellen durchaus interessant ist.

Syntax:

```
[abstract] class <class_name> [extends <id_name>[,
                                      <id_name>]*]
{
  [[<stereotype_list>]
   [composes | references |
    readonly | derived    ]*
    <property_name> : <property_type>
                      [<multiplicity>] [ordered]
                      [opposites [~] <identifier>]
                      [= <initial_assignment>]
  ]*;
}
```

`Properties` haben einen Namen und einen Datentyp. Der Name ist frei wählbar, bei der Angabe des Datentyps steht die gesamte Palette der OCL- und QVT-Datentypen zur Verfügung – vgl. Kapitel 3.4.1 –, wie auch die im Metamodell definierten primitiven Datentypen sowie die Klassen, zum Beispiel dann, wenn das Attribut die Beziehung zu anderen Klassen repräsentiert.

Bei der Definition des Attributes mit einem OCL-Datentyp kann unter Anwendung einer OCL-Funktion eine initiale Wertzuweisung vorgenommen werden; das Attribut sollte dann mit **derived** als abgeleitet markiert sein. Ein mit **readonly** ergänztes Attribut ist nur lesbar und kann im Rahmen der Modellierung nicht mit Werten versehen werden.

Beispiel:

```
metamodel SimpleUML
{
   -- Deklaration der Metaklassen
   abstract class ModelElement
   {
      name : STRING;
      kind : STRING;
   }
   class Package extends ModelElement
   {
      derived size : Integer
                   = self.ownedElement->size();
   }
}
```

Darüber hinaus resultieren Attribute im Metamodell häufig aus Beziehungen zwischen Klassen; diese besitzen also eine Klasse des Metamodells als Datentyp. Je nach Art des Beziehungstyps ist diesen Attributen das Schlüsselwort **references** oder **composes** vorangestellt.

references impliziert, dass das Attribut aus einer einfachen Beziehung resultiert, wohingegen **composes** eine Kompositionsbeziehung zwischen Klassen zugrunde legt. Mittels **opposite** kann die in Beziehung stehende Klasse mit ihrem Namen angegeben werden. Mit **reference**, **composed** und **opposite** werden jeweils die Assoziationsenden von in Beziehung stehenden Klassen beschrieben. Mit dem optionalen Hinzufügen einer „~" wird dann noch notiert, dass das referenzierende Attribut nicht navigierbar ist.

Die Eigenschaften von Klassen können mit Multiplizitätsangaben versehen werden, womit ausgedrückt wird, ob es sich um einfache Elemente oder um Sammlungen handelt. Die Multiplizität wird in der in UML üblichen Weise angegeben, zum Beispiel [*], [1], [0..1], [0..*]. Sammlungen können geordnet sein, was mit dem Zusatz **ordered** ausgedrückt wird.

Beispiel:

```
metamodel SimpleUML
{
   -- eigene primitive Datentypen und Aufzählungstypen
   primitive STRING;
   enum      ClassType {"primitive","complex"};

   -- Metaklassen
   abstract class ModelElement
   {
      -- Jedes Modellelement besitzt einen Namen.
      name : STRING [1];
      -- Das Attribut kind muss nicht notwedigerweise
      -- eine Ausprägung haben.
      kind : STRING [0..1];
   }

   abstract class PackageElement extends ModelElement {}

   abstract class Classifier     extends ModelElement
   {
      -- type ist der Typ des Classifiers, also complex
      -- (d.h. es handelt sich um eine Klasse) oder
      -- primitive.
      type       : ClassType;
      -- isComplex liefert true, falls type = complex.
      isComplex (): Boolean;
   }
```

```
    class Package extends ModelElement
    {
       -- Packages können eine geordnete Liste von
       -- mehreren PackageElements besitzen. Das Package
       -- ist dann namespace der Elemente.
       composes elements : PackageElement [*] ordered
               opposites namespace [1];
    }

    class Class extends Classifier
    {
       -- Klassen besitzen Attribute. Eine Klasse ist
       -- dann owner dieser Attribute.
       composes attributes : Attribute    [*] ordered
               opposites owner [1];
       -- Klassen können untereinander in einer Genera-
       -- lisierungsbeziehung stehen.
       references general : Classifier    [*] ordered
               opposites specific [1];
    }

    class PrimitiveDataType extends Classifier {}

    class Attribute         extends ModelElement
    {
       -- Attribute besitzen einen type. Dies ist ein
       -- (primitiver oder komplexer) Classifier.
       references type : Classifier [1];
    }
}
```

Die Bestandteile von Metamodellen sind selbst Metaelemente, also zum Beispiel Klassen von Metamodellen sind Metaklassen. Diese Differenzierung wird in diesem Buch nicht streng eingehalten. Wenn also in diesem Zusammenhang zum Beispiel von einer Klasse die Rede ist, dann handelt es sich um eine Metaklasse, wenn von einem Attribut die Rede ist, dann handelt es sich um ein Metaattribut.

Benutzung von Metamodellen in Transformationen

Modelle im Rahmen einer operationalen Transformation sind von einem bestimmten Modelltyp (**modeltype**), der dadurch spezifiziert wird, dass er einen Namen hat und ein oder mehrere Metamodelle benutzt (**uses**). Die Metamodelle repräsentieren gewissermaßen den Datentyp für die Modelle.

Syntax:

```
[ modeltype <modeltype_name> ["strict" | "effective"]
    uses <metamodel_specification>
        [, <metamodel_specification>]*
  [ where <OCL_expression> ]; ]*
```

Mit den Merkmalen `strict` oder `effective` wird für den Modelltyp ein Konformitätstyp angegeben:

- `effective`
  Es werden alle Modelle akzeptiert, die Instanzen von genau den referenzierten Metamodellen oder auch von ähnlichen Metamodellen sind. Die Klassifizierung `effective UML14"` bedeutet zum Beispiel, dass alternativ auch `UML13`-Modelle mit der Transformation behandelt werden können. Der Konformitätstyp `effective` erlaubt eine flexiblere Erarbeitung von operationalen Transformationen. `effective` ist die Voreinstellung, die gilt, wenn kein Konformitätstyp angegeben ist.
- `strict`
  Im Fall `strict` müssen alle Objekte des Modells notwendigerweise Instanzen der angegebenen Metamodelle sein. Modelle von ähnlichen Metamodellen werden nicht akzeptiert.

Der für die jeweilige Transformation zutreffende Modelltyp kann auf der Basis zusätzlicher, in einem **where**-Prädikat angeführter Bedingungen eingegrenzt werden.

Beispiel:

```
modeltype UML   "effective" uses SimpleUML
where
{
    self.objectsOfType(Package)->size() >= 1;
};

modeltype RDBM "strict"    uses SimpleRDBM;
```

Noch einmal zur Erinnerung: Alternativ zu der *Inline*-Deklaration von Metamodellen ist es auch erlaubt, dass sie in einem XML-basierten generellen Austauschformat für MOF-Modelle vorliegen, zum Beispiel als EMOF- oder Ecore-Datei. Die Benutzung in einer operationalen Transformation wird dann durch URL-Referenz der entsprechenden Datei realisiert.

Beispiel – Metamodelle extern:

```
modeltype UML   uses SimpleUML
            ( "http://omg.qvt-examples.SimpleUml"    );
```

```
modeltype RDBM uses SimpleRDBM
            ( "http://omg.qvt-examples.SimpleRdbms" );
```

Beispiel – Metamodelle im Eclipse-Kontext:

```
modeltype UML  uses SimpleUML
            ( "http:///SimpleUML.ecore" );
modeltype RDBM uses SimpleRDBM
            ( "http:///SimpleRDBM.ecore" );
```

Dies soll nun zur Frage der Metamodelle genügen und wir wollen nun endlich das Thema der operationalen Transformationen erschließen.

3.5.2 Transformationen

Eine Transformation (**transformation**) ist eine Operation zwischen Modellen, in der in Form von imperativen Anweisungen Quellmodelle auf Zielmodelle projiziert werden. Diese Projektion wird als *Mapping* bezeichnet. In den *Operational Mappings* ist eine Transformation ein *Mapping* zwischen Modellen.

Syntax:

```
<transformation_qualifier>
transformation <transformation_name>
<transformation_signature>
[{]
<transformation_body>
[}]
```

Operationale Transformationen haben einen Namen, eine Signatur und einen Rumpf. Die Signatur ist obligatorisch, ein Rumpf muss nicht notwendigerweise vorhanden sein. In der Signatur werden die Modelle, die Gegenstand der Transformation sind, durch Angabe eines Namens und eines der zu Beginn deklarierten Modelltypen bezeichnet. Es kann eine Liste von beliebig vielen Modellen angegeben werden, die durch Kommata getrennt sind. Mindestens ein Modell muss angegeben sein. Mit der Qualifizierung von Transformationen werden wir uns in späteren Kapiteln im Zusammenhang mit weitergehenden Konzepten beschäftigen.

Eine *Operational Mappings*-Scriptdatei kann mehrere Transformationen enthalten. Falls nur eine einzige Transformation vorhanden ist, was im Sinne eines guten Programmierstils natürlich zu empfehlen ist, dann können die äußeren „{ }" des Rumpfes entfallen.

Syntax:

```
transformation <transformation_name>
(
   [[in|out|inout] <modelname> : <modeltype name>[,]]⁺
)
<transformation_body>
```

Modelle werden in der Signatur mit dem Merkmal **in**, **out** oder **inout** belegt, um auszudrücken, ob es sich um reine Quellmodelle handelt (**in**), die im Rahmen der Transformation zwar verarbeitet, aber nicht verändert werden, oder um Zielmodelle (**out**), die vollständig erzeugt, also nur geschrieben werden. Sofern ein Modell sowohl Quelle als auch Ziel einer Transformation sein soll, also falls das betroffene Modell einer Validierung oder einer Änderung unterzogen werden soll, wird dies mit dem Kennzeichner **inout** belegt. **in** ist voreingestellt, sofern nichts anderes angegeben ist.

Beispiel:

```
-- Modelltypen
transformation uml2rdbm ( in   srcModel  : SimpleUML,
                         out  destModel : SimpleRDBM )

-- Rumpf der operationalen Transformation
```

Der Rumpf einer Transformation enthält zum ersten einen optionalen Block von Variablendeklarationen, zweitens die **main**-Methode, die den Einstiegspunkt für den Beginn der Transformation repräsentiert, und letztlich weitere Transformationselemente, zum Beispiel *Mapping*-Operationen oder *Helper*-Funktionen. Transformationsrümpfe können mit „{ }" geklammert werden. Das ist dann auch gefordert, wenn eine Scriptdatei mehr als eine Transformation enthält.

Syntax:

```
<transformation_qualifier> transformation
                           <transformation_name>
(
  [[in|out|inout] <modelname> : <modeltype name>[,]]⁺
)
[[{]
   [<variable_declaration>]*
   [<transformation_entry>]
   [<transformation_element>]*
[}]][;]
```

3.5 Operationale Transformationen

Die Variablendeklarationen sind so, wie wir sie aus dem Kapitel der OCL/QVT-Grundlagen bereits kennen. Eine an dieser Stelle erklärte Variable gilt immer für den gesamten Block einer Transformation, also global für alle *Mapping*-Operationen und *Helper*-Funktionen. Die **main**-Methode stellt den Einstiegspunkt in die Transformation dar. Es gibt auch nur höchstens eine **main**-Methode. **main**-Methoden beziehen sich stets auf die in der Signatur angeführten Modelle der Transformation; aus dem Grund ist hier eine Signatur mit der Erklärung von Parametern nicht erforderlich, aber möglich.

Syntax:

```
transformation <transformation name>
(
    [[in|out|inout] <modelname> : <modeltype name>[,]]*
)
[{]
    [ <global variable declaration> ]
    main ( [<parameter_declaration>[,]]* )
    {
        <main_body>
    }
    [<transformation_element>]*
[}]
```

Beispiel:

```
transformation uml2rdbm ( in  srcModel  : SimpleUML,
                         out destModel : SimpleRDBM )
-- Variablen

main ()
{
    -- Einstiegspunkt und operationale Anweisungen
    -- bezogen auf die Modelle srcModel und dstModel
    destModel.name := srcModel.name;
}
```

Operationale Transformationen besitzen einen impliziten Konstruktor, über den die Ausführung vorbereitet wird. Dieser Konstruktor vollzieht folgende Aufgaben:

1. Für jeden deklarierten **out**-Parameter wird ein MOF-Modell erzeugt, mit zunächst leeren Inhalten.
2. Die Attribute jedes Modellparameters werden zugewiesen und initialisiert und somit sind sie über die vordefinierte **this**-Variable zugänglich.
3. Die Variablen einer Konfigurationsdatei, sofern solche angegeben worden sind, werden geladen.

Die Initialisierung und die Ausführung von operationalen Transformationen sind unterschiedliche Schritte. Die Ausführung der Transformation erfolgt mit der in der Standardbibliothek vordefinierten Operation.

Syntax:

```
<transformation_name>.transform ();
```

Beispiel:

```
uml2rdbm.transform ();
```

3.5.3 Mapping-Operationen

Transformationsscripte bestehen im Wesentlichen aus *Mapping*-Operationen. Doch bevor ich auf deren Aufbau konkreter eingehe, möchte ich zuerst die Benutzung erläutern, da dies für die folgenden Beispiele erforderlich ist. Eine *Mapping*-Operation ist eine Funktion, die dadurch benutzt wird, dass sie mit dem vorangestellten *Mapping*-Operator **map** aufgerufen wird (*Mapping-Call*). Sofern bei der Definition der Operation Parameter angeführt sind, müssen beim Aufruf, kompatibel zu der Signatur der Operation, Argumente – aktuelle Parameter – übergeben werden.

Syntax:

```
map <mapping_name> ( [<actual_parameter>[,]]* );
```

Das Ergebnis einer M*apping*-Operation kann einer Variablen zugewiesen werden. Die Variable muss natürlich so definiert sein, dass sie das Ergebnis der *Mapping*-Operation aufnehmen kann. Dabei wird es sich also, da *Mapping*-Operationen in der Regel mehrere Ergebnisobjekte liefern, um einen Listentyp handeln.

Syntax:

```
[[var] <variable_name> := ][ <element_type> -> ]
map <mapping_name> ( [<actual_parameter>[,]]* );
```

Beispiel: Variante 1 – mit gebundenem Mapping

```
transformation uml2rdbm ( in   srcModel : SimpleUML,
                          out  destModel : SimpleRDBM )
```

```
main()
{
    var schemas : Sequence(Schema);

    -- Aufruf einer gebundenen Mapping-Operation
    schemas := srcModel.objectsOfType(Package)
            -> map createSchema ( "1" );
}

-- createSchema ist an den Elementtyp Package des
-- Quellmodells gebunden.
mapping Package::createSchema ( str : String ) : Schema
{
    name := self.name + str;
}
```

Im Allgemeinen beziehen sich *Mappings* auf bestimmte Elementtypen des Quellmodells, die in Elemente des Zielmodells überführt werden sollen. Es ist jedoch auch möglich, *Mappings* zu implementieren, die keinen Bezug zum Quellmodell haben. Die Operation ist dann nicht gebunden. Das werden wir später noch genauer sehen, wenn wir uns mit der *Inline*-Objekterzeugung beschäftigen.

Beispiel: Variante 2 – mit ungebundenem Mapping

```
transformation uml2rdbm ( in  srcModel  : SimpleUML,
                          out destModel : SimpleRDBM )
main()
{
    var schemas : Sequence(Schema);

    -- Aufruf einer ungebundenen Mapping-Operation
    schemas := map createSchemaX ("SchemaOhnePackage1");
}

mapping createSchemaX ( str : String ) : Schema
{
    name := str;
}
```

Und damit wollen wir endlich zu den *Mapping*-Operationen und deren syntaktischem Aufbau kommen. Eine *Mapping*-Operation transformiert eine oder mehrere Quellmodellelemente in eins oder mehrere Zielmodellelemente. Eine *Mapping*-Operation besteht syntaktisch aus

- einer Signatur,
- einer optionalen Vorbedingung,
- einer optionalen Nachbedingung,
- dem optionalen Rumpf.

Syntax:

```
mapping <mapping_signature>
[ when  <expression_block> ]
[ where <expression_block> ]
[ <mapping_body> | ;]
```

Mapping-Signaturen

In der Signatur der *Mapping*-Operation wird ein Elementtyp des Quellmodells angegeben, auf welches das *Mapping* angewendet werden soll. Der Bezeichnung des Elementtyps des Quellmodells folgt der Name der *Mapping*-Operation. Es ist erlaubt, der Benennung der Methode ein Richtungsmerkmal (**in**, **inout**) voranzustellen. Wenn dies nicht getan wird, gilt **in** als Voreinstellung, und dies ist auch die sinnvolle Klassifizierung an dieser Stelle. Im Rahmen der Definition der Methode kann eine beliebige Liste von Parametern angegeben werden. Hier ist ebenfalls eine Unterscheidung der Richtung in **in**, **out** oder **inout** möglich.

Syntax:

```
mapping [in|inout] <element_type>::<mapping_name>
( [[in|out|inout] <paramName>:<paramType>[,]]* )
 : [[out] <return_parameter> [,]]*
[ when  <expression_block> ]
[ where <expression_block> ]
[ <mapping_body> | ;]
```

Das folgende Beispiel ist eine einfache *Mapping*-Operation, die auf der Basis des Package-Namens ein Schema erzeugt. Dem Schema-Namen wird der Präfix 'XXX_' vorangestellt.

Beispiel:

```
transformation uml2rdbm ( in  srcModel  : SimpleUML,
                          out destModel : SimpleRDBM )
main()
{
   srcModel.objects()[Package]->
                  map createSchema ('XXX_');
}

mapping Package::createSchema (prefix : String) : Schema
{
   name := prefix + self.name;
}
```

3.5 Operationale Transformationen

Mit den zulässigen, aber optionalen Richtungsmerkmalen ergibt sich folgender Ausdruck:

```
mapping in Package::createSchema (in str : String ) :
    out Schema
{
    name := str + self.name;
}
```

Die Richtungsangabe **inout** in *Mapping*-Signaturen ist dann angebracht, wenn das Quellmodell und das Zielmodell identisch sind.

Beispiel:

```
transformation uml2uml ( inout srcUml : UML );

main()
{
    srcUml.objects()[Class]->map mapClasses ();
}

mapping inout Class::mapClasses()
{
    name := self.name;
}
```

anstelle von:

```
mapping in Class::mapClasses() : out Class
{
    name := self.name;
}
```

So oder so, die Wahl, das Quellmodell auch als Zielmodell zu deklarieren, ist etwas gewagt und gegebenenfalls mit unerwünschten Nebeneffekten behaftet. Im Folgenden werde ich grundsätzlich Transformationen mit *Mapping*-Operationen vorstellen, die stets explizit ein Ergebnis eines definierten Typs liefern.

Eine *Mapping*-Operation kann ein oder mehrere Ergebnisparameter besitzen. Analog zu den Deklarationen in der Parameterliste werden Ergebnisparameter im Allgemeinen mit Namen und Typ spezifiziert. Sofern nur ein Parameter angeführt ist, ist die Angabe eines Namens verzichtbar. Implizit wird dieses Ergebnisargument mit dem vordefinierten Namen **result** versehen. Falls mehrere Ergebnisparameter aufgelistet sind, darf nur einer ohne Namen sein, dieser erhält den vorgegebenen Namen **result**.

Beispiel:

```
transformation uml2rdbm ( in   srcModel  : SimpleUML,
                          out  destModel : SimpleRDBM )
main()
{
   srcModel.objects()[Package]-> map createSchema ();
}

mapping Package::createSchema () : Schema, schm : Schema
{
   result.name := self.name + '1';
   schm.name   := self.name + '2';
}
```

In dieser Transformation werden mit einer *Mapping*-Anweisung zwei Schemata im Zielmodell angelegt.

Transformationen können mehr als ein Quellmodell bearbeiten und mehr als ein Zielmodell liefern. In *Mapping*-Operationen kann man mit dem „@"-Operator das jeweilige Zielmodell referenzieren, in dem die Zielelemente angelegt werden sollen.

Beispiel:

```
transformation uml2rdbm ( in   source1 : UML,
                          in   source2 : UML,
                          out  target1 : RDBM,
                          out  target2 : RDBM );

main()
{
   source1.objects()[Package]->map createSchema1('T1_');
   source2.objects()[Package]->map createSchema2('T2_');
}

mapping Package::createSchema1 ( str : String ) :
        Schema@target1
{
   name := str + self.name;
}

mapping Package::createSchema2 ( str : String ) :
        Schema@target2
{
   name := str + self.name;
}
```

Mapping-Anweisungsteil

Die Rümpfe der *Mapping*-Anweisungen sind stillschweigend schon eingeführt worden. Wir konnten bereits sehen, dass im Grunde genommen beliebige OCL-Anweisungen wie auch QVT-Standardoperationen erlaubt sind, die wir in einem früheren Abschnitt dieses Kapitels im Überblick bereits kennengelernt haben. Und in der **main**-Methode ist bereits eine Besonderheit zur Schreibvereinfachung eingeführt worden, ein sogenannter *Shorthand*.

```
<model_name>.objects()[Package]
```

Dies entspricht der QVT-Standardfunktion

```
<model_name>.objectsOfType(Package)
```

Der Rumpf von *Mapping*-Operationen besteht aus

- einem **init**-Bereich, in dem Anweisungen aufgeführt sind, die zur Vorbereitung und Instantiierung der Objekte und Variablen dienen,
- einem **population**-Bereich, in dem die Belegung der Werte des Zielmodells vorgenommen wird, und
- einem **end**-Bereich, in dem eine Nachbearbeitung und Terminierung des *Mappings* vorgenommen werden kann.

Syntax:

```
mapping [in|inout] <element_type>::<mapping_name>
( [[in|out|inout] <paramName>:<paramType>[,]]* )
 : [[out] <return_parameter> [,]]*
[ when  { <constraint> } ]
[ where { <constraint> } ]
{
  [ init       { <init_section>       } ]
  [ population { <population_section> } |
                 <population_section>   ]
  [ end        { <end_section>        } ]
}
```

Der **init**-Bereich und der **end**-Bereich sind optional und nur dann angezeigt, wenn initialisierende oder terminierende Aktionen vorgenommen werden müssen. Der Populationsbereich ist immer erforderlich, wenn auch das Schlüsselwort **population** entfallen kann. Daraus ergeben sich folgende Varianten für die Implementierung eines *Mapping*-Blocks:

Beispiele: Variante 1 – vollständig mit Initialisierung, Popularisierung und Terminierung

```
mapping Package::createSchema() : Schema
{
    init
    {
        var n : String;
        n := self.name;
    }
    population
    {
        name := n;
    }
    end
    {
        n := '';
    }
}
```

Variante 2: wie Variante 1, ohne **population**-Schlüsselwort

```
mapping Package::createSchema() : Schema
{
    init
    {
        var n : String;
        n := self.name;
    }
    name := n;
    end
    {
        n := '';
    }
}
```

Variante 3: ohne Terminierungsblock

```
mapping Package::createSchema() : Schema
{
    init
    {
        var n : String;
        n := self.name;
    }
    name := n;
}
```

Variante 4: ohne explizite Initialisierung

```
mapping Package::createSchema() : Schema
{
   name := self.name;
}
```

In der Literatur findet man häufig die Kurzform – Variante 4 –, insbesondere dann, wenn es für die ausführlicheren Varianten keine sinnvollen Begründungen gibt. Dieser vereinfachenden Konvention werde ich mich im Weiteren anschließen.

Vorbedingungen und Invarianten

QVT-Modelltransformationen dienen nicht nur dem Zweck, Quellmodelle in Zielmodelle zu überführen. QVT erlaubt zudem auch die Prüfung von Modellen mit Hilfe von Vorbedingungen, sogenannten *Guards*, und Invarianten. *Guards* sind „Wächter", mit denen ein Quellmodell oder Modellelement vor der Verarbeitung auf Konsistenz geprüft wird. Dabei handelt es sich um eine logische OCL-Anweisung, die der Mapping-Operation in Form eines **when**-Prädikats hinzugefügt wird. Diese sind uns bereits bei der Definition von Modelltypen begegnet. Invarianten, die ebenfalls aus einer logischen OCL-Anweisung bestehen, dienen zur ständigen Überwachung und Überprüfung einer *Mapping*-Operation. Invarianten werden in Form von **where**-Prädikaten dem *Mapping* hinzugefügt. Sowohl *Guards* als auch Invarianten sind optional.

Syntax:

```
mapping <mapping_signature>
[ when  { <constraint> } ]
[ where { <constraint> } ]
{
   <mapping_body>
}
```

Mit **when**- und **where**-Prädikaten werden einerseits gültige Ausprägungen von Quellmodellen überwacht, so dass brauchbare Zielmodelle gebildet werden können, andererseits werden korrekte Beziehungen zwischen Quellmodellen und Zielmodellen definiert. In dem folgenden Beispiel soll zu einem Package nur dann ein Schema erzeugt werden, wenn sich in dem Package Klassen befinden. Ein Package ohne darin befindliche Klassen bleibt unberücksichtigt.

Beispiel:

```
mapping Package::PackageToSchema() : Schema
when
{
   self.allSubobjectsOfType(Class)->notEmpty();
}
{
   name := self.name;
}
```

Eine Verletzung des **when**-Prädikates würde den entsprechenden Transformationsschritt, hier zum Beispiel die *Mapping*-Operation, für das betroffene Modellelement gar nicht erst ausführen. Sofern im Verlauf einer *Mapping*-Operation die Verletzung eines **where**-Prädikates festgestellt wird, wird eine Ausnahme erzeugt und die weitere Transformation abgebrochen.

3.5.4 Erzeugung von Objekten

In einem früheren Abschnitt dieses Kapitels haben wir uns im Rahmen der QVT-Grundlagen mit Variablen von OCL- und QVT-Datentypen beschäftigt. Um das Thema der Objekterzeugung besser verstehen zu können, müssen wir zunächst den Begriff Objekt ein wenig griffiger machen. Im Sinne einer objektorientierten Entwicklung ist ein Objekt eine Instanz einer Klasse. Das ist auch hier grundsätzlich der Fall, wobei es sich bei den Klassen nun um Metaklassen des Metamodells handelt. Diese Differenzierung zwischen Klasse und Metaklasse ist bisher nicht so streng vorgenommen worden. Im Allgemeinen haben wir es im Rahmen dieses Buches allerdings fast ausschließlich mit Metaklassen zu tun.

Variablen und Objekte

Eine Variable ist grundsätzlich jegliche Definition eines Programmelementes mit einer speziellen Typangabe.

Syntax:

```
var <identifier> : <datatype> [<init_part>];
```

Als Datentypen hatten wir es bisher zu tun mit primitiven oder komplexen OCL-Datentypen – Integer, Real, String, Boolean, Set, OrderedSet, Bag, Sequence – und mit speziellen QVT-Datentypen – **Transformation**, **Model**, **Object**, **Element**, **Status**, **Exception**, **NumericType**, **List**, **Dict**, **Tuple** –.

Hier wollen wir nun ein Objekt definieren als eine spezielle Variable, die an ein Element in einem Metamodell gebunden ist. Das heißt, als Datentypen stehen uns nun die Klassen und die primitiven sowie komplexen Datentypen des Metamodells zur Verfügung.

Beispiel:

```
var srcModel    : SimpleUML;
var destModel   : SimpleRDBM = null;
var classes     : OrderedSet (Class);
var tables      : OrderedSet (Table);
```

Objekte sind an Modelle gebunden. Sie beziehen sich stets auf Elemente eines Modells, denen damit bestimmte Werte zugewiesen werden können. Der Begriff Variable ist genereller, hierbei handelt es sich um veränderbare Elemente, die nicht an ein Modell gebunden sind. Variablen in diesem Sinne sind frei. Auch wenn der Begriff Variable im Grunde genommen der Oberbegriff für Objekt oder freie Variable ist, so möchte ich im Folgenden, wie ich es implizit auch bisher getan habe, die freien Variablen als Variablen bezeichnen und die an Modelle oder Modellelemente gebundenen Variablen als Objekte.

Eine Erzeugung von Objekten bedeutet, dass im Zielmodell spezielle Elemente angelegt und mit gültigen Werten versehen werden. Das kann auf unterschiedliche Weise geschehen, zum einen durch *Mapping*-Operationen auf der Basis von Elementen des Quellmodells, zum anderen durch *Inline Mapping*, zum Dritten durch Konstruktoren. Die Variante, dass Objekte explizit mit Hilfe einer *Mapping*-Operation erzeugt werden, kennen wir schon:

Beispiel:

```
mapping Package::PackageToSchema() : Schema
{
    name    := self.name;
    tables  += self.subobjectsOfType(Class)->
               map ClassToTable()
}

mapping Class::ClassToTable() : Table
{
    name    := self.name;
    columns += self.subobjectsOfType(Attributes)->
               map AttributeToColumn()
}

mapping Attribute::AttributeToColumn() : Column
{
    name := self.name;
}
```

Für die Generierung von Tabellen in einem Schema wird explizit eine eigene *Mapping*-Operation implementiert. Innerhalb des **population**-Abschnittes der Operation `PackageToSchema` werden die Tabellen erzeugt durch Aufruf des Mappings `ClassToTable`. Analog erfolgt das Anlegen der Spalten in den Tabellen auf der Basis der Attribute der Klasse mit Hilfe des Mappings `AttributeToColumn`. Soweit zum klassischen Ansatz des expliziten Erzeugens von Objekten; und damit zu den beiden anderen Varianten.

Objekterzeugung mittels *Inline Mapping*

Operational Mappings stellt zum Erzeugen von Objekten eine spezielle Methode bereit, den **object**-Ausdruck, mit dessen Hilfe Elemente im Zielmodell angelegt werden können, auch ohne dass es hierfür eine explizite *Mapping*-Operation gibt. Diese Technik wird als implizites Generieren oder *Inline Object Expressions* – kurz auch *Inline-Mapping* – bezeichnet.

Syntax:

```
[[<object_name> := ]
object [(<iterator>)][<identifier>:]<typespec>
{
    [ <expression_list> ]
}[;]] *
```

Der **object**-Ausdruck ist ein **population**-Abschnitt in sich. Er besteht in der Signatur aus einem optionalen Iterator, einem optionalen Namen und einer Typangabe, die vorhanden sein muss. Innerhalb des **object**-Blocks findet die Erzeugung und Population des entsprechenden Objektes statt, indem mit Hilfe weiterer Zuweisungsausdrücke die Merkmale des Objektes mit Werten belegt werden. Als Zuweisungsausdrücke sind natürlich auch wieder **object**-Ausdrücke zugelassen, so dass eine beliebige Schachtelung möglich ist.

Beispiel:

```
mapping Package::PackageToSchema() : Schema
{
    name   := self.name;
    tables += self.subobjectsOfType(Class)->
             map ClassToTable()
}

mapping Class::ClassToTable() : Table
{
    name   := self.name;
```

```
        columns += self.attributes->object (a) col : Column
        {
            name := a.name;
        };
    }
```

In diesem Beispiel wird für jedes Attribut einer Klasse ein Objekt vom Typ Column erzeugt und den Tabellenspalten columns zugewiesen. Der Identifier col könnte hier, weil eine direkte Zuweisung an columns erfolgt, auch weggelassen werden. Der Iterator (a) ist erforderlich, da wir hier eine Referenz auf die aktuelle Klasse benötigen; self bezieht sich auf jeweils eine Class. In dem Fall, dass eine weitere Spalte hinzugefügt werden soll, die unter Verwendung des Klassennamens benannt wird, wird ein Iterator nicht benötigt.

Beispiel:

```
    mapping Class::ClassToTable() : Table
    {
        name    := self.name;
        columns += self.attributes->object (a) col : Column
        {
            name := a.name;
        };
        columns += object Column
        {
            name := self.name + '_ID';
        };
    }
```

Und nun das Gleiche noch einmal mit einer geschachtelten Objekterzeugung:

```
    mapping Package::PackageToSchema() : Schema
    {
        name    := self.name;

        -- Erzeugung der Tabellen
        tables += self.subobjectsOfType(Class)->
                  object (iter) Table
                  {
                      name    := iter.name;

                      -- Erzeugung der Spalten
                      columns += iter.attributes->
                                 object (a) col : Column
                                 {
                                     name := a.name;
                                 };
```

```
                    -- Erzeugung einer weiteren Spalte
                    columns += object Column
                    {
                        name := self.name + '_ID';
                    };
                }
        }
```

Wie man sieht, kann man zur Erzeugung von Objekten gleichermaßen die explizite wie auch die *Inline*-Variante anwenden. Wann welche Methode angezeigt ist, ist nicht eindeutig zu beantworten; es ist ein wenig „Geschmacksache". Eine tiefe Schachtelung wird leicht unübersichtlich. Die *Inline*-Variante bietet sich an, wenn Objekte dem Zielmodell neu hinzugefügt werden sollen, wie das hier bei der „ID"-Spalte der Fall ist. Allerdings kann das auch mit Hilfe eines ungebundenen *Mappings* erfolgen.

Beispiel:

```
    mapping Class::ClassToTable() : Table
    {
        name     := self.name;
        columns += self.attributes->object (a) col : Column
        {
            name := a.name;
        };
        columns += createIdColumn (self.name + '_ID');
    }

    mapping createIdColumn ( idName : String ) : Column
    {
        name     := idName;
    }
```

Objekterzeugung mittels Konstruktoroperationen

Neben der Objekterzeugung mit Hilfe von *Inline Object Expressions* gibt es eine weitere Methode: die Generierung von Objekten als Instanzen von Metaklassen mittels Konstruktoroperationen. Ein Konstruktor ist eine spezielle Methode, die Instanzen eines gegebenen Typs erzeugt. Eine Konstruktoroperation ist ähnlich aufgebaut wie eine *object expression*; sie ist allerdings auf Typebene definiert. Das heißt, es wird auf Typebene spezifiziert, was als Instanz erzeugt und geliefert werden soll.

Eine Konstruktormethode besteht wie gehabt aus einem Definitionsteil – Signatur – und einem Anweisungsteil – Rumpf. Die Signatur eines Konstruktors enthält also den Elementtyp beziehungsweise den Namen der Metaklasse und den Konstruktornamen, gefolgt von einer Parameterliste.

Syntax:

```
constructor [<model_type>::]
            <element_type>::<constructor_name>
            ( [ <arg_name>:<arg_type>[,] ]* )
[{
   [ <expression_list> ]
}];
```

Die Angabe eines Modelltyps ist optional möglich und erforderlich, sofern ein Modellelement mit gleichem Namen in mehreren Modelltypen vorkommt. Der Rumpf des Konstruktors besteht aus beliebigen Ausdrücken. Die Benutzung eines Konstruktors, der *constructor call*, erfolgt analog zu objektorientierten Programmiersprachen mit einer **new**-Anweisung. Sofern in der Konstruktordefinition formale Parameter definiert worden sind, muss beim Konstruktoraufruf eine entsprechende Liste von aktuellen Parametern angegeben werden.

Syntax:

```
<object_name> := new [(<iterator>)] <constructor_name>
(
    [ <actparam>:<actparamtype>[,] ]*
);
```

Beispiel:

```
constructor Column::Column (n : String, t : String)
{
  name := n;
  type := t;
}

mapping Class::createTable() : Table
{
    -- Erzeugung von Tabellenspalten
    columns += self.attributes->new(a) Column ( a.name,
                                                a.type );

    -- sythetisches Attribut zur Identifizierung
    columns += new Column (self.name + '_ID', 'NUMBER');
}
```

Der Konstruktor wird für jedes Attribut einer aktuellen Klasse aufgerufen. Wie bereits beim *Inline-Mapping* muss zur Konstruktion der Tabellenspalten ein Iterator verwendet werden, um über die Liste der Attribute einer Klasse zu iterieren. Bei der Erzeugung einer zusätzlichen „_ID"- Spalte ist dies nicht erforderlich.

3.5.5 Helper- und Anfrage-Operationen

Zur besseren Strukturierung von komplexen Transformationsscripten erlaubt *Operational Mappings* die Auslagerung von Code-Bestandteilen in Hilfsfunktionen – **helper** und **queries**. **helper** wie auch **queries** sind Funktionen, die ein oder mehrere Quellinformationen bearbeiten und ein oder mehrere Ergebnisse liefern. Hilfsfunktionen bestehen aus einer Signatur und einem Rumpf. In der Signatur wird der Name der Funktion angegeben, gefolgt von einer Liste von formalen Parametern. Im Weiteren können Hilfsfunktionen an Objekte des Modells oder Variablen gebunden sein, indem der entsprechende Objekttyp oder Datentyp dem Namen vorangestellt wird. In dem Fall kann auf die Eigenschaften des gebundenen Elementes mit **self** zugegriffen werden. Der Datentyp kann ein Objekttyp oder ein primitiver OCL-Datentyp sein.

Syntax:

```
[ helper | query ]
[[<primitive_datatype>|<object_type>]::]<helper_name>
(
   [[in|out|inout] <argname> : <argtype>[,]]*
) : <result_type>[, <result_type> ]*
[{
   [ <expression> ]*
   return [<result>[, <result>]*];
 }
| = [() [ <expression> ] ()]; ]
```

Der Rumpf umfasst einen oder mehrere OCL-Ausdrücke, die durch eine **return**-Anweisung abgeschlossen werden. Es ist auch eine vereinfachte Variante in Form eines Zuweisungsausdrucks erlaubt.

Beispiel:

```
-- diese Query ist an Klassen gebunden
query Class::setNameBound() : String
{
   var someName : String := self.name;
   if someName = '' then someName := 'NULL' endif;
   return someName;
}

-- diese Query ist ungebunden
query setNameUnbound ( str : String ) : String
{
   var someName : String := str;
   if someName = '' then someName := 'NULL' endif;
   return someName;
}
```

3.5 Operationale Transformationen

```
mapping Class::createTable() : Table
{
   -- Benutzung der gebundenen query
   name := self.setNameBound();

   -- Benutzung der ungebundenen query
   kind := setNameUnbound( 'From_' + self.name );
}
```

Durch eine Richtungsangabe – **in**, **out**, **inout** – können die Parameter in der Parameterliste gekennzeichnet werden, ob es sich um Eingangsparameter – **in** – oder Ausgangsparameter – **out** – handelt. Dadurch ist es möglich, dass die per Argument übergebenen Variablen oder Objekte veränderbar sind. Dies ist insbesondere bei **helper**-Operationen zu beachten, denn diese können Nebeneffekte auf den Objekten bewirken, die ihnen über die Argumentenliste übergeben worden sind, indem sie die Objekte in ihren Eigenschaften verändern. **queries** tun dies nicht. Insofern handelt es sich bei **queries** um reine Abfrageoperationen.

Beispiel:

```
query qSetName ( inout str : String ) : String
{
   str := 'NeuerName';
   return str; -- hat keine nachhaltige Wirkung
}

helper hSetName ( inout str : String ) : String
{
   str := ' NeuerName ';
   return str; -- str behält den neuen Namen
}

mapping Class::createTable() : Table
{
   var name1 : String := 'AlterName';
   var name2 : String := 'AlterName';

   name1 := qSetName (name2);
   -- Annahme: name1 hat den Wert 'NeuerName'
   --          name2 hat den Wert 'AlterName'
   log ('Nach query-call   => ' + ' ' + name1
                               + ' ' + name2 );
   name1 := hSetName (name2);
   -- Annahme: name1 hat den Wert 'NeuerName'
   --          name2 hat den Wert 'NeuerName'
   log ('Nach helper-call  => ' + ' ' + name1
                                + ' ' + name2 );
   name := name1;
}
```

Nach diesen etwas komplizierteren Dingen soll nun in diesem Zusammenhang abschließend noch eine Vereinfachung behandelt werden. Wenn der Rumpf der Hilfsfunktion aus einer Anweisung besteht, so kann man eine vereinfachte Form der Implementierung vornehmen, indem diese wie ein einfacher Zuweisungsausdruck implementiert wird. Der Ausdruck kann aus der simplen Zuweisung eines Wertes oder aus einem OCL-Ausdruck bestehen.

Beispiele:

```
helper simpleSetName1 ( str : String ) : String = str;

helper simpleSetName2 ( str : String ) : String =
       return str;

helper simpleSetName3 ( str : String ) : String =
       ( if str = '' then 'NULL' else str endif );

query  Class::isPersistent() : Boolean =
       ( self.kind = 'persistent' );

query  Association::isPersistent() : Boolean =
       ( self.source.kind      = 'persistent' and
         self.destination.kind = 'persistent');
```

3.5.6 Intermediate Data – Dynamische Metaobjekte

Dynamische Metaobjekte sind Klassen oder Eigenschaften, die dem Metamodell zur Ausführungszeit einer operationalen Transformation hinzugefügt werden. Das Konzept der dynamischen Metaobjekte wird in QVT mit *Intermediate Data* bezeichnet. *Intermediate Data* sind Metaattribute oder Metaklassen, die im Rahmen einer Transformation definiert werden und während der Ausführung dieser Transformation allen operationalen Konstrukten – **mappings**, **queries**, **helper** – zur Verfügung stehen.

Syntax:

```
intermediate [abstract] class <class_name>
{ <class_definition> }[;]

intermediate property <metaobject_type>::<property_name>
                      : <property_type>;
```

Als *Intermediate Data* ist die Definition von *Intermediate Classes* und *Properties* zugelassen; mit *Intermediate Class* wird eine Metaklasse beschrieben, mit *Intermediate Property* eine Eigenschaft, die einer beliebigen Klasse des Metamodells hinzugefügt werden kann. Die Spezifikation von *Intermediate Classes* und *Intermediate Properties* wird ähnlich wie die Definition von Metamodellelementen, wie wir sie bereits am Anfang dieses Abschnittes kennengelernt haben, vorgenommen. Ihnen wird das Schlüsselwort **intermediate** vorangestellt. Bei der Definition eines dynamischen Klassenmerkmals ist die Angabe eines Metaobjekttyps erforderlich, um damit den Objekttyp im Metamodell zu bezeichnen. An dieser Stelle muss man hervorheben, dass von den zur Verfügung stehenden Werkzeugen noch nicht zuviel zu verlangen ist. Hier ist noch einiges in Entwicklung zu erwarten. Gleichwie, die hier vorgestellten Beispiele sollten funktionieren:

Beispiel:

```
intermediate class Entity
{
   name : String;
   kind : String;
};

intermediate property Package::entities :
                     Sequence (Entity);

intermediate property Class::isEntity   : Boolean;
```

Hiermit wird unserem bekannten Metamodell `SimpleUML` die Klasse `Entity` hinzugefügt; eine neue Metaklasse, die die als „persistent" markierten Klassen eines Modells repräsentieren soll. Das heißt, wir erwarten, dass für alle zukünftigen Elemente dieser temporären Klasse die Eigenschaft `isEntity` **true** sein wird; das werden wir allerdings erst noch implementieren müssen. `Entity` besitzt, wie von Klassen bekannt, einen Namen – `name` – und eine Art – `kind`.

Zudem gibt es zwei neue Eigenschaften im Modell:

- `entities`, welches der Metaklasse `Package` zugeordnet wird. `entities` ist eine Liste von Elementen der *Intermediate Class* `Entity`; `entities` ergänzt gewissermaßen das `Package`-Attribut `elements`.
- `isEntity`, welches der Metaklasse `Class` zugeordnet wird. `isEntity` ist ein zusätzliches Merkmal von Klassen, um die Ausprägung des Merkmals „`kind = 'persistent'`" als Bool'schen Wert aufzunehmen.

Alle *Intermediate Data*-Elemente stehen für den beschriebenen Transformationsprozess nahezu wie alle sonstigen Metamodellelemente zur Verfügung. Das wollen wir uns einmal an einigen Beispielen ansehen:

Beispiel 1: Verwendung des *Properties* von Klassen `isEntity`

```
transformation Intermediate ( in  source : UML,
                              out target : RDBM );

-- Metaklassen Class erhalten das Attribut isEntity
intermediate property Class::isEntity : Boolean;

main()
{
   source.objects()[Package]->map setEntityClasses();
   source.objects()[Package]->map createSchema();
}

-- Bei allen Elementen eines Packages vom Typ Class
-- wird, wenn sie als 'persistent' gekennzeichnet sind,
-- das Attribut isEntity = true gesetzt.
mapping inout Package::setEntityClasses()
{
   name     := self.name;
   elements := self.subobjectsOfType(Class)
               ->map setEntities();
}

mapping inout Class::setEntities ()
when {self.kind == 'persistent';}
{
    isEntity := true;
}

-- Das DB-Schema wird erzeugt und als Tabellen werden
-- die Klassen berücksichtigt, bei denen isEntity = true
-- gilt.
mapping Package::createSchema() : Schema
{
   name   := self.name;
   tables := self.elements.asType(Class)
            ->map ClassToTable();
}

mapping Class::ClassToTable () : Table
when { self.isEntity; }
{
  name := self.name;
}
```

Beispiel 2: Die Klasse `Entity` und die `Package`-Eigenschaft `entities`

```
transformation Intermediate ( in  source : UML,
                              out target : RDBM );

-- eine Intermediate Metaklasse für persistente Klassen
intermediate class Entity
{
  name     : String;
  kind     : String;
};

-- die Metaklasse Package erhält ein zusätzliches
-- Attribut entities als Liste von persistenten Klassen
intermediate property Package::entities :
                          Sequence (Entity);

main()
{
   source.objects()[Package]->map getEntityClasses();
   source.objects()[Package]->map createSchema();
}

-- alle Elemente vom Typ Class werden geprüft, und wenn
-- sie als 'persistent' gekennzeichnet sind, werden sie
-- der Liste der entities hinzugefügt.
mapping inout Package::getEntityClasses()
{
   name     := self.name;
   entities := self.subobjectsOfType(Class)
               ->map getEntities();
}

mapping Class::getEntities () : Sequence (Entity)
when { self.kind == 'persistent'; }
{
   result := Sequence { object Entity
                        {
                            name := self.name;
                            kind := self.kind;
                        };
                      }
}

mapping Package::createSchema() : Schema
{
   name    := self.name;
   -- printEntities ist eine Hilfsfunktion.
   printEntities (self->entities);
   tables := self->entities->map EntityToTable();
}
```

```
-- Im Fall EntityToTable muss nichts mehr geprüft
-- werden. Entity repräsentiert die Klassen im Modell,
-- die persistent sind.
mapping Entity::EntityToTable () : Table
{
  name := self.name;
}

-- printEntities ist eine Hilfsfunktion, die die Namen
-- aller Elemente einer entities-Liste in der Konsole
-- ausgibt.
query printEntities ( entities : Sequence (Entity)) :
                      Integer
{
   if ( entities->isEmpty() )
   then
      log ('Es sind keine persistenten Entities '
          + 'vorhanden.' )
   else
   {
      log ( 'Liste der persistenten Entities:' );
      entities->forEach ( i : Entity )
              {
                 log ('  ' + i.name)
              };
   };
   endif;
   return 0;
}
```

Und damit, denke ich, haben wir genug beisammen, um einige konkrete Modelltransformationen mit *Operational Mappings* beschreiben und ausführen zu können.

4 Operational Mappings – Anwendungen

Mit dem Rüstzeug über *Operational Mappings*, das wir uns im vorigen Kapitel angeeignet haben, können wir nun versuchen, einige komplexere Transformationen durchzuführen. In diesem Kapitel wird die Entwicklung von Transformationen mit Hilfe der *Operational Mappings* an zwei umfassenden Anwendungen erörtert. Einerseits werden wir uns mit der Überführung eines SimpleUML-Klassendiagramms in ein SimpleRDBM-Datenbankschema beschäftigen, das zweite Beispiel soll die Transformation eines – nicht simplen – UML-Fachklassendiagramms der PIM-Ebene in ein Klassendiagramm der PSM-Ebene veranschaulichen.

4.1 UML2RDBM

Zuerst wollen wir uns dem „simplen" Beispiel UmlToRdbm zuwenden und einfache UML-Klassendiagramme in einfache Relationenschemata umwandeln. Es handelt sich dabei um das Beispiel, welches der OMG-Spezifikation entnommen ist und das gar nicht so simpel ist, wie wir sehen werden. Abbildung 4.1 zeigt das Transformationspattern dieser exemplarischen Anwendung in einem Aktivitätendiagramm. Bei der realen Welt unserer Betrachtung handelt es sich um den Geschäftsprozess der Finanzierung des privaten Wohnungsbaus. In der fachlichen Analyse wird mit Hilfe der Modellierungssprache SimpleUML ein Fachklassendiagramm Darlehen.simpleuml erstellt. Dies wird in der Transformationsphase mit Hilfe der Transformation UmlToRdbm unter Verwendung der Metamodelle SimpleUML und SimpleRDBM in ein konzeptionelles relationales Datenbankschema Darlehen.simplerdbm transformiert, welches in der Phase des konzeptionellen Designs zum Beispiel mit der Modellierungssprache SimpleRDBM weiter bearbeitet werden kann. Die Aktion UMLtoRDBM in dem Diagramm repräsentiert die Erstellung und Durchführung der Transformation unter Verwendung eines *Operational Mappings*-Scriptes.

118   4 Operational Mappings – Anwendungen

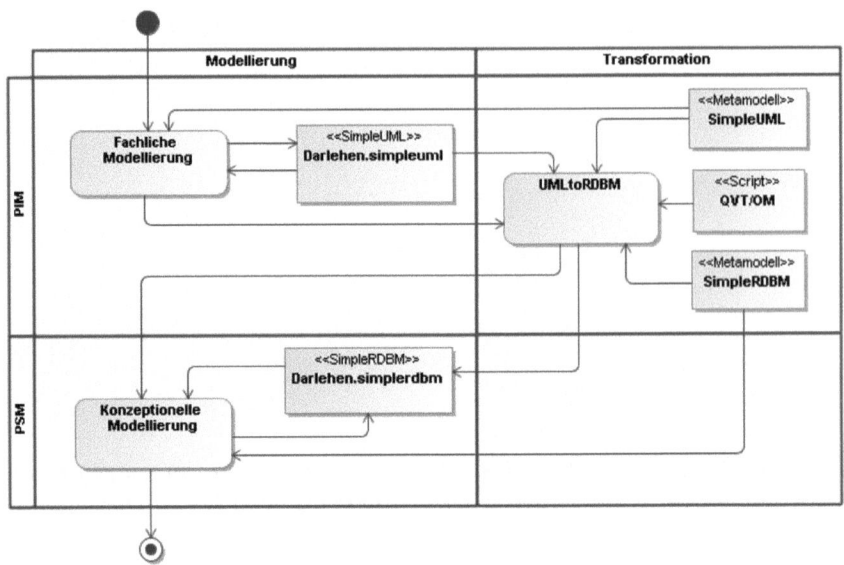

Abb. 4.1: Transformationspattern der Transformation UmlToRdbm

Erinnern wir uns noch einmal an das Modell `Darlehen.simpleuml`, das in Kapitel 2 als Beispiel eines SimpleUML-Modells vorgestellt worden ist (Abbildung 4.2).

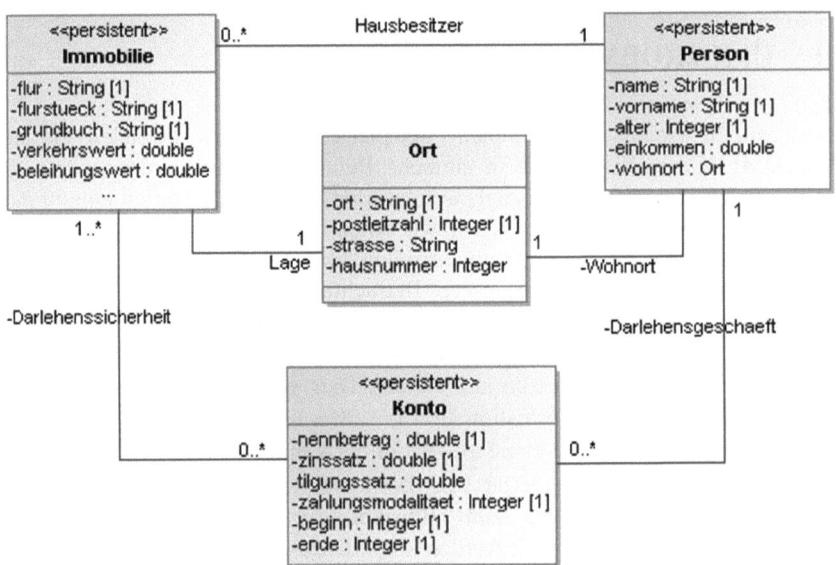

Abb. 4.2: Das Package `darlehen` - ein simples UML-Diagramm

Das Modell besteht aus den Klassen `Immobilie`, `Person`, `Konto`, `Ort`, die untereinander in Beziehung stehen. `Person` repräsentiert die Klasse der Personen, die Immobilien mit Hilfe einer Wohnungsbaufinanzierung erwerben wollen. In der Beziehung zu den finanzierten Immobilien sind sie die `Hausbesitzer`. `Immobilie` stellt die Klasse der Finanzierungsgegenstände dar. Zur Finanzierung wird zwischen den Personen und einem Kreditinstitut, hier vertreten durch die Klasse `Konto`, ein `Darlehensgeschaeft` vereinbart. Das `Konto` dient zur Dokumentierung und buchhalterischen Abrechnung des `Darlehensgeschaefts`. Die `Immobilie` ist auf der einen Seite das finanzierte Objekt, auf der anderen Seite die `Darlehenssicherheit` in der Finanzierung. Die Klasse `Ort` ist ein komplexer Datentyp für den `Wohnort` der `Person` sowie für die `Lage` der `Immobilie`.

Mit der Transformation soll nun folgende Aufgabe gelöst werden:

1. Das Paket `darlehen` ergibt das Schema `darlehen` im SimpleRDBM.
2. Zu jeder Klasse, die mit dem Merkmal „`persistent`" versehen ist, wird eine Tabelle gleichen Namens im Schema `darlehen` angelegt.
3. Alle Attribute einer Klasse werden als `Columns` der Tabelle übernommen.
4. Jede Tabelle soll zur Identifizierung zudem ein zusätzliches numerisches Attribut mit dem Namen „`<Tabellenname> + '_ID'`" erhalten.
5. Dieses identifizierende Attribut wird zur Bildung des Primärschlüssels herangezogen.
6. Die Beziehungen werden jeweils als zusätzliche Tabelle angelegt. Der Name der Tabelle ergibt sich aus dem Namen der Beziehung.
7. Als Attribute werden die identifizierenden Attribute der assoziierten Tabellen übernommen. Daraus wird ein Sekundärschlüssel für die Assoziationstabellen gebildet.

Diese Aufgabe wollen wir nun Schritt für Schritt bearbeiten; also los.

4.1.1 Vorbereitung der Transformation

`SimpleUML` und `SimpleRDBM` sind, das ist keine Überraschung, die Modelltypen dieser Transformation. Die Überführung des Quellmodells in ein Zielmodell wird mit *Mapping*-Operationen beschrieben. Das sind die imperativen Anweisungen, wie im Rahmen der Transformation vorgegangen werden soll. Je sichtbares Element in einem Modell wird eine *Mapping*-Operation vorgesehen. Sichtbare Elemente sind die Metaklassen, die als nicht abstrakte Klassen zur Modellierung verwendet werden können. In `SimpleUML`-Modellen sind dies `Packages`, `Classes`, `Associations` und `Attributes`. Auch `PrimitiveDatatypes` gehören natürlich dazu, die jedoch ignoriert werden sollen, da diese als nicht-„`persistent`" nicht in das Zielmodell übernommen werden sollen. Wir erhalten somit folgende *Mapping*-Operationen:

```
modeltype UML   uses SimpleUML;
modeltype RDBM  uses SimpleRDBM;

transformation  UmlToRdbm ( in uml:UML, out rdbm:RDBM );

main ()
{
   /* Main-Body */
}

mapping Package::PackageToSchema():Schema
{
   /* Mapping-Body */
}

mapping Class::ClassToTable():Table
{
   /* Mapping-Body */
}

mapping Association::AssociationToTable():Table
{
   /* Mapping-Body */
}

mapping Attribute::AttributeToColumn():Column
{
   /* Mapping-Body */
}
```

Die Abarbeitung erfolgt „von oben nach unten" beziehungsweise „von außen nach innen", das äußerste Element eines Modells ist das Modell an sich, also ein `Package`, das das Modell repräsentiert. Modelle sind grundsätzlich Gegenstand der **main**-Funktion. In einem Modell befinden sich ein oder mehrere weitere Pakete. Demzufolge wird das *Mapping* von Paketen aus der **main**-Funktion ausgelöst. Pakete enthalten als sichtbare Elemente `Classes` und `Associations`, `Classes` enthalten `Attributes`. Damit ergibt sich für die *Mapping*-Operationen folgende Aufrufstruktur:

```
transformation UmlToRdbm ( in uml:UML, out rdbm:RDBM );

main ()
{
   /* Mapping-Body */
   /* Mapping-Call von PackageToSchema */
}
```

```
mapping Package::PackageToSchema():Schema
{
   /* Mapping-Body */
   /* Mapping-Call von ClassToTable */
   /* Mapping-Call von AssocToTable */
}

mapping Class::ClassToTable():Table
{
   /* Mapping-Body */
   /* Mapping-Call von AttributeToColumn */
}

mapping Association::AssociationToTable():Table
{
   /* Mapping-Body */
}

mapping Attribute::AttributeToColumn():Column
{
   /* Mapping-Body */
}
```

Die **main**-Funktion ist der Einstiegspunkt für die Transformation und damit im Grunde genommen die erste *Mapping*-Operation, die sich auf das Modell an sich bezieht. In einigen Realisierungen der *Operational Mappings* wird dann auch die **main**-Funktion selbst als *Mapping*-Operation erwartet, wie das zum Beispiel bei dem Produkt QVTO [QVTO] des Eclipse *Modeling Projects* oder auch bei Borland's Together [BOR] der Fall ist:

```
transformation  UmlToRdbm;
mapping main ( in uml:UML ) : rdbm:RDBM
{
   /* Mappings */
}
```

oder

```
transformation  UmlToRdbm;
mapping main ( in uml:UML, out rdbm:RDBM )
{
   /* Mappings */
}
```

Auch wenn obige Varianten durchaus schlüssig und konsequent sind, werde ich versuchen, mich so nah wie möglich an der Spezifikation der OMG zu orientieren. Mit der Differenzierung der verschiedenen werkzeugabhängigen Dialekte werde ich mich – ohne Not – nicht mehr beschäftigen. Und wenn notgedrungen doch, dann werde ich explizit darauf hinweisen.

4.1.2 Entwicklung der Mapping-Operationen

Die notwendigen *Mapping*-Operationen sind bereits festgelegt, die Aufrufreihenfolge „von außen nach innen" ebenfalls. Nun ist es an der Zeit, die imperativen Aktionen zu implementieren. Zuerst werden alle Elemente des Quellmodells mit ihren Namen in entsprechende Elemente des Zielmodells überführt, also `Packages` in `Schemas`, `Classes` in `Tables`, `Attribute` in `Columns`, `Associations` in `Tables`:

```
mapping Package::PackageToSchema():Schema
{
    name := self.name;
    /* Mapping-Call von ClassToTable */
    /* Mapping-Call von AssocToTable */
}

mapping Class::ClassToTable():Table
{
    name := self.name;
    /* Mapping-Call von AttributeToColumn */
}

mapping Attribute::AttributeToColumn():Column
{
    name := self.name;
}

mapping Association::AssociationToTable():Table
{
    name := self.name;
}
```

Jede *Mapping*-Operation beschäftigt sich mit einem Elementtyp. Um die *Mapping-Calls* umzusetzen, müssen die entsprechenden Bezugselemente jedoch erst selektiert werden. Wenn in der **main**-Funktion zum Beispiel Pakete als Komponenten zu Schemata umzuwandeln sind, müssen wir diese zuerst ermitteln. Hierzu stehen entsprechende Funktionen der QVT-Standardbibliothek zur Verfügung, zum Beispiel die Funktion „`srcModel.`**`objectsOfType`** `(Package)`" zur Selektion der Pakete eines Modells:

```
main ()
{
    srcModel.objectsOfType(Package)
    ->map PackageToSchema();
}
```

Oder in Form eines *Shorthands*, der – wir erinnern uns – für diese spezielle Funktion aus Gründen der Schreibvereinfachung eingeführt worden ist:

4.1 UML2RDBM

```
mapping main ( in uml:UML ) : rdbm:RDBM
{
   srcModel.objects()[Package]->map PackageToSchema();
}
```

Weiter geht es mit den Klassen und Assoziationen als Komponenten von Paketen; es handelt sich dabei um Subelemente von Paketen, zu deren Ermittlung die QVT-Standardfunktion „**allSubobjectsOfType**(Class)" zur Verfügung steht. Natürlich könnte man auch direkt auf die Elemente – **self**.elements – von Paketen zugreifen, allerdings wollen wir Klassen und Assoziationen ja in je einer eigenen *Mapping*-Operation unterschiedlich behandeln.

```
mapping Package::PackageToSchema():Schema
{
   init
   {
      var classes : OrderedSet(Class);
      var assocs  : OrderedSet(Association);

      classes := self.allSubobjectsOfType(Class).
                 asOrderedSet();
      assocs  := self.allSubobjectsOfType(Association).
                 asOrderedSet();
   }

   name   := self.name;
   tables += classes->map ClassToTable();
   tables += assocs->map AssociationToTable();
}
```

Oder, wer es etwas einfacher, mit weniger Schreibaufwand, mag:

```
mapping Package::PackageToSchema():Schema
{
   name   := self.name;

   tables += self.allSubobjectsOfType(Class).
             asOrderedSet()->map ClassToTable();

   tables += self.allSubobjectsOfType(Association).
             asOrderedSet()->map AssociationToTable();
}
```

Noch einmal zur Erinnerung:

- „:=" ist eine einfache Zuweisung, die einem Objekt einen Wert zuordnet. Sammlungsobjekte würden damit stets den neuen Wert erhalten, der vorherige ginge verloren.

- „+=" ist ein Zuweisungsoperator für Sammlungen, die die jeweiligen Objektwerte um die neuen ergänzt. Das heißt, Sammlungen werden fortgeschrieben.

Bezogen auf Sammlungen würde ich empfehlen, immer den „+="-Operator zu verwenden, es sei denn, eine Sammlung soll ausdrücklich initialisiert werden.

Und damit können wir nun auch die Attribute der Klassen behandeln und den Tabellen als `Columns` zuordnen:

```
mapping Class::ClassToTable():Table
{
   name       := self.name;
   columns += self.attributes->map AttributeToColumn();
}
```

Hier ist es anstelle von „`self.attributes`" natürlich auch wieder zulässig, die Attribute einer Klasse als Subobjekte zu selektieren, „`self.allSubobjectsOfType`(Attribute)". Im Gegensatz zu Paketen, die als `elements` durchaus unterschiedliche Elementtypen besitzen können, haben Klassen jedoch nur Attribute, so dass wir an dieser Stelle einfach auf die Eigenschaft `attributes` zur Bildung der Tabellenspalten zugreifen können.

Zu guter Letzt ist es möglich, für eine *Mapping*-Operation Vor- und Nachbedingungen zu spezifizieren. So soll aus einer `Class` zum Beispiel nur dann eine `Table` im `Schema` erzeugt werden, wenn sie das Merkmal hat, „`persistent`" zu sein, und Assoziationen werden nur dann behandelt, wenn ihre beiden assoziierten Klassen „`persistent`" sind:

```
mapping Class::ClassToTable():Table
when { self.kind      == 'persistent' }
{
   name       := self.name;
   columns += self.attributes->map AttributeToColumn();
}

mapping Association::AssociationToTable():Table
when { self.source.kind      == 'persistent' and
       self.destination.kind == 'persistent' }
{
   name := self.name;
}
```

Aus der Transformation ergibt sich bereits ein in Ansätzen erkennbares einfaches relationales Datenbankschema (Abbildung 4.3).

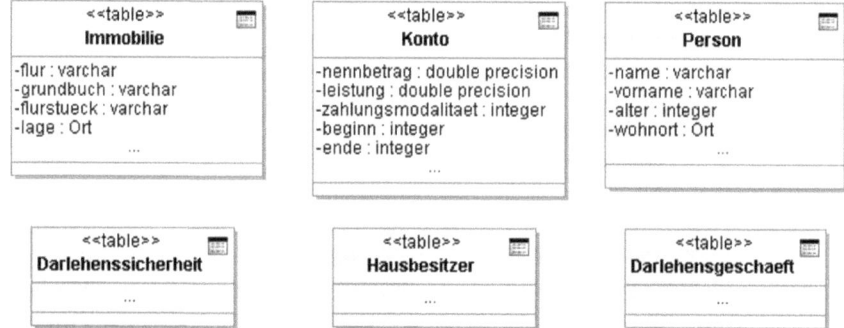

Abb. 4.3: Schema `darlehen` im `SimpleRDBM` – erste Lösung

Wie wir hier und auch schon früher gesehen haben, bietet *Operational Mappings* diverse Möglichkeiten zur Schreibvereinfachung an. Meiner Meinung nach macht es das Lesen von *Operational Mappings*-Scripten zuweilen schwierig, wenn die Möglichkeiten etwas wahllos eingesetzt werden, mal die Standardfunktion hier, mal ein *Shorthand* dort. Ich empfehle, dass man sich für eine Form entscheidet und diese konsequent anwendet. Auf jeden Fall ist es schädlich, wenn man in einem Script unterschiedliche Stile verwendet. Ich werde in den folgenden Beispielen eher die Kurzschreibweise verwenden und auf die Optionen verzichten:

```
mapping Package::PackageToSchema() :
        /* kein Zielname */ Schema
-- kein when,  wenn nicht nötig
-- kein where, wenn nicht nötig
{
    -- kein init, wenn keine Initialisierung stattfindet

    -- population-Schlüsselwort ist Geschmacksache;
    -- ich würde fast immer darauf verzichten, es sei
    -- denn, man möchte den population-Block klammern

    name := self.name;

    -- kein end, wenn keine Terminierung stattfindet
}
```

4.1.3 Behandlung primitiver und strukturierter Datentypen

Mit dem in der Abbildung 4.3 gezeigten Ergebnis sind wir bereits ein wenig über das Ziel hinausgeschossen. Die Attribute der Klassen sind zwar zu Spalten der Tabellen transformiert worden. Allerdings haben wir uns noch nicht um die Datentypen – genauer, um die Umwandlung der `SimpleUML`-Datentypen zu

SimpleRDBM-Datentypen – gekümmert. Das wollen wir nun nachholen und zwar zunächst für die primitiven Datentypen.

Übernahme von primitiven Datentypen

Der Datentyp eines Attributes ist grundsätzlich ein `Classifier` im `SimpleUML`-Modell, der über das Merkmal `type` referenziert wird. Primitive Datentypen sind nun konkrete `Classifier` der Art `PrimitiveDataType`. Die Datentypen der Tabellenspalten werden im `SimpleRDBM` in dem Merkmal `kind` eingetragen. Der Name des durch `type` referenzierten Datentyps wird dem `type`-Merkmal der Tabellenspalten übergeben. Die Überführung erfolgt nach folgendem Muster:

```
SimpleUML-Datentypname  –   Datentyp der Spalte im SimpleRDBM-Modell
Integer                 –   int
Double                  –   double
String                  –   varchar
Date                    –   date
„andere Namen"          –   undefined

   mapping Attribute::AttributeToColumn () : Column
   {
      init
      {
         var umlType  : String := self.type.name;
         var rdbmType : String;

         rdbmType := if umlType == 'Integer' then 'int'
                     else if umlType == 'Double'  then 'double'
                     else if umlType == 'String'  then 'varchar'
                     else if umlType == 'Date'    then 'date'
                     else 'undefined'
                     endif endif endif endif;
      }

      name := self.name;
      type := rdbmType;
   }
```

Sofern der Name des Datentyps im `SimpleUML`-Modell einen gemäß obiger Tabelle erlaubten Wert besitzt, wird dieser auf den Datentyp des `Columns` im `SimpleRDBM` projiziert. Andernfalls, der `SimpleUML`-Datentyp ist nicht bekannt – wie das zum Beispiel bei strukturierten Attributen wie dem Attribut „`lage : Ort`" in `Immobilie` der Fall ist –, wird bis auf Weiteres „`undefined`" eingetragen.

Diese Lösung lässt sich auch etwas einfacher realisieren, indem man auf den **init**-Block verzichtet, was allerdings auch manchmal zu Lasten der Übersichtlichkeit gehen kann:

```
mapping Attribute::AttributeToColumn () : Column
{
    name := self.name;
    type := if self.type.name == 'Integer' then 'int'
        else if self.type.name == 'Double' then 'double'
        else if self.type.name == 'String' then 'varchar'
        else if self.type.name == 'Date'   then 'date'
        else 'undefined'
        endif endif endif endif;
}
```

Eine weitere Vereinfachung erreicht man dadurch, dass die Ermittlung des Datentyps in Form eines **queries** implementiert wird. Das ist ja bei komplexen Code-Stücken ohnehin sinnvoll, da dadurch eine bessere Strukturierung und Lesbarkeit erreicht werden kann.

```
mapping Attribute::AttributeToColumn () : Column
{
    name := self.name;
    type := self.getAttributeType();
}

query Attribute::getAttributeType() : String
{
        if self.type.name == 'Integer' then 'int'
    else if self.type.name == 'Double' then 'double'
    else if self.type.name == 'String' then 'varchar'
    else if self.type.name == 'Date'   then 'date'
    else 'undefined'
    endif endif endif endif;
}
```

Übernahme von komplexen Datentypen

Die primitiven Datentypen haben wir damit erledigt. Nun sind die komplexen Datentypen an der Reihe, was auch schon eine etwas schwierigere Aufgabe ist. Komplexe Attribute sind solche, deren Datentyp eine `Class` ist. Bisher sind diese noch als „`undefined`" behandelt worden. Die Attribute der Klasse, die den Datentyp repräsentiert, werden ermittelt und der Tabelle anstelle des eigenen komplexen Attributes hinzugefügt. Zum Beispiel sind das Attribut `lage` in `Immobilie` oder auch das Attribut `wohnort` in `Person` in dem Sinne komplexe Attribute, die jeweils durch die Attribute `ort` und `postleitzahl` der Klasse `Ort` ersetzt werden sollen.

Zur Ermittlung der Attribute eines komplexen Attributes wird eine **query** getAllPrimitiveAttributes implementiert, die als Ergebnis eine Liste von Attributen mit primitiven Datentypen liefert. Die **query** wird auf die Liste der Attribute einer Klasse angewendet – „**self**.attributes->getAllPrimitiveAttributes()". Jedes Attribut wird geprüft, ob es primitiv ist – „**self.**type.**isKindOf**(PrimitiveDataType)" – oder komplex – „**self.**type.**asType**(Class)". Primitive Attribute werden der Ergebnisliste unmittelbar zugeordnet, Attribute mit einem komplexen Typ bewirken einen erneuten rekursiven Aufruf von getAllPrimitiveAttributes.

```
query Attribute::getAllPrimitiveAttributes():
      Sequence (Attribute)
{
   if self.type.isKindOf(PrimitiveDataType)
   then
      Sequence
      {
         object Attribute
         {
            name := self.name;
            type := self.type;
         }
      }
   else
      self.type.asType(Class).attributes
         ->getAllPrimitiveAttributes()
         ->flatten()
   endif;
}
```

Das Ergebnis ist eine Menge, die unter Umständen aus mehreren Teilmengen besteht. Die Ergebnismenge muss nun mittels der OCL-Standardfunktion **flatten** zu einer Menge von elementaren Werten umgearbeitet werden. Damit erhalten wir eine Menge von Attributen, die alle einen primitiven Datentyp besitzen. Diese Attributmenge, die gewissermaßen aus dem „Zusammenschieben einer Klasse und ihrer Unterklassen" resultiert, ist nun die Grundlage für die Aufbereitung der Spalten einer Tabelle mit der uns bekannten *Mapping*-Operation AttributeToColumn.

```
mapping Class::ClassToTable () : Table
when { self.kind == 'persistent'; }
{
   init
   {
      -- Ermittlung der Menge aller Attribute mit
      -- primitiven Datentypen
      var attr : Sequence (Attribute);
```

```
            attr += self.attributes
                    ->getAllPrimitiveAttributes();
        }

        name    := self.name;
        columns += attr->map AttributeToColumn();
    }
```

Abbildung 4.4 zeigt das neue Schema `darlehen`, in dem die Attribute `lage:Ort` in `Immobilie` und `wohnort:Ort` in `Person` aufgelöst und durch die entsprechenden Attribut von `Ort` ersetzt worden sind.

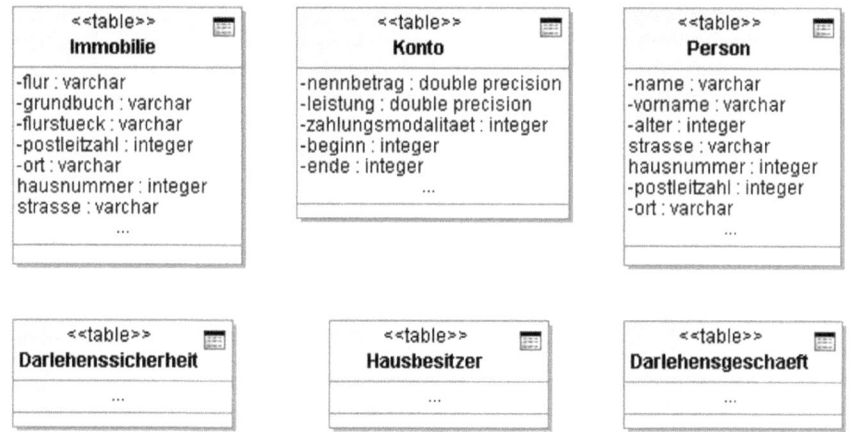

Abb. 4.4: `Immobilie` und `Person` mit aufgelösten komplexen Spalten

4.1.4 Behandlung von Attributen mit Hilfe von dynamischen Metaelementen

Die OMG schlägt ein anderes Verfahren vor, die Aufgabe der Aufbereitung von Attributen mit primitiven und komplexen Datentypen zu lösen, und zwar mit Hilfe von dynamischen Metaelementen – *Intermediate Data*. Zur Erinnerung: Dynamische Metaelemente sind Klassen und Eigenschaften, die dem Metamodell im Rahmen einer operationalen Transformation hinzugefügt werden. Sie gelten damit auch nur für die eine Transformation, in der sie definiert worden sind.

Es wird eine neue Klasse eingeführt namens `LeafAttribute`. Diese Klasse besitzt die Attribute `name`, `kind` und `attr`. `name` und `kind` sind die uns bekannten Attribute der Metaklasse `Attribute`.

attr vom Typ Attribute dient dem Zweck, ein Attribut aufzunehmen und zwar konkret ein Attribut, das einen primitiven Datentyp besitzt, welches also in diesem Sinne ein „Blatt"-Attribut ist.

```
intermediate class LeafAttribute
{
   name : String;
   kind : String;
   attr : Attribute;
};
```

Die Metaklasse Class wird um eine zusätzliche Eigenschaft leafAttributes erweitert. Hierbei handelt es sich um eine Liste von Attributen dieser Klasse, die Blattattribute sind. So wird zum Beispiel das komplexe Attribut wohnort vom Typ Ort dadurch aufgelöst, dass die Attribute der Klasse Ort der Liste der leafAttributes hinzugefügt werden.

```
intermediate property Class::leafAttributes :
                      Sequence (LeafAttribute);
```

Unter Verwendung dieser hinzugefügten Metamodellelemente sollen nun die Attribute einer Klasse vor der Generierung der Tabellenspalten dahingehend aufgearbeitet werden, dass in der Liste leafAttributes zunächst alle Attribute mit primitiven Datentypen mit Hilfe der Operation AttrToLeafAttrs eingesammelt werden, bevor eine Umwandlung in Spalten der Tabelle erfolgen kann – LeafAttrToOrdinaryColumns. Dieser Lösungsansatz ist sicher nicht weniger kompliziert als der oben vorgeschlagene. Doch die OMG hat diesen Lösungsweg eingeführt, um daran die Anwendung der *Intermediate Data* zu demonstrieren, und aus dem Grunde möchte ich meinen Lesern dieses Beispiel hier nicht vorenthalten:

```
mapping Class::ClassToTable () : Table
{
   -- Initialisierung: Sammlung aller Blatt-Attribute
   -- in leafAttributes.
   init
   {
      -- In leafAttributes wird die Liste der Attribute
      -- mit primitiven Datentypen abgelegt
      self.leafAttributes := self.attributes
                     ->map AttrToLeafAttrs("","")
                     ->flatten();
   }

   -- Population: Erzeugung der Tabellen ...
   name    := self.name;
```

```
      -- ... und Tabellenspalten unter Verwendung von
      -- leafAttributes.
      columns := self.leafAttributes
            ->map LeafAttrToOrdinaryColumn("")
            ->asOrderedSet();
}
```

Die Operation `AttrToLeafAttrs` wird in der Initialisierungsphase von `ClassToTable` für die Attribute der aktuellen Klasse aufgerufen. Das Argument `prefix` dient dem Zweck, beim Aufruf den Namen der aufrufenden Klasse mitzugeben, um so bei der Erzeugung der Blattattribute potentielle Namenskonflikte zu vermeiden. Beim ersten Aufruf ist das Argument zunächst ohne einen Wert, das heißt, die primitiven Attribute der Klasse werden mit ihrem Originalnamen übernommen, ohne dass ihnen ein Präfix vorangestellt wird. Erst wenn zur Abspeicherung von komplexen Attributen rekursiv abgestiegen wird, wird der Name des Datentyps als Argument `prefix` übergeben.

```
   -- Erzeugung der Liste der Attribute  mit primitiven
   -- Datentypen.
   mapping Attribute::AttrToLeafAttrs( in prefix : String )
   : Sequence(LeafAttribute)
   {
     init
     {
       result :=
          if self.type.isKindOf(PrimitiveDataType)
          then
          {
             -- Attribut zu leafAttributes hinzufügen
             Sequence
             {
                object LeafAttribute
                {
                   name := prefix + self.name;
                   kind := self.kind;
                   attr := self;
                }
             }
          }
          else
          {
             -- Datentyp ist komplex => rekursiv absteigen
             self.type.asType(Class).attributes
             ->map AttrToLeafAttrs ( self.name + "_" )
             ->flatten()
          }
       endif;
     }
   }
```

Unter Verwendung der Liste der Blattattribute können wir nun abschließend wieder die Spalten der Tabelle erzeugen:

```
mapping LeafAttribute::LeafAttrToOrdinaryColumn
        ( in prefix:String ): Column
{
    name := prefix + self.name;
    kind := self.kind;
    type := getAttributeType( self.attr.type.name);
}
```

Und als Ergebnis erhalten wir das gleiche Schema wie schon in der vorhergehenden Lösung (siehe Abbildung 4.4), diesmal mit Hilfe von *Intermediate Data*.

4.1.5 Behandlung von Vererbungsbeziehungen

`SimpleUML` erlaubt auch Generalisierungsbeziehungen zwischen Klassen. Eine Generalisierung ist ein hierarchischer Beziehungstyp, in dem die Oberklasse die generelle Klasse und die Unterklassen die speziellen Klassen repräsentieren. Die speziellen Klassen erben die Eigenschaften der Oberklasse.

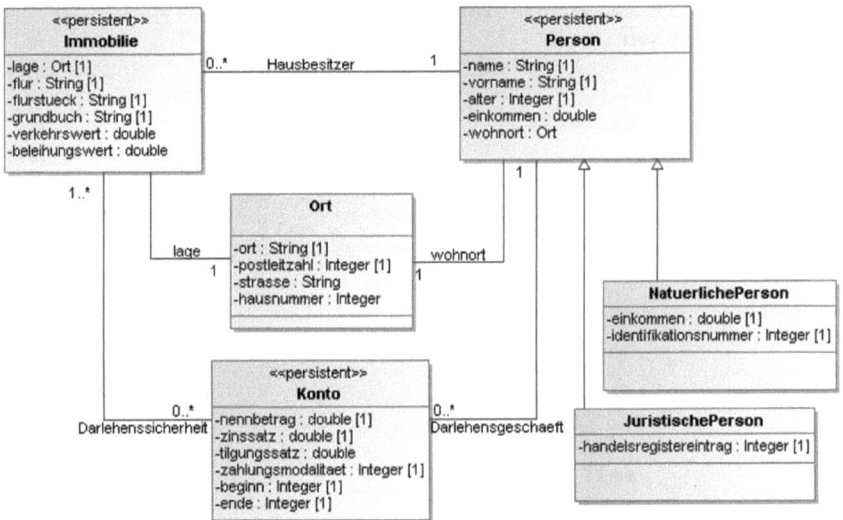

Abb. 4.5: Das Package `darlehen` mit einer Spezialisierung von `Person`

Wenn wir in unserem Darlehensmodell (Abbildung 4.2) zum Beispiel erlauben wollen, dass nicht nur natürliche Personen als Darlehensnehmer zugelassen sein sollen, sondern auch Firmen, Kapitalgesellschaften etc., also juristische Personen, dann könnte man dies als typische Spezialisierung von Person modellieren (Abbildung 4.5). Die Behandlung soll so erfolgen, dass für jede spezielle Klasse eine eigene Tabelle angelegt wird. Diese erhält als Spalten die Attribute der jeweiligen speziellen Klasse wie auch alle Attribute der generellen Oberklasse. Der *Mapping*-Operation ClassToTable muss also noch eine weitere Operation hinzugefügt werden – getSuperAttributes –, mit der zu den speziellen Klassen die Attribute der Superklasse abgeleitet werden.

```
mapping Class::ClassToTable () : Table
when { self.kind = 'persistent' }
{
    init
    {
        var attr       : Sequence (Attribute);
        var superattr  : Sequence (Attribute);

        attr += self.attributes
              ->getAllPrimitiveAttributes ();

        if self.general <> null
        then
            -- Sammeln aller Attribute aus der generellen
            -- Oberklassen
            superattr += self.general->attributes
                                    ->getSuperAttributes()
                                    ->flatten()
        endif;

        -- Die Attribute müssen geprüft werden, ob sie
        -- primitiv oder komplex sind.
        attr += superattr->getAllPrimitiveAttributes ();
    }

    name    := self.name;
    columns += attr->map AttributeToColumn();
}
```

getSuperAttributes ist in sofern recht einfach zu lösen, dass lediglich die Eigenschaften der Attribute einer existierenden Oberklasse – self.general – übernommen und in eine temporäre Liste superattr eingetragen werden müssen. Anschließend ist für jedes dieser superattr zu prüfen, ob es einen primitiven oder komplexen Datentyp besitzt und gegebenenfalls wie oben beschrieben zu behandeln ist.

```
query Attribute::getSuperAttributes():
    Sequence (Attribute)
{
    Sequence
    {
        object Attribute
        {
            name := self.name;
            type := self.type;
        }
    }
}
```

Eine Klasse, die wir als Oberklasse erkannt haben – „`self.specific <> null`" –, muss dann nicht mehr als Tabelle erzeugt werden. Es werden nur dann Klassen zu Tabellen transformiert, wenn sie einerseits „`persistent`" sind und wenn sie andererseits keine weiteren Unterklassen besitzen – „`self.specific == null`".

```
mapping Class::ClassToTable () : Table
when { self.kind == 'persistent'
   and self.specific == null }
{
    -- ClassToTable-Rumpf
}
```

Das Ergebnis, eingeschränkt auf die Klassen `Person`, `NatuerlichePerson` und `JuristischePerson`, zeigt Abbildung 4.6. Die Benennung der aus der Oberklasse übernommenen Spaltennamen ist natürlich ein wenig schief, eine Firma hat selten einen Vornamen oder ein Alter, vielleicht stattdessen eine Rechtsform und ein Gründungsjahr. Aber darauf kommt es hier nicht an.

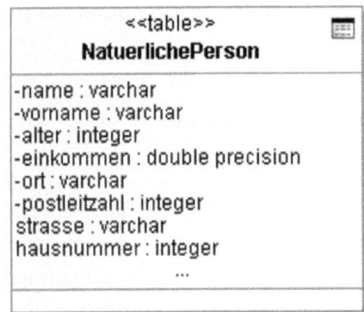 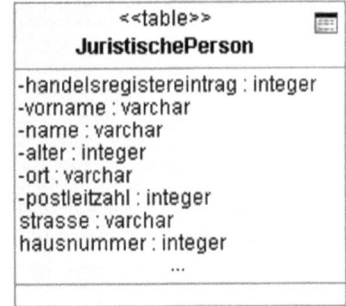

Abb. 4.6: Das Datenbankschema nach Auflösung der Spezialisierung

4.1.6 Identifizierung von Tabellen – Primärschlüssel

Mit der Behandlung der primitiven und komplexen Attribute und der Auflösung von Vererbungsbeziehungen haben wir einige schwierigere Themen behandelt, wonach etwas Erholung angesagt ist. Die aus den Klassen resultierenden Tabellen sind nun weitgehend fertig, zumindest soweit die Informationen aus den Klassen des `SimpleUML`-Modells übernommen werden konnten. Somit können wir uns der Identifizierung der Tabellen zuwenden, was denn auch verhältnismäßig einfach ist.

Alle Tabellen sollen ein zusätzliches numerisches Attribut erhalten, das den Namen der Tabelle bekommt, der mit einem Suffix „_ID" versehen ist. Der Datentyp soll ganzzahlig numerisch sein – der `SimpleRDBM`-Datentyp ist `int`. Dieses identifizierende Attribut wird zur Bildung des Primärschlüssels herangezogen, welcher als Namen ebenfalls den Namen der Klasse erhalten soll, ergänzt durch einen Präfix „PK_". Man kann dies nun auf klassische Weise lösen, indem für jede dieser Aufgaben eine explizite *Mapping*-Operation implementiert wird.

```
mapping Class::ClassToTable () : Table
when { self.kind == 'persistent'; }
{
    name    := self.name;

    -- Erzeugung des Primärschlüssels
    columns += self.map CreateIDColumn();
    keys    += self.map CreatePrimaryKey(result.columns);

    -- weitere Maßnahmen zur Erzeugung der Spalten ...
}

mapping Class::CreateIDColumn () : Column
{
    name := self.name + '_ID';
    type := 'int';
}

mapping Class::CreatePrimaryKey
       ( keycol : Sequence(Column) ) : Key
{
    name    := 'PK_' + self.name;
    columns += keycol;
}
```

Eine weitere und in diesem Fall auch recht elegante Variante ist die implizite Generierung von Objekten mittels einer *Inline*-Objekterzeugung. Da es keine Komponenten des Quellmodells gibt, die im Rahmen der Erzeugung von Primärschlüsseln für Datenbanktabellen verwertbar sind, kann man beide Attribute der

Zieltabelle mit **object**-Anweisungen, die innerhalb der *Mapping*-Operation `ClassToTable` implementiert werden, dem Datenbankschema neu hinzufügen.

```
mapping Class::ClassToTable () : Table
when { self.kind == 'persistent'; }
{
   name    := self.name;

   -- Erzeugung des Primärschlüssels mittels einer
   -- Inline-Objekterzeugung
   columns += object Column
   {
      name := self.name + '_ID';
      type := 'int';
   }

   -- Inline Erzeugung einer Primärschlüssels
   keys    += object Key
   {
      name    := 'PK_' + self.name;
      columns += result.columns;
   }

   -- weitere Maßnahmen zur Erzeugung der Spalten ...
}
```

Auch hier werden zur Identifizierung explizit eine neue synthetische Spalte mit numerischem Wertebereich und ein Primärschlüssel hinzugefügt. Mit der Anweisung `result.columns` wird auf die zuvor erzeugte Tabellenspalte `columns` zugegriffen, die damit für die Bildung des Primärschlüssels benutzt wird. Die weiteren Maßnahmen, in der auf der Basis der Klassenattribute die Spalten der Tabelle gebildet werden, müssen der Erzeugung des Primärschlüssels folgen, andernfalls würden die bis dahin generierten Tabellenspalten zu dem Primärschlüssel hinzugezogen, was wir nicht wollen. Besser ist es, für das identifizierende Attribut einen eigenen Namen zu verwenden, um Konflikte mit den Spalten der Tabelle zu vermeiden.

```
mapping Class::ClassToTable () : Table
when { self.kind == 'persistent'; }
{
   name    := self.name;

   -- Erzeugung des Primärschlüssels mittels einer
   -- Inline-Objekterzeugung
   idColumn := object Column
   {
      name := self.name + '_ID';
      type := 'int';
   }
```

```
      columns  += idColumn;

      -- Inline Erzeugung einer Primärschlüssels
      keys     += object Key
      {
         name     := 'PK_' + self.name;
         columns  += idColumn;
      }

      -- weitere Maßnahmen zur Erzeugung der Spalten ...
}
```

Alternativ zu der expliziten Erzeugung einer synthetischen identifizierenden Spalte können auch speziell markierte Attribute der Quellklasse zur Aufbereitung des Primärschlüssels dienen, zum Beispiel die, die mit einem Merkmal „primary" gekennzeichnet sind.

```
mapping Class::ClassToTable () : Table
when { self.kind == 'persistent'; }
{
   name := self.name;

   -- Maßnahmen zur Erzeugung der Spalten ...

   keys     := object Key
   {
      name     := self.name + '_PK';
      columns  := result.columns[kind = 'primary'];
   };
}
```

Die Konstruktion „`columns[kind = 'primary']`" haben wir in ähnlicher Weise schon einmal gesehen und zwar „**objects**()[<type>]" als *Shorthand* für die QVT-Standardfunktion „**objectsOfType**()[type>]". Bei diesem Konstrukt handelt es sich abermals um einen sogenannten *Shorthand* für folgende OCL-Anweisung:

```
columns := result.columns
           ->select( c : Column | c.kind = 'primary').
           asOrderedSet();
```

Und damit sind wir wieder einen Schritt weiter. Das Ergebnisschema `darlehen` mit den identifizierenden Merkmalen in den Tabellen `Immobilie`, `Konto` und `Person` zeigt die Abbildung 4.7.

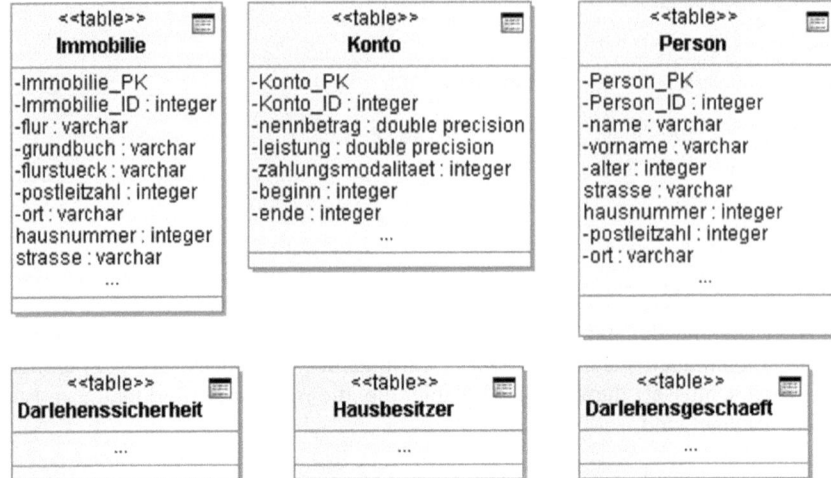

Abb. 4.7: Immobilie, Konto und Person mit Primärschlüsseln

4.1.7 Auflösen von Beziehungen – Fremdschlüssel

Die Tabellen für die Beziehungen Darlehenssicherheit, Hausbesitzer und Darlehensgeschaeft zwischen den persistenten Klassen sind bereits angelegt worden. Diese Tabellen repräsentieren zwar die Beziehungen, sie realisieren sie aber noch nicht vollständig. Dazu ist es erforderlich, dass die aus den assoziierten Klassen stammenden Tabellen in den Assoziationstabellen referenziert werden. Genauer gesagt, die Primärschlüssel der referenzierten Tabellen werden in der Assoziationstabelle als Fremdschlüssel hinzugefügt.

Halten wir uns dazu noch einmal die Metamodelle SimpleUML und SimpleRDBM vor Augen (Abbildung 2.2 und 2.4). In den einfachen Metamodellen sind ausschließlich binäre Beziehungstypen zwischen Klassen erlaubt. In einer Association sind die untereinander in Beziehung stehenden Klassen über die Eigenschaften source und destination zu erreichen. Die Beziehungen werden im Relationenschema durch ForeignKeys in den entsprechenden Assoziationstabellen realisiert. Die ForeignKeys referenzieren die PrimaryKeys der beteiligten Tabellen. Fangen wir erst einmal mit dem an, was wir haben, der Assoziationstabelle mit einem Namen:

```
mapping Association::AssociationToTable():Table
when { self.source.kind      == 'persistent' and
       self.destination.kind == 'persistent' }
{
   name := self.name;
}
```

Als nächstes sollen zwei zusätzliche Spalten `colSourceTable` und `colDestTable` angelegt werden, die zur Referenzierung der beteiligten Tabellen `source` und `destination` herangezogen werden. Der Datentyp ist, wie auch bereits bei der Konstruktion des Primärschlüssels, ganzzahlig numerisch. Die synthetischen Spalten dienen zusammengenommen als Primärschlüssel zur Identifizierung der Assoziationstabelle.

```
mapping Association::AssociationToTable():Table
when { self.source.kind      == 'persistent' and
       self.destination.kind == 'persistent' }
{
   init
   {
      var colSourceTable : Column;
      var colDestTable   : Column;

      -- Referenz auf die source-Tabelle
      colSourceTable := object Column
      {
         name := self.source.name + '_ID';
         type := 'int';
      };

      -- Referenz auf die destination-Tabelle
      colDestTable    := object Column
      {
         name := self.destination.name + '_ID';
         type := 'int';
      };
   }

   name    := self.name;
   columns := Sequence { colSourceTable,
                         colDestTable };

   keys := object Key
   {
      name    := self.name + '_PK';
      columns := result.columns;
   };
}
```

Zu guter Letzt werden unter Verwendung der synthetischen Spalten `colSourceTable` und `colDestTable` die Fremdschlüssel definiert, mit denen die Referenz zu den beteiligten Tabellen hergestellt wird.

```
mapping Association::AssociationToTable():Table
when { self.source.kind      == 'persistent' and
       self.destination.kind == 'persistent' }
{
   -- wie oben
   foreignKeys += object ForeignKey
   {
      name     := self.source.name + '_FK';
      columns  := colSourceTable;
      refersTo := self.source.resolveone(Table).keys;
   };
   foreignKeys += object ForeignKey
   {
      name     := self.destination.name + '_FK';
      columns  := colDestTable;
      refersTo :=self.destination.resolveone(Table).keys;
   };
}
```

Damit haben wir ein recht umfassendes und schon relativ vollständiges Ergebnis unseres Datenbankschemas (Abbildung 4.8).

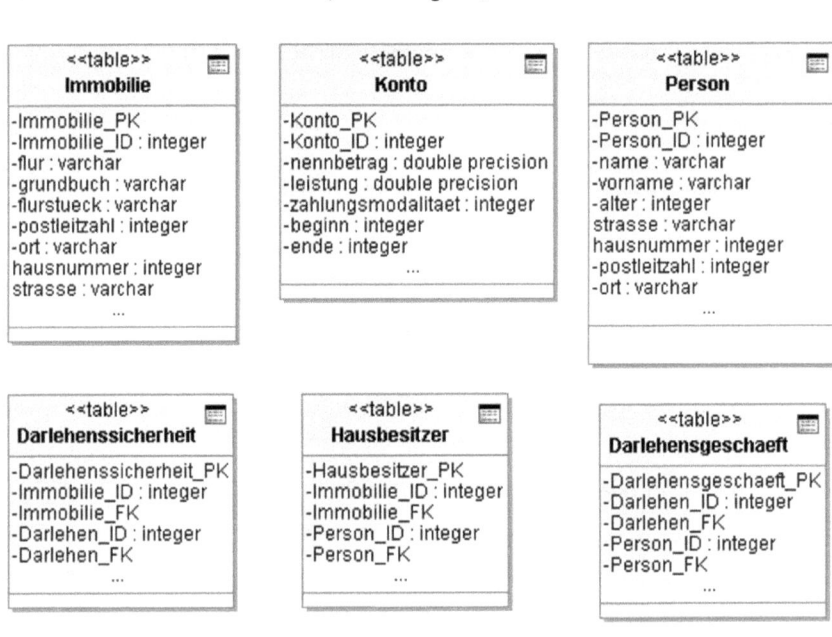

Abb. 4.8: Schema `darlehen` mit Assoziationstabellen

An dieser Stelle wird das Beispiel erst einmal abgeschlossen. Es ist ja auch schon ein recht respektables relationales Datenbankschema erzeugt worden. Und damit wollen wir uns wieder auf einer formalen Ebene weiteren Konzepten der Sprache *Operational Mappings* zuwenden. Denn heimlich hat sich hier ein neues Konzept eingeschlichen, und zwar das der Objektverfolgung (*Resolution*), mit dem zu einem späteren Zeitpunkt auf im Zielmodell zuvor generierte Objekte zugegriffen werden kann.

4.2 Fortgeschrittene Konzepte der Operational Mappings

4.2.1 Objektverfolgung

Der Transformationsprozess im Rahmen einer operationalen Transformation läuft in mehreren Phasen ab. *Operational Mappings* bietet Mittel an, auf die im Laufe der Transformation erzeugten Objekte im Zielmodell zuzugreifen. Dies wird als Verfolgung der Transformation (*Tracing*) und Auflösung von Beziehungen zwischen Objekten (*Resolution*) bezeichnet. Wenn zum Beispiel während einer Transformation das Zielobjekt `target` aus dem Quellobjekt `source` abgeleitet worden ist, dann wird dies im *Trace* abgelegt. Und mit der Objektresolution kann dies im *Trace* dann nachvollzogen werden.

Die Objektresolution definiert zwei Typen von Funktionen.

Allgemeine Resolution

Allgemeine Resolutionen sind solche, die sich auf generell alle Objekte einer Transformation beziehen.

Syntax:

```
[late] [ resolve | resolveone | invresolve |
        Invresolveone ] ( [<resolve_condition>] )
```

Der Zugriff auf Objekte, die in einer vorherigen Transformationsphase (*Trace*) erzeugt worden sind, erfolgt mit **resolve**-Ausdrücken:

- **resolve** wird angewendet auf ein Objekt des Quellmodells. Geliefert wird eine Liste aller Zielobjekte, die aus dem Quellobjekt erzeugt worden ist.

- **resolveone**   wird angewendet auf ein Objekt des Quellmodells. Geliefert wird das letzte Zielobjekt, das aus dem Quellobjekt erzeugt worden ist.
- **invresolve**   wird angewendet auf ein Zielobjekt und liefert eine Liste aller Quellobjekte, die zur Erzeugung des Zielobjektes benutzt worden sind.
- **invresolveone**   wird angewendet auf ein Zielobjekt und liefert das letzte Quellobjekt, das zur Erzeugung des Zielobjektes benutzt worden ist.

Beispiele:

```
mapping Class::ClassToTable () : Table
{
   var tbl  : Table;
   var cls  : Class;
   var tbls : Sequence (Table);
   var clss : Sequence (Class);

   -- Name der erzeugten Tabelle
   name := "T_" + self.name;

   -- tbl ist die letzte aus self erzeugte Tabelle
   tbl  := self.resolveone   (Table);

   -- tbls sind alle aus self erzeugten Tabellen
   tbls := self.resolve      (Table);

   -- cls ist Klasse, aus der tbl erzeugt worden ist
   cls  := tbl.invresolveone(Class);

   -- clss sind die Klassen, aus denen tbls erzeugt
   -- worden sind
   clss := tbl.invresolve    (Class);

   log ( "resolve : Class " + name
       + " | Table "       + tbl.name
       + " | 1st Table "   + tbls.first().name
       + " | Class "       + cls.name
       + " | 1st Class "   + clss.first().name
       );
}
```

Die Anzeige in der Konsole sollte für eine Klasse namens Address folgendes Ergebnis zeigen:

```
INFO: resolve  : Class <Address> | Table <T_Address> |
1st Table <T_Address> | Class <Address> | 1st Class
<Address>
```

4.2 Fortgeschrittene Konzepte der Operational Mappings

Erläuterung der Verwendung von Objektresolution bei der Generierung der Assoziationstabelle:

```
mapping Association::AssociationToTable() : Table
{
   foreignKeys += object ForeignKey
   {
      name     := self.source.name + '_FK';
      refersTo := self.source.resolveone(Table).keys;
   };

   foreignKeys += object ForeignKey
   {
      name     := self.destination.name + '_FK';
      refersTo :=self.destination.resolveone(Table).keys;
   };
}
```

Der Fremdschlüssel einer Tabelle referenziert eine andere Tabelle, die zuvor generiert worden ist. Zum Zeitpunkt der Transformation einer Assoziation (`self`) sind die Tabellen zu den assoziierten Klassen (`self.source`) und (`self.destination`) bereits erzeugt worden und mit „`self.source.resolveone(Table)`" beziehungsweise „`self.destination.resolveone(Table)`" kann man genau die letzte Tabelle adressieren und deren `keys` ermitteln. `resolve` würde jeweils alle generierten Tabellen liefern, was in diesem Fall allerdings nicht brauchbar ist, da nur von der letzten die `keys` benötigt werden.

Spezielle Resolution

Eine spezielle Resolution ist auf eine spezielle *Mapping*-Operation bezogen.

Syntax:

```
[late] [ resolveIn   | resolveoneIn | invresolveIn |
         invresolveoneIn ]
( <mapping_identifier> [, <resolve_condition>] )
```

Der Zugriff auf Objekte, die in einer *Mapping*-Operation erzeugt worden sind, erfolgt mit `resolveIn`-Ausdrücken:

- **resolveIn**   wird angewendet auf ein Objekt des Quellmodells. Geliefert wird eine Liste aller Zielobjekte, die innerhalb einer speziellen *Mapping*-Operation aus dem Quellobjekt erzeugt worden sind.

- **resolveoneIn** wird angewendet auf ein Objekt des Quellmodells. Geliefert wird das letzte Zielobjekt, das innerhalb einer speziellen *Mapping*-Operation aus dem Quellobjekt erzeugt worden ist.
- **invresolveIn** wird angewendet auf ein Zielobjekt und liefert eine Liste aller Quellobjekte, die innerhalb einer speziellen *Mapping*-Operation zur Erzeugung des Zielobjektes benutzt worden sind.
- **invresolveoneIn** wird angewendet auf ein Zielobjekt und liefert das letzte Quellobjekt, das innerhalb einer speziellen *Mapping*-Operation zur Erzeugung des Zielobjektes benutzt worden ist.

Beispiel:

```
mapping Class::ClassToTable () : Table
{
   var tbl  : Table;
   var cls  : Class;
   var tbls : Sequence (Table);
   var clss : Sequence (Class);

   -- Name der erzeugten Tabelle
   name := "T_" + self.name;

   -- tbl ist die letzte aus self in ClassToTable
   -- erzeugte Tabelle
   tbl  := self.resolveoneIn  (ClassToTable, Table);

   -- tbls sind alle aus self in ClassToTable
   -- erzeugten Tabellen
   tbls := self.resolveIn     (ClassToTable, Table);

   -- cls ist Klasse, aus der tbl in ClassToTable
   -- erzeugt worden ist
   cls  := tbl.invresolveoneIn(ClassToTable, Class);

   -- clss sind die Klassen, aus denen die Tabellen tbls
   -- in ClassToTable erzeugt worden sind
   clss := tbl.invresolveIn   (ClassToTable, Class);

   log ( "resolveIn: Class " + name
       + " | Table "     + tbl.name
       + " | 1st Table " + tbls.first().name
       + " | Class "     + cls.name
       + " | 1st Class " + clss.first().name
       );
}
```

Die Anzeige in der Konsole sollte für eine Klasse namens Address folgendes Ergebnis zeigen:

```
INFO: resolveIn : Class <Address> | Table <T_Address> |
1st Table <T_Address> | Class <Address> | 1st Class
<Address>
```

Mit Hilfe des **late**-Operators kann die Resolutionsoperation verzögert werden. Alle Resolutionsoperationen würden unmittelbar ausgeführt und liefern das bis dahin feststellbare Ergebnis. Ein **late** verzögert die Ausführung bis zum Ende der Transformation und liefert dann alle geforderten Objekte.

4.2.2 Strukturierung von Transformationen

Eine operationale Transformation besteht im Wesentlichen aus *Mapping*-Operationen und Hilfsfunktionen. Dies kann bei umfassenden Transformationsaufgaben recht komplex werden, was schon unser simples Beispiel UML2RDBM gezeigt hat. *Operational Mappings* erlaubt die Auslagerung von Operationen und Komponenten einer Transformation in speziellen Modulen, den Bibliotheken – **libraries** –, wodurch eine Modularisierung und bessere Strukturierung von Transformationsscripten erreicht werden kann. Eine **library** ist ein Modul, in dem Operationen, Hilfsfunktionen und Typdefinitionen zusammengefasst sind und zum Zweck der Wiederverwendung zur Verfügung gestellt werden.

Syntax:

```
library <identifier> [ <library_signature> ]
                     [ <module_usage> ]
[{ [ <module_element> ]* {}][;]
```

Beispiel:

Ein typisches Beispiel für eine **library** ist die QVT-Standardbibliothek (siehe Anhang).
Ein weiteres Beispiel ist eine eigene kleine Bibliothek für String-Operationen:

```
library StringLib ()
{
  -- konkateniert zwei Strings
  query stringCat ( str1 : String, str2 : String ):
        String
  {
    str1 + str2;
  }
```

```
    -- ermittelt die Länge eines Strings
    query stringLength ( str : String ) : Integer
    {
       str.size();
    }
}
```

Die Adressierung und Verwendung von Komponenten einer Bibliothek kann sowohl in Transformationen als auch in anderen Bibliotheken erfolgen. Die Benutzung von Bibliotheken wird mittels der Zugriffsmethoden **access** und **extends** vorgenommen.

Syntax:

```
[ transformation <transformation_name>
  (
     [[in|out|inout] <modelname> : <modeltype> [,]]*
  )
| library <identifier> [( [<modeltype> [,]]* )]
]
[[access|extends] [library | transformation]
                  <modulename>
  [( [[in|out|inout] <modeltype> [,]]*)]  [,] ]* [;]
[{] <transformation_body> [}]
```

- Alle Operationen und Hilfsfunktionen des mit **extends** eingebundenen Moduls können benutzt werden, wie wenn sie Bestandteil der Transformation selbst wären. Die Einbindung mittels **extends** impliziert zudem eine Vererbungssemantik. Das heißt, die Operationen des **extends**-Moduls werden ererbt und damit können sie redefiniert und angepasst werden.
- **access** verhält sich analog, wobei die Funktionen der mittels **access** referenzierten Module nicht redefinierbar sind. Wenn Transformationen mit den Funktionen der Standardbibliothek benutzt werden sollen, zum Beispiel als Aufruf mit **transform**, dann müssen sie mittels **access** eingebunden sein.

Die Benutzung von Libraries ist folgendermaßen:

Beispiel:

```
transformation UseStringLib ( in   srcModel  : UML,
                              out  destModel : RDBM )
extends library StringLib();

main()
{
   srcModel.objects()[Package]->map PackageToSchema();
}
```

```
mapping Package::PackageToSchema () : Schema
{
   init
   {
      var sName : String;
      -- Benutzung einer Library-Funktion
      sName := stringCat ( "Schema_", self.name );
   }
   name   := sName;
   tables += self.allSubobjectsOfType(Class).
            asOrderedSet()
          ->map ClassToTable();
}

mapping Class::ClassToTable () : Table
{
   init
   {
      var tName : String;
      -- Benutzung einer Library-Funktion
      tName := stringCat ( "Table_", self.name );
   }
   name := tName;
}
```

Die Schlüsselwörter **transformation** oder **library** der durch **access** oder **extends** referenzierten Module sind überflüssig, wenn die entsprechenden Module durch ihre Namen und ihre Signaturen eindeutig zu erkennen und zu unterscheiden sind.

Beispiel:

```
transformation UseStringLib ( in  srcModel  : UML,
                              out destModel : RDBM )
extends StringLib();
```

Externe Bibliotheken müssen nicht notwendigerweise als *Operational Mappings*-Scripte vorliegen. Es ist auch möglich, insbesondere dann, wenn die Bibliotheken keine *Mapping*-Operationen enthalten, dass diese in einer anderen Programmiersprache implementiert sind. Hier deutet sich ein Verfahren des *Blackbox*-Konzepts an, mit dem wir uns noch beschäftigen werden.

Die Einbindung von Transformationen mit **access** erlaubt es auch, diese „als Ganzes" zu sehen und zu benutzen. Dies entspricht dem Konzept des Imports von Paketen in höheren objektorientierten Programmiersprachen. Um die Komponenten des importierten Moduls anwenden zu können, muss dieses zuvor mittels **new** als Instanz erzeugt worden sein. Wenn Transformationen auf diese Weise benutzt werden, dann stehen auch die QVT-Standardfunktionen, die auf sie definiert sind, zur Verfügung.

Syntax:

```
[var retcode :=]
[(]new < transformation>([<modelname>[,]]*)[)]
     ->transform();
```

Beispiel:

Die Transformation `UmlToRdbm` aus dem vorigen Kapitel sei zugrunde gelegt.

```
transformation   UmlToRdbm ( in uml:UML, out rdbm:RDBM );
```

Nehmen wir einmal an, das Quellmodell soll ein „sauberes" Modell sein, indem zuvor alle redundanten Elemente eliminiert werden. Dies soll mit Hilfe der Transformation `UmlCleaning` erfolgen.

```
transformation   UmlCleaning ( inout uml:UML );
```

Die Überführung eines UML-Modells in ein RDBM-Modell unter dem Aspekt, dass das Quellmodell zuvor von Redundanzen gesäubert wird, kann nun mit folgender Transformation erfolgen.

```
transformation   CleanUmlToRdbm ( in  source : UML,
                                  out target : RDBM )
access   transformation UmlCleaning ( inout UML ),
extends  transformation UmlToRdbm ( in UML, out RDBM );

main()
{
   var tmpSrc    : UML := source.copy();
   var tmpTrans  := new UmlCleaning (tmpSrc);

   -- Benutzung der Transformation UmlCleaning ,als
   -- Ganzes'
   var retcode   := tmpTrans->transform();

   -- Generierung des RDBM-Schemas mit dem sauberen,
   -- redundanzfreien Quellmodell
   if ( not retcode.failed())
   then
         -- Die Operation packageToSchema befindet sich in
         -- der importierten Transformation UmlToRdbm.
         tmpSrc.objectsOfType(Package)
            ->map packageToSchema()
   else
      log ("Fehler beim Eliminieren der Redundanzen")
   endif;
}
```

In diesem Beispiel wird `UmlCleaning` mit **access** eingebunden. Von `UmlCleaning` wird eine neue Instanz erzeugt und auf das Quellmodell angewendet. Mit der Standardmethode **transform** wird die Instanz der Transformation ausgeführt und damit ein sauberes, redundanzfreies Quellmodell geliefert. Die auszuführende Transformation muss eine **main**-Funktion enthalten. **transform**, **copy** und **failed** sind QVT-Standardoperationen, die im Anhang beschrieben werden.

Anschließend wird mit Hilfe der Transformation `UmlToRdbm` die Überführung des gesäuberten Quellmodells in ein `RDBM`-Schema, wie wir es kennen, vorgenommen. `UmlToRdbm` ist mit **extends** eingebunden. Das hat zur Folge, dass `CleanUmlToRdbm` die *Mapping*-Operationen von `UmlToRdbm`, zum Beispiel `packageToSchema`, ererbt. Die mit **extends** importierte Transformation muss nicht über eine **main**-Funktion verfügen.

Anmerkung zur Benutzung von Libraries in SmartQVT

SmartQVT unterstützt die Arbeit mit externen Modulen in der derzeitig verfügbaren Version (0.2.2) nur unvollständig. Was funktioniert, ist das Einbinden von Modulen mittels **extends**. Die Module müssen dazu als Eclipse-Plugins implementiert und registriert sein, das heißt, die Bibliotheken werden als Eclipse-Plugin-Projekt entwickelt und in Betrieb genommen (Export als *Deployable plug-ins and fragments*). Damit stehen sie für eine Verwendung im Eclipse-Kontext zur Verfügung.

Der Import und die Arbeit mit Modulen mit der Option **access** funktioniert noch nicht. Aus dem Grund konnte obiges Beispiel `CleanUmlToRdbm`, welches sich recht konsequent an der Vorgabe der Spezifikation orientiert, nicht endgültig getestet werden. Zu beachten ist darüber hinaus die Konfigurierung der Komponenten in den entsprechenden QVT-Konfigurationsdateien (*Properties*):

```
Library-Project, zum Beispiel StringLib
StringLib.qvt           - Name der Bibliothek
StringLib.properties    - Name der Konfigurationsdatei
#Konfigurationseintrag
StringLib.packageUri = http://Stringlib.qvt
```

```
Verwendung, zum Beispiel in UmlToRdbm
UmlToRdbm.qvt           - Name der Transformation
UmlToRdbm.properties    - Name der Konfigurationsdatei
#Konfigurationseintrag
SimpleUML.nsURI   = http:///SimpleUML.ecore
SimpleRDBM.nsURI  = http:///SimpleRDBM.ecore
StringLib.nsURI   = http://StringLib.qvt
StringLib.uri     = platform:/resource/OM_Library/qvt/
StringLib.qvtoperational
```

4.2.3 Wiederverwendbarkeit von Mapping-Operationen

Eine Möglichkeit der Strukturierung und Wiederverwendung haben wir damit kennengelernt: den Import von Transformationen und Modulen. Nun möchte ich eine weitere Option der Wiederverwendung in *Operational Mappings* vorstellen; die Sprache *Operational Mappings* bietet mehrere Möglichkeiten der Wiederverwendung von *Mapping*-Operationen an, **inherits**, **merges** und **disjuncts**.

Syntax:

```
mapping [in|out|inout] [<modeltype>::]
                       <elementtype>::<methodname>
(
    [[in|out|inout] <argname> : <argtype>[,]]*
)
    : <resulttype> [, <resulttype>]*
[ when  { <pre-conditions>  } ]
[ where { <post-conditions> } ]
[ inherits  <methodname> [, <methodname> ]* ]
[ merges    <methodname> [, <methodname> ]* ]
[ disjuncts <methodname> [, <methodname> ]* ]
{
    [<mapping_body>]
}
```

Eine *Mapping*-Methode kann eine oder mehrere *Mapping*-Operationen erben. Diese ererbten Methoden werden implizit ausgeführt, ohne dass sie per **map**-Anweisung explizit aufgerufen werden müssen. Genauer gesagt, wenn eine *Mapping*-Operation A die *Mapping*-Operationen B und C ererbt, dann werden B und C implizit ausgeführt, während A explizit aufgerufen werden muss.

Beispiel:

```
mapping A ()
[inherits | merges | disjuncts] B
[inherits | merges | disjuncts] C
{ ... }

map() A;
-- löst die implizite Ausführung von B und C aus
```

- Per **inherits** ererbte Funktionalität wird unmittelbar hinter der **init**-Sektion, also unmittelbar vor der **population**-Sektion, ausgeführt. Die **init**-Sektion kann weggelassen werden.
- Per **merges** ererbte Funktionalität wird im Anschluss an die **end**-Sektion ausgeführt. Auch diese Sektion ist nach wie vor optional und kann entfallen.

Beispiel **inherits, merges**:

```
transformation HelloInherit ( in  source : UML,
                              out dest   : RDBM );
main()
{
   log ('Main: Hello, World!');
   source.objects()[Package]->map createSchema();
}

mapping Package::createSchema () : Schema
inherits A, C
merges    B
{
   init { log ('createSchema init'); }
   -- erwarte <A>, <C>
   log ('createSchema population');
   name := self.name;
   end  { log ('createSchema end'); }
   -- erwarte <B>
}

mapping Package::A() : Schema { log ('<A>'); }
mapping Package::B() : Schema { log ('<B>'); }
mapping Package::C() : Schema { log ('<C>'); }
```

- Mit **disjuncts** wird eine Folge von *Mapping*-Operationen angegeben, von denen nur maximal eine ausgeführt wird und zwar die, die als erste in ihrer Vorbedingung – **when**-Klausel – erfüllt ist.

Beispiel **disjuncts**:

```
transformation HelloInherit ( in  source : UML,
                              out dest : RDBM );
main()
{
   log ('Main: Hello, World!');
   source.objects()[Package]->map disjunctsSchema();
}

mapping Package::PackageWithClasses () : Schema
when { self.allSubobjectsOfType(Class).size() > 0 }
{
   log ('disjunctsSchema with Classes');
   name := self.name;
}
```

```
mapping Package::PackageWithoutClasses () : Schema
when { self.allSubobjectsOfType(Class).size() == 0 }
{
    log ('disjunctsSchema without Classes');
    name := self.name;
}

mapping Package::disjunctsSchema () : Schema
disjuncts PackageWithClasses, PackageWithoutClasses
{}
```

inherits und **merges** machen dann Sinn, wenn die entsprechenden *Mapping*-Operationen an verschiedenen Stellen benötigt werden, zum Beispiel zur Initialisierung oder Terminierung mehrerer anderer *Mapping*-Operationen. In Bezug auf die ererbten Methoden ist Konformität gefordert in der Weise, dass die ererbten Methoden auf denselben Objekten arbeiten wie die erbenden Operationen, da sie ja diese initialisieren oder terminieren. Das heißt konkret, die Signaturen der ererbten *Mapping*-Operationen, die referenzierte Metaklasse und der Ergebnistyp, müssen identisch sein zu der erbenden Methode. Die ererbten Methoden können vollständig spezifiziert sein, also auch mit Vor- und Nachbedingungen. Die Methoden werden natürlich in der erbenden *Mapping*-Operation nur dann ausgeführt, wenn die jeweilige Vorbedingung erfüllt ist.

Im Falle **disjuncts** werden dann, wenn eine referenzierte *Mapping*-Operation durch ihre Bedingung ausgelöst wird, alle folgenden nicht mehr aktiviert, auch dann nicht, wenn ihre Vorbedingungen erfüllt sein würden. Die *Mapping*-Operation, in der die disjunkte Liste spezifiziert worden ist, hat keinen eigenen Rumpf. Die disjunkt eingebundenen Operationen müssen jeweils eine **when**-Klausel besitzen.

4.2.4 BlackBox-Funktionen

Wir haben oben im Kontext *Library* bereits erfahren, dass *Operational Mappings* auch das Konzept der *BlackBox*-Implementierung zulässt. Das heißt, ganze Transformationen oder Bibliotheken oder auch einzelne Komponenten von diesen können gewissermaßen transparent (*opaque*) deklariert und in einer beliebigen Sprache implementiert werden. Transformationen und *Mapping*-Operationen werden dazu mit dem Schlüsselwort **blackbox** versehen, eine besondere Kennzeichnung von *Libraries* ist nicht erforderlich.

Beispiele:

```
library MathFunctions();
blackbox transformation UMLHelper(inout uml:UML);
blackbox mapping Class::ClassHelper() : Class;
```

4.2 Fortgeschrittene Konzepte der Operational Mappings   153

Damit ist es möglich, komplette Transformationen auszulagern und mit nicht-QVT-Mitteln umzusetzen. In diesem Kapitel wollen wir uns das exemplarisch einmal im Kleinen ansehen und zwar bezogen auf einzelne Hilfsfunktionen; sowohl **helper** als auch **queries** können intern deklariert und extern in einer anderen Sprache implementiert werden. Eine besondere Kennzeichnung der jeweiligen Hilfsfunktion, zum Beispiel durch ein vorangestelltes Schlüsselwort **blackbox**, ist in diesem Fall nicht erforderlich; die Funktion wird lediglich deklariert und in ihrer Signatur spezifiziert, der Anweisungsteil wird weggelassen. Mit der Deklaration der Signatur ist dann auch das Gerüst der *BlackBox*-Methode festgelegt. In einer Implementierung muss nur noch der Methodenrumpf entsprechend ausformuliert werden.

Beispiel:

```
-- Wird als BlackBox-Methode mit JAVA implementiert
query logTextToStdOut ( logText : String ) : Integer;

mapping in Package::transformPackages() : Package
{
    logTextToStdOut ("Beginn des Logs "
                   + "(Aufruf einer BlackBox-Methode)");
    logTextToStdOut ("transformPackages");
    name := self.name;
    logTextToStdOut ( "Name des Paketes : " + name );
    logTextToStdOut ( "Ende des Logs" );
}
```

Implementierung der *BlackBox*-Funktion zum Beispiel in SmartQVT:

1. SmartQVT generiert für *Operational Mappings*-Transformationen Eclipse-Applikationen.

   Die Transformation ist ein Java-Programm, die *Mapping*-Operationen und Hilfsfunktionen sind entsprechende Java-Methoden.
   Die deklarierte „**query** logTextToStdOut" wird durch eine Java-Methode zunächst ohne Anweisungsteil angelegt.

```
public java.lang.Long logTextToStdOut
        ( java.lang.Object self,
          java.lang.String logText,
          Trace trace )
        throws java.lang.Throwable
{
    return null;
}
```

   Java-Methoden, die von SmartQVT generiert werden, erhalten stets folgende Argumente:

- das Objekt selbst (**self**),
- das Argument, welches in der query oder der Operation deklariert worden ist, hier die String-Variable logText,
- ein *Trace*-Objekt.

2. Die Methode kann im Java-Code nun beliebig ausformuliert werden, etwa in einer sehr schlichten Weise wie folgt:

```java
public java.lang.Long logTextToStdOut
       ( java.lang.Object self,
         java.lang.String logText,
         Trace trace )
     throws java.lang.Throwable
{
   System.out.println ( logText );
   return null;
}
```

In obigem Code wird die QVT-**log**-Funktion durch eine Java-Methode implementiert. In einem weiteren Beispiel wollen wir nun die Ermittlung der SQL-Datentypen aus der UmlToRdbm-Transformation mit Hilfe einer Java-Lösung bauen:

Beispiel:

```
mapping Attribute::AttributeToColumn () : Column
{
   name := self.name;
   type := getAttributeType ( self.type.name );
}

query getAttributeType ( typeName :String ) : String;
```

Java-*BlackBox*-Funktion

```java
public java.lang.String getAttributeType
       ( java.lang.Object self,
         java.lang.String typeName,
         Trace trace )
     throws java.lang.Throwable
{
   if (typeName == "Integer") return "int";
   if (typeName == "Double" ) return "double";
   if (typeName == "String" ) return "varchar";
   if (typeName == "Date"   ) return "date";
   return "undefined";
}
```

Insgesamt muss man noch bedenken, dass die *BlackBox*-Unterstützung nach wie vor recht dünn ist. *BlockBox*-Methoden, die im generierten Java-Code ausformuliert worden sind, werden bei SmartQVT mit der nächsten Generierung – mit dem nächsten **compile** – überschrieben. Die selbst implementierten Code-Abschnitte gehen dabei verloren. Aus dem Grund ist es ratsam, die *BlackBox*-Methoden auszulagern und in einem eigenen Paket unterzubringen. Im generierten Code müssen dann lediglich die Aufrufe wiederhergestellt werden. Abhilfe könnte man schaffen, indem eine komplette Bibliothek in Form eines Java-Programmes implementiert würde. Diese müsste in SmartQVT dann als Plugin in dem jeweiligen Transformationskontext veröffentlicht vorliegen.

4.3 Transformation von UML-Modellen

Bisher ist die *Operational Mappings* in einem doch recht akademischen Kontext erörtert worden – der Transformation von simplen UML-Modellen nach simplen RDBM-Modellen mittels `UmlToRdbm`. Das war auch gut so, denn bei dieser Transformation konnten wir uns auf der einen Seite mit Metamodellen beschäftigen – mit sehr einfachen, eben den simplen Metamodellen `SimpleUML` und `SimpleRDBM`. Auf der anderen Seite war dieses Beispiel schon komplex genug, um viele Facetten der Transformation mit der *Operational Mappings* kennen und verstehen zu lernen, da die simplen Metamodelle eine Erstellung von Modellen ermöglichen, die im Grunde genommen bereits einige klassische Darstellungsmittel von Modellierungssprachen umfassen:

- Gegenständliche Elemente: `Package`, `Classifier`, `Class`, `DataType`
- Beziehungen: einfache Assoziationen, Generalisierung
- Eigenschaften: Attribute

Dies sind auch die Elemente, die üblicherweise in UML-Strukturmodellen, zum Beispiel Klassendiagrammen, Verwendung finden, wobei die Modellierungssprache UML natürlich sehr viel komplexer ist und sehr viel mehr an Sprachmitteln und Ausdrucksvielfalt enthält. Doch dazu später mehr; erst einmal, was wollen wir tun?

4.3.1 UML2EJB

Gehen wir wieder einmal von einem Klassenmodell einer fachlichen, plattformunabhängigen Ebene aus, dem Darlehensmodell. Das Fachklassenmodell beschreibt die strukturellen Gegebenheiten und Zusammenhänge der realen Welt des Wohnungsbaukreditgeschäftes in Form eines einfachen UML-Klassendiagramms (Abbildung 4.9). `Personen` beabsichtigen den Erwerb einer `Immobilie` und benötigen zur Finanzierung ein Wohnungsbaudarlehen.

`Personen` haben einen Namen, einen Vornamen, ein Alter, ein Einkommen und einen Wohnort. Die zu finanzierende `Immobilie` hat eine spezielle Lage, Angaben zum Grundbuch und einen Verkehrswert. In Abhängigkeit von den Angaben kann ein Beleihungswert ermittelt werden. Nach der Vereinbarung der Konditionen – Nennbetrag, Zins, Tilgung, Zahlungsmodalität, Laufzeit – wird das Darlehen auf einem `Konto` verwaltet. Der Wohnort der `Person` wie auch die Lage der `Immobilie` werden durch den komplexen Datentyp `Ort` mit den Attributen Straße, Hausnummer, Stadt und Postleitzahl repräsentiert.

Die `Person` in einem Darlehensgeschäft ist auf der einen Seite der `Darlehensnehmer` und auf der anderen Seite der `Hausbesitzer`, das `Konto` ist das `Darlehenskonto`, die `Immobilie` ist die grundpfandrechtliche `Darlehenssicherheit`. Soweit soll uns die ein wenig einfache Sicht der Dinge genügen.

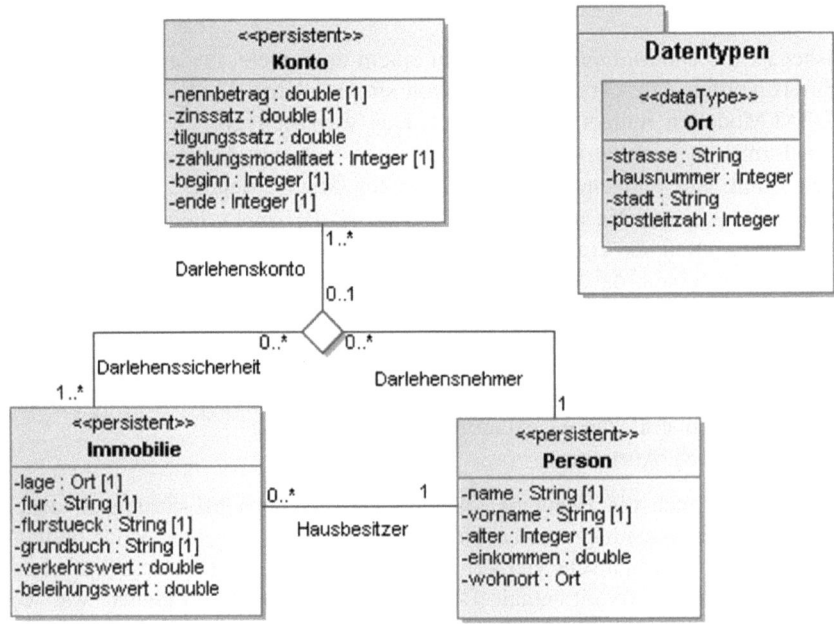

Abb. 4.9: Das Fachklassenmodell des privaten Wohnungsbaukreditgeschäfts

Durch die Transformation `UML2EJB` soll nun eine Überführung des plattformunabhängigen Modells in ein plattformspezifisches Komponentenmodell nach dem *Entity Java Beans*-Konzept [EJB, Boo03, Mon01] erfolgen.

1. Alle fachlichen Klassen werden umgewandelt in eine *SessionBean*-Komponente eines EJB-Modells. Dazu wird je Fachklasse ein Paket erzeugt mit dem Namen „`SB_`" + Klassenname.
2. In dem Paket wird eine *Bean*-Klasse angelegt sowie die zwei `Interfaces` Klassenname + „`Home`" und Klassenname + „`Remote`".

3. Als Attribute der *SessionBean* werden die der Fachklasse übernommen, wobei alle *Bean*-Attribute `private` sein sollen.
4. Je Attribut der *Bean*-Klasse wird eine *getter*- und eine *setter*-Methode generiert, die den Zugriff auf die privaten Attribute ermöglichen.
5. Diese *getter*- und *setter*-Methoden, wie auch die üblichen Methoden des EJB-*SessionBean*-Konzeptes, werden in den *Home*- und *Remote*-`Interfaces` veröffentlicht und angeboten.
6. Die Operationen der Fachklassen repräsentieren die Businessmethoden der *Bean*-Klasse, die ebenfalls im `Interface` veröffentlicht werden.

Alle anderen Elemente eines Fachklassenmodells, `Packages`, `Interfaces` (die wir in diesem Beispiel nicht haben), `Datatypes`, `Relationships` unterschiedlicher Art etc., werden so übernommen, wie sie sind. Die Klassen sind also die einzigen Elemente der fachlichen Ebene, um die wir uns intensiver kümmern wollen. Abbildung 4.10 zeigt den Ablauf dieser Transformation im MDA-Pattern.

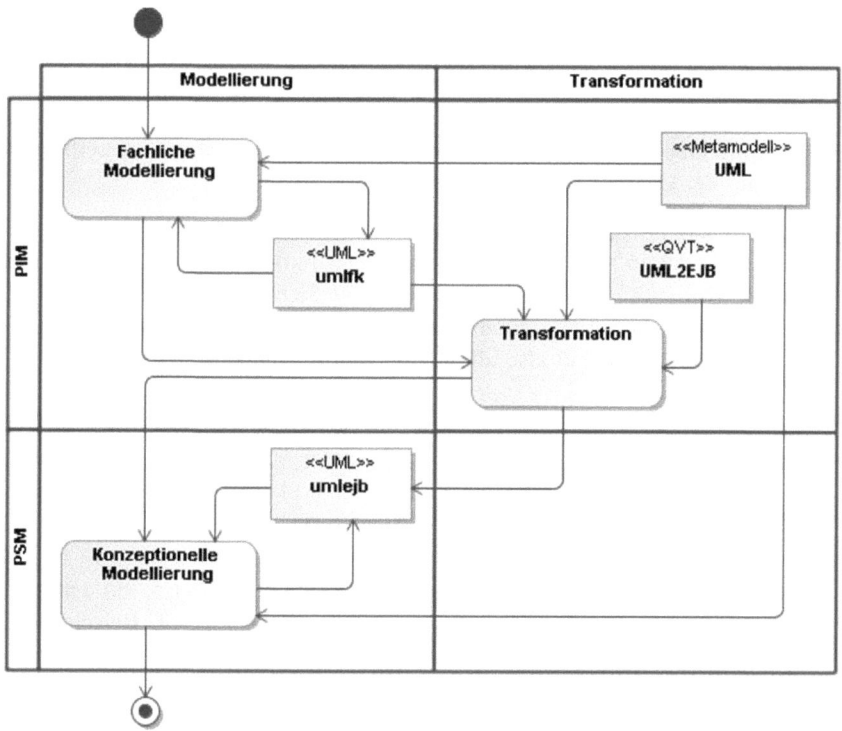

Abb. 4.10: Die Transformation UML2EJB im MDA-Pattern

Im Rahmen der fachlichen Modellierung wird ein UML-Fachklassenmodell – umlfk – erarbeitet, zum Beispiel das Darlehensmodell in Abbildung 4.9. Dies wird mit einer Transformation unter Verwendung des Transformationsscriptes UML2EJB in ein EJB-Komponentenmodell – umlejb – überführt, welches in der Designphase unter plattformspezifischen Gesichtspunkten weiter bearbeitet werden kann. Hier entscheidet sich zum Beispiel, welcher Applikationsserver und welches Datenbanksystem für die Realisierung eingesetzt werden, und die Modellierung kann unter diesen Aspekten an dem generierten Modell fortgeführt werden.

4.3.2 Das UML2-Metamodell

Wie bereits beim vorigen Beispiel mit den simplen Metamodellen SimpleUML und SimpleRDBM, so benötigen wir auch hier tiefgehende Kenntnisse des UML2-Metamodells, denn das Metamodell ist ja der zentrale Datentyp für die Transformation. Einen Eindruck von der Komplexität des UML2-Metamodells erhält man aus den Abbildungen 4.11 und 4.12, welche die Zusammenhänge im Kontext der Strukturdiagramme (*Kernel Structure, Classes*) zeigen. Es handelt sich dabei um einen Ausschnitt der abstrakten Syntax der strukturbeschreibenden Elemente aus der UML2-Superstructure ([UML2]).

1. UML-Sprachmittel sind generell von der Metaklasse Element.
2. UML-Elemente in strukturbeschreibenden Diagrammen sind im Allgemeinen benannt (NamedElement) und sie haben eine Sichtbarkeit (visibility).
3. Elemente können weitere Elemente besitzen (ownedElement). owned-Elements repräsentiert also alle Elemente, die zu einem strukturierten Element, Namespace oder Package, gehören.
4. NamedElements werden als member beziehungsweise ownedMember in Namensräumen (Namespace) zusammengefasst.
5. Bei einem Namespace, also einem Element, welches andere benannte Elemente enthalten kann, handelt es sich um ein Package oder um einen Classifier.
6. Ein Classifier ist entweder eine Class, ein DataType, ein Interface oder eine Association. Das bedeutet, Klassen zum Beispiel sind benannt und sie können selbst wieder umfassendere Namensräume sein.
7. Ein Package kann als Namespace andere Elemente, ownedMember, enthalten. Die Elemente, die innerhalb eines Packages liegen können, sind PackageableElements.
8. Die in einem Paket enthaltenen ownedMember sind entweder packaged-Elements oder nestedPackages.

9. Bei den `packedElements` handelt es sich um Elemente vom Typ `Package` oder `Classifier`, genauer: um `Types`, und `Classifier` sind eine Spezialisierung von `Type`.
10. `nestedPackages` sind `Packages`, die `packagedElement` eines anderen `Package` sind. Mittels `Package.packagedElement` kann man zum Beispiel alle Elemente erfragen, die sich in einem `Package` befinden; mit `Package.nestedPackage` erhält man dann die Elemente davon, die selbst Pakete sind.
11. Über `Package.ownedType` erhält man alle `Types`, dies sind wieder die `Classifier`. `Classifier` ist der einzige konkrete `Type` in diesem Zusammenhang.

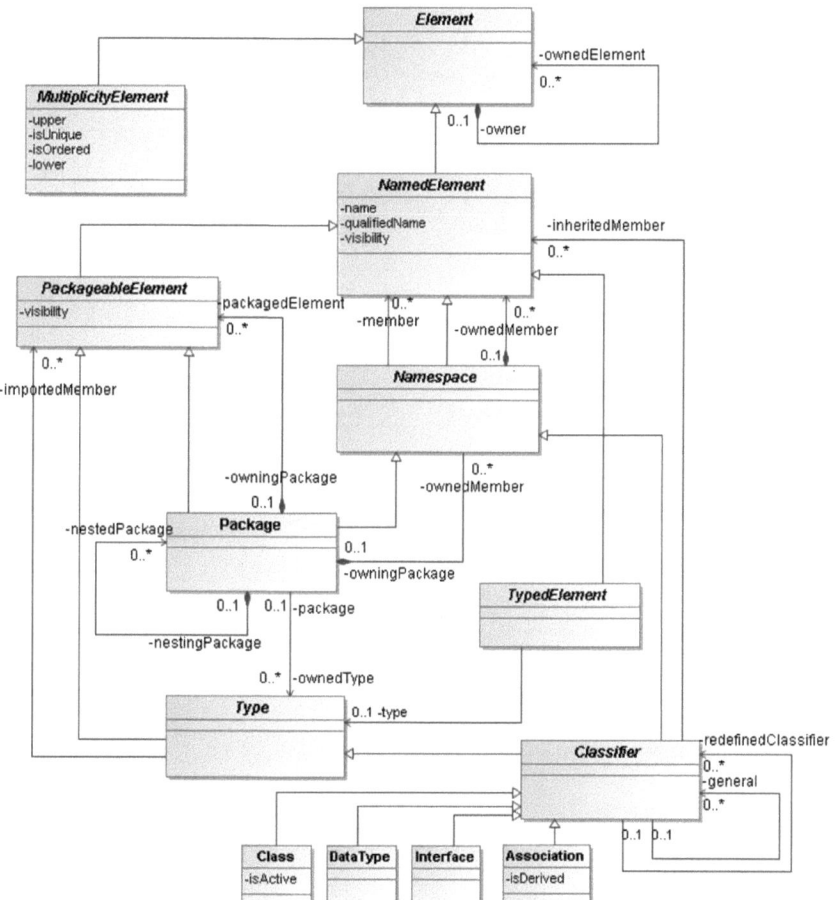

Abb. 4.11: Das Metamodell UML2 im Kontext `Element`

Abbildung 4.12 zeigt detaillierter die Zusammenhänge im Umfeld der Metaklasse `Classifier`.

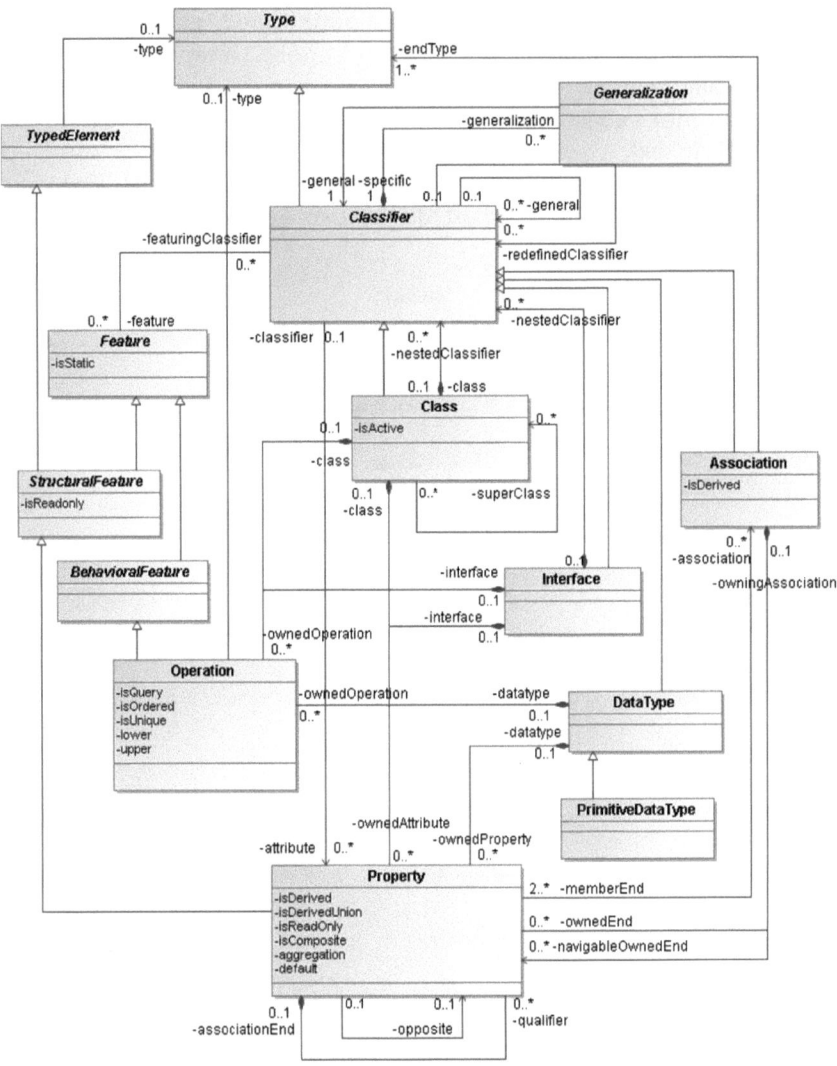

Abb. 4.12: Das Metamodell UML2 im Kontext `Classifier`

12. Bei einem `Classifier` handelt es sich um eine `Class`, `Interface`, `DataType` oder `Association`.

13. `Classifier` können `Features` besitzen; dies sind entweder strukturbeschreibende Features (`StructuralFeature`, `Property`) oder verhaltensbeschreibende Features (`BehavioralFeature`, `Operation`).
14. Die Operationen aller `Classifier`-Arten sind `ownedOperations`, die `Properties` sind `ownedAttributes`.
15. Eine `Association` ist ein `Classifier`, der sowohl Attribute und Operationen besitzen kann, zudem aber auch mindestens zwei `memberEnds`. Eine `Association` stellt also in der Weise Beziehungen zwischen `Classifiern` her, dass sie `Attribute` beziehungsweise `Properties` dieser `Classifier` als `memberEnds` besitzt.
16. `Classes` in Generalisierungsbeziehungen können `superclasses` von anderen `Classes` sein.
17. `Classifier` können untereinander in Generalisierungsbeziehungen stehen. Darin gibt es immer einen speziellen (`specific`) und einen generellen (`general`) `Classifier`. Ein `specific Classifier` kann in mehreren Generalisierungsbeziehungen vorkommen.

Dieser etwas oberflächliche Einstieg in das UML2-Metamodell soll erst einmal genügen, um die gestellte Transformationsaufgabe zu lösen. Tiefere Einblicke und Einsichten ergeben sich aus dem Studium der UML2-Superstructure [UML].

4.3.3 Das Werkzeug – QVT Operational

Im ersten Beispiel – `UML2RDBM` – ist als Werkzeug für die Erarbeitung und Durchführung von Transformationen SmartQVT eingesetzt worden. Zur Entwicklung der Transformation von UML-Modellen möchte ich eine Alternative vorstellen, die in früheren Kapiteln bereits erwähnt worden ist: QVT Operational [QVTO]. QVTO, der QVT-Interpreter aus dem MDA-Werkzeug Together von Borland [BOR], hat mittlerweile in der Szene ebenfalls eine gewisse Anerkennung und Verbreitung gefunden. Together ist seit der Version 2005 – mittlerweile Version 2008 – vollständig in Eclipse integriert und deckt eine umfangreiche Palette von Modellierung mit diversen formalen Modellierungssprachen bis hin zur Transformation mit *Operational Mappings* ab.

QVTO ist aus Together herausgelöst und als frei verfügbares Werkzeug in die *Eclipse Modeling Toolkit*-Initiative [MDT] integriert worden. Damit ist auch mit QVTO, wie bereits mit SmartQVT, eine elegante und günstige Kombination von Modellierung und Modelltransformation auf Eclipse-Plattformen möglich. Der QVT-Interpreter von Together in einer früheren Ausprägung deckte den Sprachumfang von QVT-*Operational Mappings* noch nicht vollständig ab, was problematisch war beim Erlernen der Sprache und Nachvollziehen der Beispiele aus der Spezifikation. Mittlerweile hat sich auch hier einiges getan, und QVTO erfüllt den spezifizierten Umfang der *Operational Mappings* nahezu vollständig.

162   4 Operational Mappings – Anwendungen

Und da es sich bei QVTO um die Auskopplung aus einem kommerziellen und verbreiteten MDA-Werkzeug handelt, ist es allemal interessant, so dass wir uns im folgenden Beispiel UML2EJB damit beschäftigen wollen. Wie SmartQVT ist QVTO ein Eclipse-Plugin, welches aus folgenden Komponenten besteht:

- einem QVT-Editor – dem *Operational QVT Editor* –, welcher kontinuierlich eine Syntaxprüfung vornimmt,
- einem QVT-Interpreter – dem *Operational QVT Interpreter* –, welcher die *Operational Mappings*-Scripte interpretiert und ausführt.

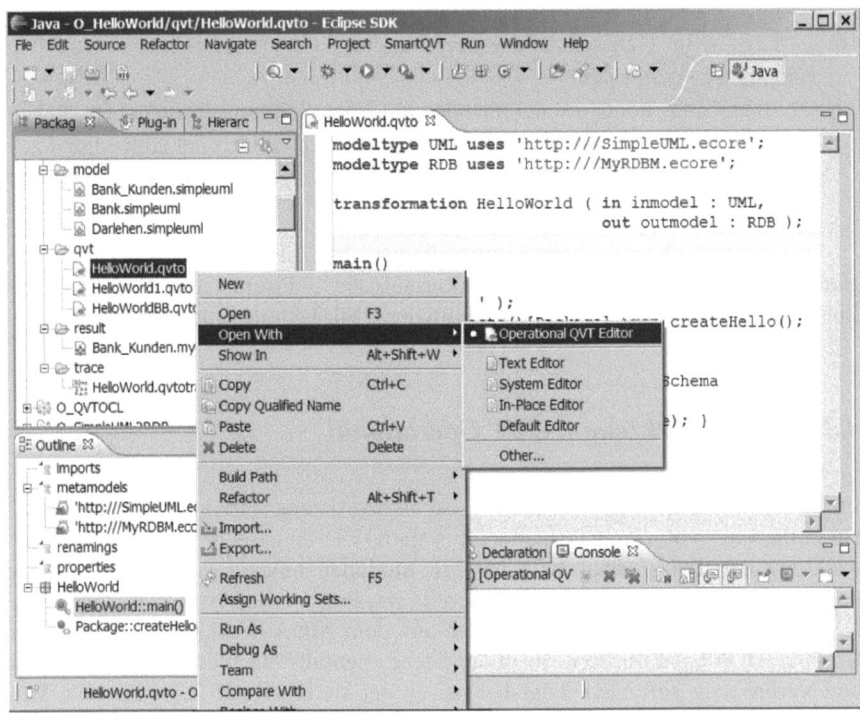

Abb. 4.13: Der *Operational QVT Editor*

Dateien mit dem Suffix „qvto" werden als QVTO-Quellen erkannt, und sie können mit dem *Operational QVT Editor* geöffnet und bearbeitet werden (Abbildung 4.13). Der Editor verfügt über eine automatische Syntaxerkennung; reservierte Wörter, Zeichenketten und Kommentare werden farblich hervorgehoben. Auf Anforderung – Ctrl + Leertaste – erhält man eine automatische Textergänzung sowie eine Auflistung der in einem speziellen Kontext zur Verfügung stehenden Funktionen.

Metamodelle müssen, wie wir es auch von SmartQVT bereits kennen, entweder als Eclipse-Plugins im Kontext bekannt oder über eine URI erreichbar sein. Eine Konfiguration des QVTO-Kontextes in einer *Properties*-Datei ist nicht erforderlich.

Die Durchführung von Transformationen wird mit dem ***Operational QVT Interpreter*** konfiguriert und ausgelöst (Abbildung 4.14):

> ***Run > Open Run Dialog ... > Operational QVT Interpreter***

1. Mit Name wird der Name der QVTO-Ausführungskonfiguration angegeben.
2. Das Transformations-Modul referenziert das QVTO-Script.
3. Optional kann ein Verfolgen der Transformation durch Angabe einer *Trace*-Datei gefordert werden.
4. Mit den Transformationsparametern wird eine Aktualisierung der formalen Parameter des Transformationsscriptes vorgenommen. Es handelt sich hierbei, wie wir wissen, um die Angabe der Modelle, die zur Transformation anstehen.

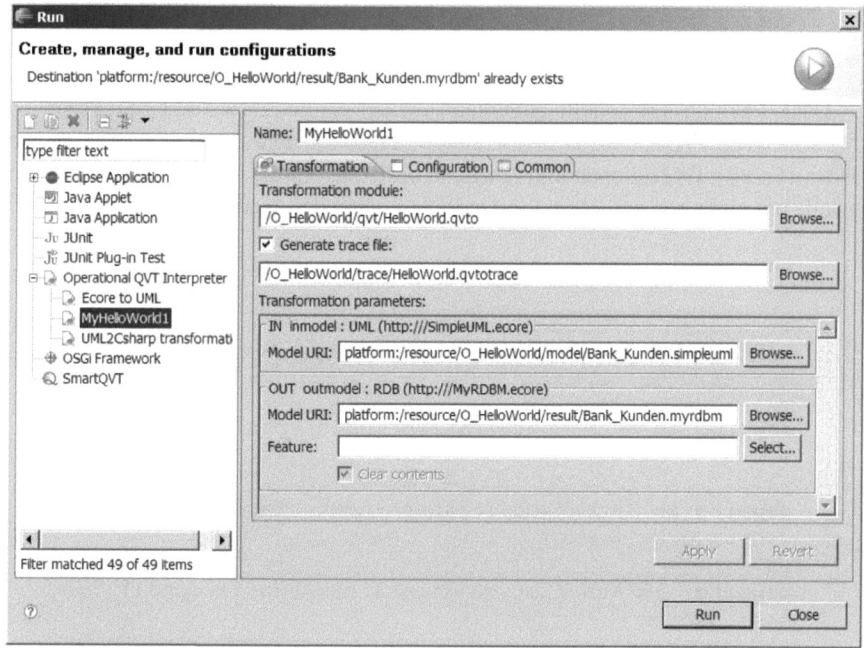

Abb. 4.14: Konfiguration einer Operational QVT-Transformation

4.3.4 Die Transformation UML2EJB

Die kurze Einführung in das Werkzeug QVTO wird genügen, so dass wir nun Schritt für Schritt die Transformation UML2EJB entwickeln können.

Schritt 1: Definieren und Einrichten der Transformation

Die Transformation beschreibt eine Umwandlung eines UML-Modells `umlfk` in ein neues UML-Modell `umlejb`. Das Metamodell für beide Modelle ist also das UML2-Modell, hier in einer Ausprägung des Eclipse UML2-Projektes [EUML].

```
modeltype UML
         uses 'http://www.eclipse.org/uml2/2.1.0/UML';

transformation UML2EJB ( in  umlfk  : UML,
                         out umlejb : UML  );

main() {  /* Body */   }
```

UML-Fachklassenmodelle enthalten `Packages` und `Classifier` vom Typ `Class`, `DataType`, `Interface`, `Association`. Die `Classifier` können als `Features` Operationen und Attribute besitzen. All diese Komponenten sollen jeweils mit einer eigenen *Mapping*-Operation behandelt werden:

```
mapping in Package::transformPackages()      : Package
{   /* Body */    }

mapping in Class::transformClasses()         : Class
{   /* Body */    }

mapping in DataType::transformDatatypes()    : DataType
{   /* Body */    }

mapping in Interface::transformInterfaces() : Interface
{   /* Body */    }

mapping in Association::transformAssociations() :
Association
{   /* Body */    }

mapping in Property::transformAttributes()   : Property
{   /* Body */    }

mapping in Operation::transformOperations() : Operation
{   /* Body */    }
```

Das äußerste Element eines UML-Fachklassenmodells ist stets ein `Package`, so dass die Transformation mit der Behandlung von `Packages` starten soll:

```
main()
{
    umlfk.objectsOfType(Package)->map transformPackage();
}
```

Schritt 2: Aufbereiten der *Mapping*-Operationen

Im zweiten Schritt werden nun die *Mapping*-Operationen mindestens so weit ausformuliert, dass alle Elemente im Zielmodell mit ihren Namen erzeugt werden. Zudem können wir gleich die erforderliche Aufrufreihenfolge implementieren; dazu müssen wir uns noch einmal das UML2-Metamodell vor Augen halten:

1. `Packages` können als `ownedMembers` unterschiedliche Elemente enthalten.
2. Dabei handelt es sich um `PackageableElements` vom Typ `Package` oder `Type`.
3. Und `Types` wiederum sind `Classifier` vom Typ `Class`, `DataType`, `Interface`, `Association`.
4. Wenn es sich bei den Elementen, die als `PackageableElements` in Paketen enthalten sind, selbst um `Packages` handelt, dann erfolgt die Referenzierung über `nestedPackage`.
5. Wenn es sich um Elemente vom Typ `Classifier` handelt, dann erfolgt die Referenzierung über `packagedElement`.

Bei all diesen Merkmalen handelt es sich natürlich generell um `ownedElements` oder auch `ownedMembers`. Dies sind allerdings Attribute von abstrakten Metaklassen, die nicht verändert werden dürfen, die also bei einer Zuweisung von Werten zur Erzeugung des Zielmodells nicht zur Verfügung stehen.

```
mapping in Package::transformPackages() : Package
{
    name := self.name;

    -- die ownedElements sind Packages
    nestedPackage    += self.ownedMember[Package]
                        ->map transformPackage();

    -- die ownedElements sind Classifier
    packagedElement += self.ownedMember[Class]
                        ->map transformClasses();
    packagedElement += self.ownedMember[DataType]
                        ->map transformDatatypes();
```

```
            packagedElement += self.ownedMember[Interface]
                                ->map transformInterfaces();
            packagedElement += self.ownedMember[Association]
                                ->map transformAssociations();
}
```

Das UML2-Metamodell lässt bei der Generierung von Elementen, die Spezialisierungen der Metaklasse `Type` sind, anstelle des Metamerkmals `packagedElement` auch das Metamerkmal `ownedType` zu.

```
ownedType += self.ownedMember[Class]->...
ownedType += self.ownedMember[DataType]->...
ownedType += self.ownedMember[Interface]->...
ownedType += self.ownedMember[Association]->...
```

Wie auch immer, ich werde versuchen, eine homogene Linie zu finden und dieser konsequent zu folgen.

Sofern Klassen, Schnittstellen und Datentypen Attribute – `ownedAttribute` – und Operationen – `ownedOperation` – besitzen, sollen diese ebenfalls bereits aufgearbeitet und mit ihrem Namen und Typ ins Zielmodell übernommen werden.

```
mapping in Property::transformAttributes()    : Property
{
    name       := self.name;
    type       := self.type;
    visibility := self.visibility;
}

mapping in Operation::transformOperations()   : Operation
{
    name       := self.name;
    type       := self.type;
    visibility := self.visibility;
}

mapping in Class::transformClasses()          : Class
{
    name := self.name;

    -- die Attribute und fachliche Operationen der Klasse
    ownedAttribute  += self.ownedAttribute
                        ->map transformAttributes();
    ownedOperation  += self.ownedOperation
                        ->map transformOperations();
}

mapping in DataType::transformDatatypes()     : DataType
{
    name := self.name;
```

```
    -- die Attribute und Operationen des Datentyps
    ownedAttribute += self.ownedAttribute
                    ->map transformAttributes();
    ownedOperation += self.ownedOperation
                    ->map transformOperations();
}

mapping in Interface::transformInterfaces() : Interface
{
    name := self.name;

    -- die Attribute und Operationen des Interfaces
    ownedAttribute += self.ownedAttribute
                    ->map transformAttributes();
    ownedOperation += self.ownedOperation
                    ->map transformOperations();
}
```

Damit haben wir nun schon ein Zielmodell, welches alle Elemente des Quellmodells mit einigen sinnvollen Merkmalen und auch in der richtigen Ordnung enthält.

Schritt 3: Mapping von Fachklassen zu SessionBeans

Für Klassen haben wir gefordert, dass je Fachklasse des Quellmodells ein Paket im Zielmodell vorgesehen wird, in dem die *Bean*-Klasse und deren Schnittstellen als EJB-Komponenten angelegt werden. `transformClasses` liefert also ein `Package` und nicht mehr, wie bisher, eine Klasse. Die neue Komponente im Zielmodell ist nicht `packagedElement`, sondern `nestedPackage` in dem besitzenden Paket. Für den Aufruf in `transformPackages` hat das demnach folgende Auswirkung:

```
mapping in Package::transformPackages() : Package
{
    name := self.name;

    -- Ziel-Packages
    nestedPackage   += self.ownedMember[Package]
                    ->map transformPackage();
    nestedPackage   += self.ownedMember[Class]
                    ->map transformClasses();

    -- Ziel-Classifier
    packagedElement += self.ownedMember[DataType]
                    ->map transformDatatypes();
    packagedElement += self.ownedMember[Interface]
                    ->map transformInterfaces();
```

```
            packagedElement += self.ownedMember[Association]
                            ->map transformAssociations();
    }
```

Die Fachklasse im Quellmodell ergibt ein `Package` im Zielmodell, dem Namen des Packages wird der Präfix „`SB_`" vorangestellt. Das `Package`, das eine *SessionBean* repräsentiert, erhält als `packagedElements` mit Hilfe von *Inline*-Objekterzeugungen die *Bean*-Klasse und deren `Interfaces`, die jeweils durch die Namensergänzung „`Home`" und „`Remote`" kenntlich gemacht werden. Die *Bean*-Klasse wie auch die `Interfaces` bekommen die Sichtbarkeit `public`.

```
    mapping   in Class::transformClasses () : Package
    {
        name := 'SB_' + self.name;

        packagedElement += object Class
        {
            name       := self.name;
            visibility := VisibilityKind::public;

            -- fachlichen Attribute und Businessmethoden
            ownedAttribute += self.ownedAttribute
                            ->map transformAttributes();
            ownedOperation += self.ownedOperation
                            ->map transformOperations();
        };

        -- Hinzufügen der Interfaces zum Zielmodell:
        -- Home-Interface
        packagedElement += object Interface
        {
            name       := self.name + 'Home';
            visibility := VisibilityKind::public;
        };

        -- Remote-Interface
        packagedElement += object Interface
        {
            name := self.name + 'Remote';
            visibility := VisibilityKind::public;
        };
    }
```

Als Ergebnis erhalten wir bereits ein Zielmodell (Abbildung 4.15), welches für die Fachklassen des Quellmodells `Packages` enthält, die die entsprechenden *Bean*-Komponenten repräsentieren. Das Paket `Datentypen` ist so, wie es ist, aus dem Quellmodell übernommen worden.

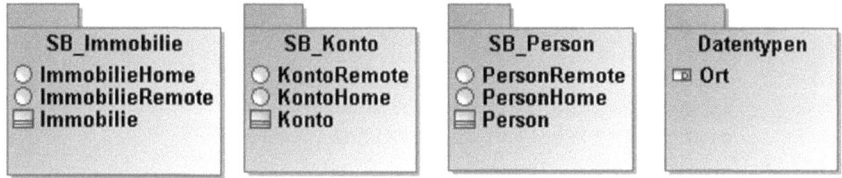

Abb. 4.15: Die Komponenten des Ziel-Darlehensmodells

Schritt 4: Erzeugung der *getter*- und *setter*-Methoden

Die *Bean*-Klassen und deren `Interfaces` existieren nunmehr. Alle Attribute der *Bean*-Klassen sind `private`. Die Attribute der `Datatypes` und `Interfaces` sollen die Sichtbarkeit aus dem Quellmodell behalten.

```
mapping in Property::transformAttributes()   : Property
{
    name       := self.name;
    type       := self.type;
    visibility :=
        if (self.class.oclIsUndefined())
        then
            -- Es handelt sich um die Eigenschaft eines
            -- Interfaces oder Datatypes. Die Sichtbarkeit
            -- bleibt, wie sie ist.
            self.visibility
        else
            -- Es handelt sich um die Eigenschaft einer
            -- Klasse und die Sichtbarkeit soll private
            -- sein.
            VisibilityKind::private
        endif;
}
```

Um den Zugriff auf die Attribute der *Bean*-Klasse zu ermöglichen, muss je Attribut eine *getter*- und *setter*-Methode erzeugt werden. Auch wenn dies prinzipiell mit *Inline*-Objekterzeugungen machbar ist, soll es aus Gründen der Übersichtlichkeit mit jeweils einer eigenen *Mapping*-Operation geschehen. Die Sichtbarkeit der *getter*- wie auch der *setter*-Methoden ist natürlich `public`, denn über sie soll ja gerade der Zugriff auf die Attribute erlaubt werden. Die *getter*-Methoden liefern den Wert des Attributes; sie besitzen also denselben Datentyp wie das Attribut, das sie repräsentieren.

```
-- getter-Methode für ein Klassenattribut
mapping in Property::getter() : Operation
{
   name       := 'get' + self.name;
   type       := self.type;
   visibility := VisibilityKind::public;
}
```

Die *setter*-Methoden weisen dem Attribut einen Wert zu, der als Argument übergeben wird. *Setter*-Methoden erhalten also einen Parameter – ownedParameter –, welcher denselben Datentyp hat wie das Attribut.

```
-- setter-Methode mit Parameter für ein Klassenattribut
mapping in Property::setter() : Operation
{
   name       := 'set' + self.name;
   visibility := VisibilityKind::public;

   ownedParameter += object Parameter
   {
      direction := ParameterDirectionKind::_in;
      name      := 'p_' + self.name;
      type      := self.type;
   }
}
```

Die Generierung der *Bean*-Klasse wird nun um den Aufruf der *Mapping*-Operationen für die *getter* und *setter* erweitert:

```
mapping in Class::transformClasses () : Package
{
   name := 'SB_' + self.name;

   packagedElement += object Class
   {
      name       := self.name;
      visibility := VisibilityKind::public;
      -- Attribute und fachliche Operationen
      ownedAttribute += self.ownedAttribute
                        ->map transformAttributes();
      ownedOperation += self.ownedOperation
                        ->map transformOperations();
      -- getter und setter
      ownedOperation += self.ownedAttribute
                        ->map getter();
      ownedOperation += self.ownedAttribute
                        ->map setter();
   };
   -- Interfaces
}
```

Schritt 5: Standardmethoden für die Organisation der *Bean*-Klasse

Die *Bean*-Klasse ist damit weitgehend fertiggestellt. Es fehlen allerdings noch die Standardmethoden zur Erzeugung und Kontrolle von *SessionBeans* im Applikationsserver. Es handelt sich hierbei um die Deklaration der Methoden, die in der Spezifikation der *Enterprise JavaBeans Technology* [EJB], Version 2.0, als Standard für die Implementierung von EJB-Klassen definiert worden sind. Es gibt auch hier wieder mehrere Möglichkeiten, die Generierung vorzunehmen. In diesem Fall soll dies in Form von *Inline*-Objekterzeugungen geschehen, die in einer **helper**-Operation gekapselt sind.

```
helper getSBOperations() : Sequence(Operation)
{
   return Sequence
   {
      object Operation
      {
         name       := 'setSessionContext';
         visibility := VisibilityKind::public;
      },
      object Operation
      {
         name       := 'ejbCreate';
         visibility := VisibilityKind::public;
      },
      object Operation
      {
         name       := 'ejbPostCreate';
         visibility := VisibilityKind::public;
      },
      object Operation
      {
         Name       := 'ejbActivate';
         visibility := VisibilityKind::public;
      },
      object Operation
      {
         Name       := 'ejbPassivate';
         visibility := VisibilityKind::public;
      },
      object Operation
      {
         name       := 'ejbRemove';
         visibility := VisibilityKind::public;
      }
   };
}
```

```
mapping  in Class::transformClasses () : Package
{
   name := 'SB_' + self.name;

   packagedElement += object Class
   {
      name       := self.name;
      visibility := VisibilityKind::public;

      -- Attribute und fachliche Operationen
      ownedAttribute += self.ownedAttribute
                   ->map transformAttributes();
      ownedOperation += self.ownedOperation
                   ->map transformOperations();

      -- getter und setter
      ownedOperation += self.ownedAttribute
                   ->map getter();
      ownedOperation += self.ownedAttribute
                   ->map setter();

      -- Standardmethoden - Aufruf der helper-Funktion
      ownedOperation += getSBOperations();
   };

   -- Interfaces
}
```

Schritt 6: Veröffentlichung der Methoden in den Interfaces

Zum Schluss dieses Abschnitts müssen wir uns noch Gedanken machen, welche Methoden in den `Interfaces` der *Bean*-Komponente öffentlich gemacht werden sollen, zum Beispiel per se

- alle *getter* und *setter* als Businessoperationen im *Remote*-Interface,
- einige Standardmethoden zur Erzeugung und Eliminierung von *Bean*-Objekten im *Home*-Interface.

Beides lässt sich nun recht einfach lösen, indem die `helper`-Funktionen an den entsprechenden Stellen wiederholt aufgerufen werden. Die Generierung der *getter*- und *setter*-Methoden wird für das *Remote*-Interface noch einmal aufgerufen, und die Methoden des *Home*-Interfaces können ähnlich konstruiert werden wie die Standard-Methoden der *SessionBean*.

```
helper getHomeMethods() : Sequence(Operation)
{
   return Sequence
   {
      object Operation
      {
         name := 'create' ;
         visibility := VisibilityKind::public;
      },
      object Operation
      {
         name := 'remove';
         visibility := VisibilityKind::public;
      },
      object Operation
      {
         name := 'getEJBMetaData';
         visibility := VisibilityKind::public;
      },
      object Operation
      {
         name := 'getHomeHandle';
         visibility := VisibilityKind::public;
      }
   };
}

mapping in Class::transformClasses () : Package
{
   name := 'SB_' + self.name;

   packagedElement += object Class
   {
      name         := self.name;
      visibility := VisibilityKind::public;

      -- Attribute und fachliche Operationen
      ownedAttribute += self.ownedAttribute
                       ->map transformAttributes();
      ownedOperation += self.ownedOperation
                       ->map transformOperations();

      -- getter und setter
      ownedOperation += self.ownedAttribute
                       ->map getter();
      ownedOperation += self.ownedAttribute
                       ->map setter();

      -- Standardmethoden - Aufruf der helper-Funktion
      ownedOperation += getSBOperations();
   };
```

```
               -- Home-Interface
               packagedElement += object Interface
               {
                  name          := self.name + 'Home';
                  visibility    := VisibilityKind::public;

                  -- Standard-Methoden im Home-Interface
                  ownedOperation += getHomeMethods();
               };

               -- Remote-Interface
               packagedElement += object Interface
               {
                  name          := self.name + 'Remote';
                  visibility    := VisibilityKind::public;

                  -- getter und setter im Remote-Interface
                  ownedOperation += self.ownedAttribute
                                     ->map getter();
                  ownedOperation += self.ownedAttribute
                                     ->map setter();
               };
         }
```

Mit dem bis hierher erarbeiteten EJB-Modell ist schon ein gutes Stück plattformspezifische Modellierung auf der Basis eines fachlichen PIM-Modells geleistet worden.

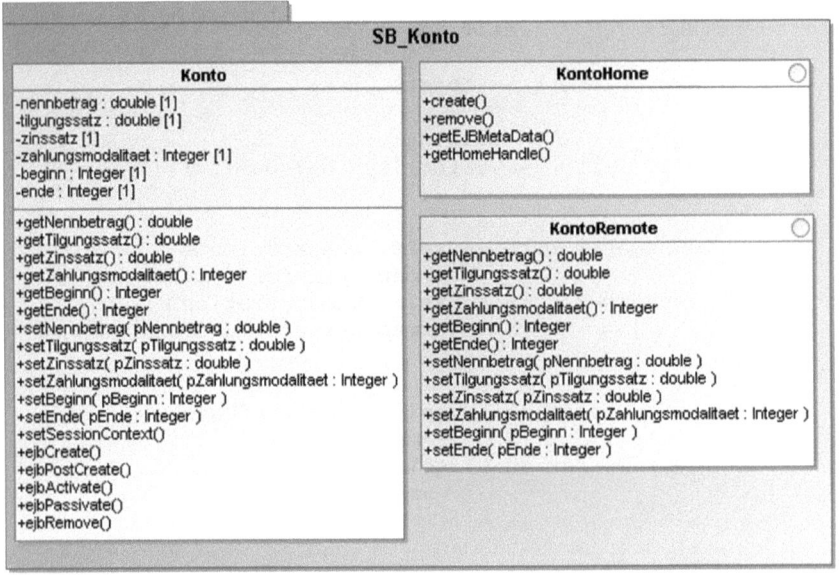

Abb. 4.16: Detailansicht der *SessionBean*-Komponente `SB_Konto`

Das auf der Basis des Quellmodells (Abbildung 4.9) generierte Zielmodell – Abbildung 4.16 zeigt den Ausschnitt für die Fachklasse `Konto` – ist natürlich noch kein vollständiges PSM-Modell; so haben wir mindestens die Assoziationen und auch die Parameter der EJB-Standardmethoden vernachlässigt. Etwas plattformspezifische Modellierung soll und muss der folgenden Entwicklungsphase vorbehalten bleiben, denke ich. Aber das Beispiel hat zumindest die Durchführbarkeit einer „Modell-nach-Modell"-Transformation auf der Basis von UML2-Modellen mit Hilfe von QVT *Operational Mappings* aufzeigen können.

4.4 QVT und UML-Profile

Die UML2 bietet eine leichtgewichtige Möglichkeit, ein gegebenes Metamodell den eigenen „domänenspezifischen" Belangen anzupassen: UML-Profile. Auch dies wollen wir im Rahmen der Modelltransformation nutzen, und zwar die Auswertung von „profilierten" Modellen in operationalen Transformationen.

Ein UML-Profil ist ein Paket des UML-Metamodells, in dem Metaklassen in spezieller Weise erweitert und mit bestimmten domänenspezifischen Merkmalen versehen werden können. Ein klassisches UML-Profil ist zum Beispiel die Spezifikation der SysML [SysML, Weil08], eine UML2-basierte Modellierungssprache, die insbesondere für *Systems Engineering* entwickelt worden ist. Bei den Erweiterungsmerkmalen handelt es sich um Stereotypen [UML2, MOF]. Ein Stereotyp ist eine Klasse des UML-Metamodells. Die Zuordnung eines Stereotyps zu einer Metaklasse erfolgt durch eine sogenannte Erweiterungsbeziehung (*Extension*).

4.4.1 Definition und Untersuchung eines UML-Profils

Im Rahmen von MDA-Techniken werden Stereotypen oft zur Steuerung von Transformationen herangezogen. Als Beispiel wollen wir uns noch einmal mit persistenten UML-Klassen beschäftigen.

Doch zuvor erst wieder einige einfache Einblicke, um ein wenig Gefühl für die Arbeit mit Stereotypen zu bekommen, indem folgende Aufgabe zu bearbeiten ist: Alle Stereotypen eines Quellmodells sind erstens zu Stereotypen und zweitens zu Klassen gleichen Namens in einem Zielmodell zu transformieren.

Zuerst wird ein einfaches UML-Profil definiert, in dem die Metaklasse `Class` mit dem Stereotyp <<persistent>> versehen wird. Zur Modellierung des Profils soll wieder einmal das UML-Werkzeug Topcased bemüht werden. Abbildung 4.17 zeigt das UML-Profil `ProfileDef` mit dem Stereotyp <<persistent>>, der mit der Metaklasse `Class` assoziiert ist, genauer: es handelt sich um eine *Extension*-Beziehung, die im Metamodell auf Stereotypen definiert ist.

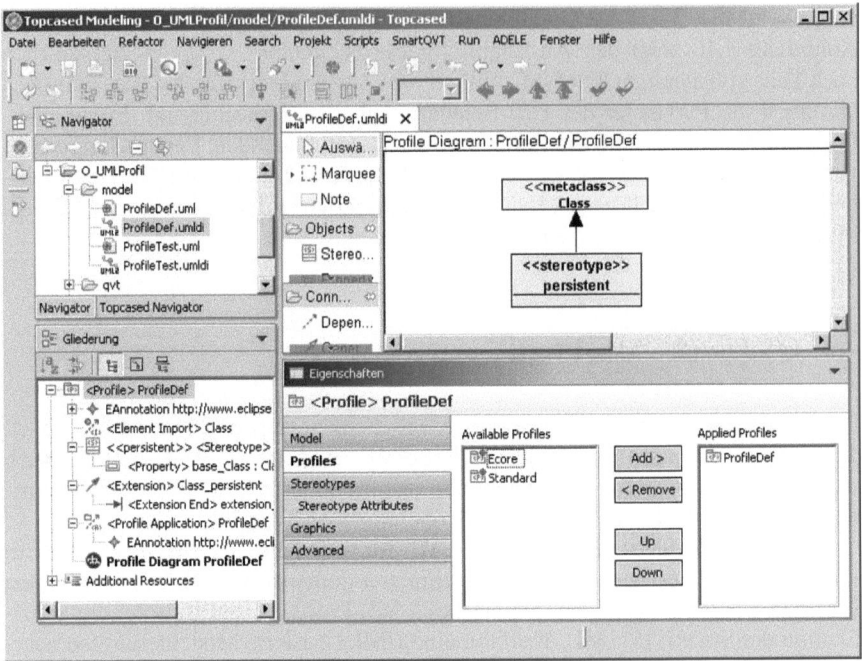

Abb. 4.17: UML-Profil mit Stereotyp <<persistent>>

Mit der folgenden, sehr einfachen Transformation CheckProfileDef wird nun die Definition eines UML-Profils – zum Beispiel ProfileDef.uml – ein wenig untersucht. Es ist eigentlich nicht einer Erwähnung wert, aber das Metamodell für die Transformation ist wieder UML2, UML-Profile sind UML-Klassendiagramme.

```
modeltype UML
         uses 'http://www.eclipse.org/uml2/2.1.0/UML';

transformation CheckProfileDef ( in src : UML  );
main()
{
   src.objects()[Stereotype]->someInfos();
}

query in  Stereotype::someInfos() : Void
{
    log ( 'Stereotype     : ' + self.name );
    log ( 'Qualified Name : ' + self.qualifiedName );
    log ( 'Owner          : ', self.owner );
    log ( 'Metaclasses    : ',
          self->getExtendedMetaclasses());
}
```

Damit erhalten wir den Namen des Stereotyps, den qualifizierten Namen in der Form <packagename>::<stereotypname>, den Owner, welcher auch wieder das Package ist, und eine Liste der erweiterten Metaklassen. Die Ausgabe auf der Konsole ist folgendermaßen:

```
Stereotype       : persistent
Qualified Name   : ProfileDef::persistent
Owner            : , data: org.eclipse.uml2.uml.internal.
impl.ProfileImpl@103f66d (name: ProfileDef, visibility:
<unset>)
Metaclasses      : , data: {[org.eclipse.uml2.uml. inter-
nal.impl.ClassImpl@113bcf (name: Class, visibility: <un-
set>) (isLeaf: false, isAbstract: false) (isActive:
false)]=1}
```

Das sehr einfache UML-Modell ProfileTest (Abbildung 4.18) ist nun eine Anwendung des oben definierten UML-Profils. Es sind zwei Klassen A und B abgebildet, eine davon ist mit dem Stereotyp <<persistent>> versehen, die andere ist nicht markiert.

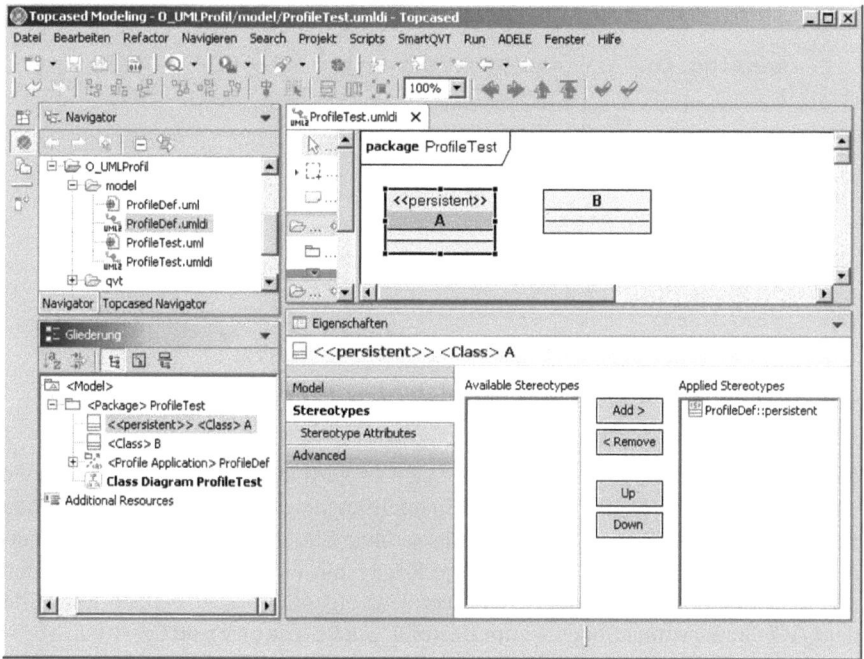

Abb. 4.18: Anwendung des Stereotyps <<persistent>> im UML-Modell

Unsere eingangs gestellte Aufgabe, einerseits Stereotypen im Quellmodell zu Stereotypen und zu Klassen im Zielmodell umzuwandeln und andererseits aus Klassen im Quellmodell Stereotypen im Zielmodell zu generieren, wird nun durch folgende Transformation gelöst:

```
modeltype UML
         uses 'http://www.eclipse.org/uml2/2.1.0/UML';

transformation CheckProfileDef ( in   src  : UML,
                                 out  dest : UML );

main()
{
   src.objects()[Stereotype]->generateStereotype ();
   src.objects()[Stereotype]->stereotype2class();
   src.objects()[Class]->class2stereotype();
}

mapping in Stereotype::generateStereotype(): Stereotype
{
   name := self.name;
}

mapping in  Stereotype::stereotype2class() : Class
{
   name := self.name;
}

mapping in  Class::class2stereotype() : Class
{
   name := self.name;
}
```

4.4.2 Transformation von persistenten Klassen

Mit der Transformation `CreateEntityBean` wird nun für die markierte Klasse „A" ein Paket namens „A_EB" im Zielmodell angelegt, die Klasse „A" soll dann Element des neuen Paketes sein. Die Klasse ohne Stereotyp „B" wird nicht behandelt. Das Problem ist also, die markierte Klasse mit ihrem Stereotyp zu erkennen und den Stereotyp zu interpretieren. Das wird eigentlich recht einfach mit Hilfe der QVT-Standardfunktionen – zum Beispiel „`isStereotypedBy` (<qualified_name>)" – zu lösen sein.

```
transformation CreateEntityBean ( in   src  : UML,
                                  out  dest : UML );
```

```
main()
{
   src.objects()[Class]->markedClass();
}

mapping Class::markedClass() : Package
when { self.isStereotypedBy('persistent') }
{
   name := self.name + '_EB';
   packagedElement += object Class
   {
      Name := self.name;
   }
}
```

Bedauerlicherweise wird die QVT-Standardbibliothek nicht immer im vollen Umfang unterstützt, so dass wir unter Umständen diese Funktion mit Hilfe einiger Hilfsfunktionen des Eclipse UML2-*Frameworks* selbst implementieren müssen:

```
query in Class::isStereotypedBy (str : String) : Boolean
{
   var st : Stereotype := null;
   st := self.getAppliedStereotype('ProfileDef::'+ str);
   return
      if ( self.isStereotypeApplied(st) )
      then true
      else false
      endif;
}
```

getAppliedStereotype ist eine Standardmethode des Eclipse UML2-*Frameworks*. Zunächst wird mit getAppliedStereotype ein Stereotyp mit dem angegebenen Namen gesucht, um dann mit isStereotypeApplied zu prüfen, ob die Klasse mit diesem Stereotyp markiert ist. isStereotype-Applied ist ebenfalls eine Standardmethode des Eclipse UML2-*Frameworks*. Allerdings muss gemäß QVT-Spezifikation der Name des Stereotyps voll qualifiziert angegeben werden. Das heißt, der Name des Stereotyps allein reicht nicht aus, man muss zudem den Namen des umschließenden Namespaces – also des Pakets, in dem der Stereotyp definiert ist – kennen.

Da das nicht unbedingt immer der Fall ist, sei im Folgenden ein Lösungsansatz vorgeschlagen, bei der der Stereotyp allein aufgrund seines Namens festgestellt wird. Allerdings gehe ich dabei von der Annahme aus, dass ein Stereotyp mit einem Namen nur einmal mit der Klasse assoziiert ist. Das heißt, eine Klasse sollte nicht mit mehreren Stereotypen gleichen Namens markiert sein.

Mit der Funktion getAppliedStereotypes des UML2-Frameworks werden alle Stereotypen ermittelt, die mit der Klasse assoziiert sind. Danach wird in der Liste der Stereotypen stlist nach einem Stereotyp mit dem gefragten Namen gesucht.

```
query in Class::isStereotypedBy ( str : String )
                                          : Boolean
{
   var ost   : OrderedSet(Stereotype):= null;
   ost += self.getAppliedStereotypes();

   var stlist : Set(Stereotype):= null;
   stlist += ost->select( p | p.name = str );

   return if (not stlist ->isEmpty())
          then true
          else false
          endif;
}
```

Eine Alternative besteht darin, auf der Basis der assoziierten Stereotypen eine Liste mit deren Namen `stnames` aufzubereiten und dann nachzuschauen, ob sich in dieser Liste der gesuchte Stereotypname befindet.

```
query in Class::isStereotypedBy ( str : String )
                                          : Boolean
{
   var ost   : OrderedSet(Stereotype):= null;
   ost += self.getAppliedStereotypes();

   var stnames : Set (String) := null;
   stnames += ost->select ( p | p.name = str )
                 ->collect( p | p.name );

   return if ( stn->includes(str))
          then true
          else false
          endif;
}
```

Damit sollte es nun möglich sein, entweder mit den Optionen der QVT-Standardbibliothek oder mit eigenen Mitteln Modelle zu bearbeiten, die mit UML-Profilen entwickelt worden sind. Zum Beispiel kann man fachliche Klassen, die mit dem Stereotyp <<persistent>> versehen worden sind, in ein plattformspezifisches EJB-Modell überführen, bei dem die persistenten Klassen als *EntityBeans* implementiert werden. Mit dieser Aufgabe an den Leser möchte ich das Fachbuch zum Thema operationale Transformationen abschließen.

A Die Syntax der Operational Mappings

Die formale Syntax der QVT *Operational Mappings* gemäß der Spezifikation MOF QVT V1.0 mit Stand vom April 2008 [MOF].

A.1 Reservierte Wörter

```
Bag, Collection, Dict, OrderedSet, Sequence, Set, Tuple,
abstract, access, and, any, assert, blackbox, break, case,
class, collect, collectNested, collectOne, collectselect,
collectselectOne, composes, compute, configuration,
constructor, continue, datatype, default, derived, disjuncts,
do, elif, else, end, endif, enum, except, exists, extends,
exception, false, forAll, forEach, forOne, from, helper, if,
implies, import, in, inherits, init, inout, intermediate,
invresolve, invresolveIn, invresolveone, invresolveoneIn ,
isUnique, iterate, late, let, library, literal, log, main,
map, mapping, merges, metamodel, modeltype, new, not, null,
object, one, or, ordered, out, package, population,
primitive, property, query, raise, readonly, references,
refines, reject, resolve, resolveIn, resolveone,
resolveoneIn, return, select, selectOne, sortedBy, static,
switch, tag, then, transformation, true, try, typedef,
unlimited, uses, var, when, where, while, with, xcollect,
xmap, xor, xselect
```

A.2 Ableitungsregeln

Metaregeln

Die **reservierten Wörter** wie auch die Symbole der Sprache – Operatoren, Klammern – sind in fetter Schrift hervorgehoben.

[…]   bedeutet ein oder kein Exemplar des geklammerten Ausdrucks
[…]* bedeutet mindestens ein Exemplar des geklammerten Ausdrucks
[…]+ bedeutet ein oder mehrere Exemplare des geklammerten Ausdrucks

Operatoren und Symbole

:	einfache Variablendeklaration
::	volle Variablendeklaration mit Modelltyp und Typ
=	Initialisierung einer Variablen
:=	Wertzuweisung mit ifwithResult-Property = **false**
::=	Initialisierung mit ifwithResult-Property = **true**
+=	Hinzufügen von Elementen zu einer Liste
−=	Entfernen von Elementen aus einer Liste
*	arithmetische Multiplikation
/	arithmetische Division
+	arithmetische Addition; Stringkonkatenation
−	arithmetische Subtraktion
.	Adressierung eines Attributes oder Methode von einem Objekt
−>	Adressierung von Elementen einer Liste und dessen Merkmal
;	Trennung von Ausdrücken
,	Trennung von Elementen einer Liste
{	Beginn einer komplexen Folge von Ausdrücken
}	Ende einer komplexen Folge von Ausdrücken
(	Beginn einer Parameter- oder Argumentenliste
)	Ende einer Parameter- oder Argumentenliste
=	Vergleich auf Gleichheit
==	Vergleich auf Gleichheit
<>	Vergleich auf Ungleichheit
!=	Vergleich auf Ungleichheit
<	kleiner als
>	größer als
<=	kleiner oder gleich

>=	größer oder gleich
and	logisches und
or	logisches oder
xor	logisches exklusives oder
not	logisches nicht
true	logisches wahr
false	logisches falsch
map	Aufruf einer *Mapping*-Operation
@	Referenzierung des Zielmodells in *Mapping*-Operationen
|	Trennsymbol, zum Beispiel in Iterationsausdrücken
#	*Shorthand* für die OCL-Funktion isKindOf
##	*Shorthand* für die OCL-Funktion isKindOf
//	Kommentar bis zum Ende der Zeile
--	Kommentar bis zum Ende der Zeile
/*	Beginn eines mehrzeiligen Kommentars
*/	Ende eines mehrzeiligen Kommentars

Top Level Rules

```
<topLevel>              ::= [<import>]* [<unit_element>]*
<import>                ::= from <unit>
                            import [ <identifier_list> | * ];
                            | import <unit>;
<unit_element>          ::= <transformation>  | <library>    |
                            <access_decl>     | <modeltype>  |
                            <metamodel>       | <classifier> |
                            <property>        | <helper>     |
                            <constructor>     | <entry>      |
                            <mapping>         | <tag>        |
                            <typedef>
<unit>                  ::= <identifier>[.<identifier>]*
<identifier_list>       ::= <identifier>[,<identifier>]*
```

Model Types Compliance and Metamodel Declarations

```
<modeltype>             ::= modeltype <identifier>
                                    [<compliance_kind>]
                            uses <packageref_list>
                            [<modeltype_where>];
<modeltype_where>       ::= where <expression_block>
<packageref_list>       ::= <packageref>[,<packageref>]*
```

```
<packageref>                ::= <scoped_identifier> [( <uri> )] |
                                <uri>
<compliance_kind>           ::= "strict" | "effective"
<uri>                       ::= <STRING>
```

Transformation

```
<transformation>            ::= <transformation_decl> |
                                <transformation_def>
<tranformation_decl>        ::= <transformation_head>;
<transformation_def>        ::= <transformation_head>
                                { [<module_element>]* }[;]
<transformation_head>       ::= [<qualifier>]*
                                transformation <identifier>
                                   <tranformation_signature>
                                   [<transformation_usage_refine>]
<transformation_signature>  ::= <simple_signature>
<transformation_usage_refine> ::= <module_usage> |
                                  <transformtion_refine>
<transformation_refine>     ::= refines <moduleref>
```

Library

```
<library>                   ::= <library_decl> | <library_def>
<library_decl>              ::= <library_h>;
<library_def>               ::= <library_h>
                                { [ <module_element> ]* }[;]
<library_h>                 ::= library <identifier>
                                [ <library_signature> ]
                                [ <module_usage> ]
<library_signature>         ::= <simple_signature>
```

Import of Modules – Transformations and Libraries

```
<module_usage>              ::= <access_usage> | <extends_usage>
<access_usage>              ::= access [<module_kind>]
                                <moduleref_list>
<extends_usage>             ::= extends [<module_kind>]
                                <moduleref_list>
<module_kind>               ::= transformation | library
<moduleref_list>            ::= <moduleref>[,<moduleref>]*
<moduleref>                 ::= <scoped_identifier>
                                [ <simple_signature> ]
```

```
<access_decl>           ::= <access_usage>;
<module_element>        ::= <classifier>   | <property>    |
                            <helper>       | <constructor> |
                            <entry>        | <mapping>     |
                            <tag>          | <typedef>     |
                            <access_decl>
```

Syntax for Entries

```
<entry>                 ::= <entry_decl> | <entry_def>
<entry_header>          ::= main <simple_signature>
<entry_decl>            ::= <entry_header>;
<entry_def>             ::= <entry_header>
                            [ <expression_block>; ]
```

Properties in Transformation

```
<property>              ::= [intermediate] [<property_key>]⁺
                            <declarator>;
<property_key>          ::= [ derived      | literal  |
                              configuration | property ]
```

General Purpose Grammar Rules

```
<qualifier>                ::= blackbox | abstract | static
<complete_signature>       ::= <simple_signature>[:<param_list>]
<simple_signature>         ::= ( [<param_list>] )
<param_list>               ::= <param>[,<param>]*
<param>                    ::= [<param_direction>] <declarator>
<param_direction>          ::= [in | inout | out ]
<simple_declarator>        ::= <typespec> | <scoped_identifier>
                               : <typespec>
<declarator>               ::= <typespec> [<init_part>] |
                               <scoped_identifier> : <typespec>
                               [<init_part>]
<simple_declarator_list>   ::= <simple_declarator>[,
                               <simple_declarator> ]*
<declarator_list>          ::= <declarator>[, <declarator> ]*
<declarator_semi_list>     ::= <declarator>[; <declarator> ]*
<init_part>                ::= <init_op> <expression>
<init_op>                  ::= [ = | := | ::= ]
<typespec>                 ::= <type_reference>
                               [<extent_location>]
```

```
<type_reference>          ::= <scoped_identifier> |
                              <complex_type>
<extent_location>         ::= @<identifier>
<complex_type>            ::= [<complex_type_key>                |
                              <collection_key> ( <typespec> )    |
                              Tuple ( <declarator_list> )        |
                              Dict  ( <typespec> , <typespec>)]
<complex_type_key>        ::= <collection_key> | Dict | Tuple
<collection_key>          ::= [Collection | Set | OrderedSet |
                              Sequence   | Bag | List ]
<scoped_identifier>       ::= <identifier>[::<identifier>]*
<scoped_identifier_list>  ::= <scoped_identifier>[,
                              <scoped_identifier> ]*
<expression_list>         ::= [ <expression_semi_list>; ]
<expression_semi_list>    ::= <expression>[; <expression> ]*
<expression_comma_list>   ::= <expression>[, <expression> ]
<expression_block>        ::= { [ <expression_list> ] }
<expression_statement>    ::= <expression>; |
                              [ <expression_block>; ]
```

Syntax for Helper Operations

```
<helper>                  ::= <helper_decl>          |
                              <helper_simple_def>   |
                              <helper_compound_def>
<helper_header>           ::= <helper_info> <scoped_identifier>
                              <complete_signature>
<helper_info>             ::= [<qualifier>]* <helper_kind>
<helper_kind>             ::= [ helper | query ]
<helper_decl>             ::= <helper_header>;
<helper_simple_def>       ::= <helper_header> = <expression>;
<helper_compound_def>     ::= <helper_header>
                              [ <expression_block>; ]
```

Syntax for Constructors

```
<constructor>             ::= <constructor_decl> |
                              <constructor_def>
<constructor_header>  ::= [<qualifier>]
                              constructor <scoped_identifier>
                                          <simple_signature>
<constructor_decl>        ::= <constructor_header>;
<constructor_def>         ::= <constructor_header>
                              [ <expression_block>; ]
```

Syntax for Mapping Operations

```
<mapping>                 ::= <mapping_decl> | <mapping_def>
<mapping_decl>            ::= <mapping_full_header>;
<mapping_def>             ::= <mapping_full_header>
                              { <mapping_body> }[;]
<mapping_full_header>     ::= <mapping_header>
                              [<when>] [<where>]
<mapping_header>          ::= [<qualifier>]*
                              mapping [<param_direction>]
                              <scoped_identifier>
                              <complete_signature>
                              [ <mapping_extra> ]*
<mapping_extra>           ::= <mapping_extension> |
                              <mapping_refinement>
<mapping_extension>       ::= <mapping_extension_key>
                              <scoped_identifier_list>
<mapping_extension_key>   ::= [ inherits | merges | disjuncts ]
<when>                    ::= when <expression_block>
<where>                   ::= where <expression_block>
<mapping_refinement>      ::= refines <scoped_identifier>
<mapping_body>            ::= [<init_section>]
                              [<population_section>]
                              [<end_section>]
<init_section>            ::= init <expression_block>
<population_section>      ::= <expression_list> | population
                              <expresion_block>
<end_section>             ::= end <expression_block>
```

Expressions

```
<expression>       ::= <assign_exp> | <let_exp> |
                       <var_init_exp>
<assign_exp>       ::= <implies_exp> |
                       <unary_exp> <assign_op>
                       <expression> [<default_val>] |
                       <unary_exp> <assign_op>
                       <expression_block>
                       [ <default_val> ]
<assign_op>        ::= [ := | ::= | += | -= ]
<default_val>      ::= default <assign_exp>
<implies_exp>      ::= <or_exp> |
                       <implies_exp> implies <or_exp>
<or_exp>           ::= <and_exp> |
                       <or_exp> <or_op> <and_exp>
<or_op>            ::= [ or | xor ]
<and_exp>          ::= [ <cmp_exp> |
                       <and_exp> and <cmp_exp> ]
```

```
<cmp_exp>               ::= <additive_exp> | <cmp_exp>
                            <cmp_op> <additive_exp>
<cmp_op>                ::= [= | == | <> | < | > | <= | >=]
<additive_exp>          ::= [<mult_exp> | <additive_exp>
                            <add_op> <mult_exp>]
<add_op>                ::= [+ | -]
<mult_exp>              ::= [<unary_exp> | <mult_exp>
                            <mult_op> <unary_exp>]
<mult_op>               ::= [* | / | %]
<unary_exp>             ::= <postfix_exp> |
                            <unary_op> <unary_exp>
<unary_op>              ::= [- | not | # | ## | *]
<postfix_exp>           ::= [<primary_exp>                    |
                             <postfix_exp> ( [<arg_list>] )   |
                             <postfix_exp> [!]
                             [[ <declarator_vsep> ]
                                <expression> ]                |
                             <postfix_exp> <access_op>
                             [ <scoped_identifier> |
                               iterator_exp>       |
                               <block_exp>         |
                               <control_exp>       |
                               <rule_call_exp>     |
                               <resolve_exp>       |
                               <resolve_in_exp> ]]
<declarator_vsep>       ::= <simple_declarator> |
<multi_declarator_vsep> ::= <simple_declarator_list> |
<resolve_exp>           ::= <resolve_key>
                            ( [<resolve_condition>] )
<resolve_condition>     ::= <declarator> [ | <expression> ]
<resolve_key>           ::= [late] <resolve_kind>
<resolve_kind>          ::= [resolve       | resolveone      |
                             invresolve    | invresolveone ]
<resolve_in_exp>        ::= <resolve_in_key>
                            ( <scoped_identifier> [,
                               <resolve_condition>] )
<resolve_in_key>        ::= [late] <resolve_in_kind>
<resolve_in_kind>       ::= [resolveIn     | resolveoneIn   |
                             invresolveIn  | invresolveoneIn ]
<access_op>             ::= [. | -> | !->]
<primary_exp>           ::= [<literal> | <scoped_identifier>|
                             <if_exp>      | <block_exp>         |
                             <control_exp> | <rule_call_exp>     |
                             <quit_exp>    | <try_exp>           |
                             <raise_exp>   | <assert_exp>        |
                             <log_exp>     | ( <expression> )]
<literal>               ::= [<literal_simple> |
                             <literal_complex> ]
<literal_simple>        ::= [<INTEGER> | <FLOAT> | <STRING> |
                             true      | false  | unlimited|
                             null ]
```

```
<literal_complex>        ::=  [<literal_collection> |
                               <literal_tuple>       |
                               <literal_dict> ]
<literal_collection>     ::=  <collection_key>
                              { [<collection_item_list>] }
<literal_tuple>          ::=  Tuple { [<tuple_item_list>] }
<literal_dict>           ::=  Dict { [<dict_item_list>] }
<collection_item_list>   ::=  <expression_comma_list>
<tuple_item_list>        ::=  <declarator_list>
<dict_item_list>         ::=  <dict_item> [, <dict_item>]*
<dict_item>              ::=  <literal_simple> = <expression>
<if_exp>                 ::=  if <expression>
                              <then_part> [<elif_part>]*
                              [<else_part>] endif
<then_part>              ::=  then <if_body>
<elif_part>              ::=  elif <if_body>
<else_part>              ::=  else <if_body>
<if_body>                ::=  <expression> | <expression_block>
<iterator_exp>           ::=  <simple_iterator_op>
                              ( [<declarator_vsep>]
                                <expression> ) |
                              <multi_iterator_op>
                              ( [<multi_declarator_vsep>]
                                <expression> ) |
                              <iterate_exp>
<simple_iterator_op>     ::=  [reject       | select       | collect|
                               exists       | one          | any    |
                               isUnique     | collectNested         |
                               sortedBy     | xselect | xcollect|
                               selectOne    | collectOne            |
                               collectselect                        |
                               collectselectOne ]
<multi_iterator_op>      ::=  forAll
<iterate_exp>            ::=  iterate ( <declarator_list> ;
                              <declarator> | <expression> )
                              <iter_declarator> ::=
                              <declarator>
<iter_declarator_list>   ::=  <declarator_list>
<block_exp>              ::=  [<object_exp> | <do_exp> |
                               <switch_exp>]
<object_exp>             ::=  object [( <iter_declarator> )]
                              <object_declarator>
                              <expression_block>
<object_declarator>      ::=  <typespec> |
                              <identifier> [ : <typespec> ]
<do_exp>                 ::=  do <expression_block>
<switch_exp>             ::=  switch [( <iter_declarator> )]
                              <switch_body>
<switch_body>            ::=  {[<switch_alt>]+ [<switch_else>]}
<switch_alt>             ::=  case ( <expression> )
                              <expression_statement>
<switch_else>            ::=  else <expression_statement>
```

```
<control_exp>           ::= [<while_exp> | <compute_exp> |
                              <for_exp>]
<while_exp>             ::= while ( [<declarator>;]
                                    <expression> )
                            <expression_block>
<compute_exp>           ::= compute ( <declarator> )
                            <expression_block>
<for_exp>               ::= [ forEach | forOne ]
                            ( <iter_declarator_list> [;
                              <declarator> ]
                            [ | <expression>] )
                            <expression_block>
<rule_call_exp>         ::= [map | xmap | new]
                            [( <declarator> )]
                            <scoped_identifier>
<let_exp>               ::= let <declarator_list> in
                            <expression>
<var_init_exp>          ::= [var <declarator_list> |
                            var ( <declarator_list> )]
<quit_exp>              ::= [break | continue | <return_exp>]
<return_exp>            ::= return [<expression>]
<try_exp>               ::= try <expression_block>
                            [<except>]⁺
<except>                ::= except (<scoped_identifier_list>)
                            <expression_block>
<raise_exp>             ::= raise <scoped_identifier>
                            [( [<arg_list>] )]
<arg_list>              ::= <expression_comma_list>
<assert_exp>            ::= assert [<identifier>]
                            ( <expression> )
                            [with <log_exp>]
<log_exp>               ::= log ( <arg_list> )
                            [when <expression>]
```

Syntax for Defining Explicitly Metamodel Contents

```
<metamodel>             ::= <metamodel_decl> |
                            <metamodel_def>
<metamodel_decl>        ::= <metamodel_h>;
<metamodel_def>         ::= <metamodel_h>
                            { [<metamodel_element>]* }[;]
<metamodel_h>           ::= [metamodel | package]
                            <scoped_identifier>
<metamodel_element>     ::= <classifier> | <enumeration> |
                            <tag>
<classifier>            ::= <classifier_decl> |
                            <classifier_def>
<classifier_decl>       ::= <classifier_h>;
```

```
<classifier_def>         ::= <classifier_h>
                             {[<classifier_feature_list>]}[;]
<classifier_h>           ::= <classifier_info>
                             <scoped_identifier>
                             [<classifier_extension>]
<classifier_info>        ::= [datatype   | primitive  |
                              exception |
                              [intermediate] [<qualifier>]*
                              class ]
<classifier_extension>   ::= extends <scoped_identifier_list>
<classifier_feature_list> ::= <classifier_feature> [;
                              <classifier_feature>]* [;]
<classifier_feature>     ::= [<classifier_property>  |
                             <classifier_operation> | <tag>]
<classifier_property>    ::= [<feature_qualifier>]
                             <declarator> [<multiplicity>]
                             [<opposite_property>]
<feature_qualifier>      ::= [<stereotype_qualifier>]
                             [<feature_key>]*
<feature_key>            ::= [composes | references |
                              readonly | derived    | static]
<stereotype_qualifier>   ::= << <identifier_list> >>
<multiplicity>           ::= [ <multiplicity_range> ]
<multiplicity_range>     ::= [<INTEGER> | *          |
                             <INTEGER> ... <INTEGER> |
                             <INTEGER> ... * ]
<classifier_operation>   ::= [<feature_qualifier>]
                             <declarator>
                             <complete_signature>
<enumeration>            ::= [<enumeration_h>; |
                             <enumeration_h>]
                             { <identifier_list> }[;]
<enumeration_h>          ::= enum <identifier>
<opposite_property>      ::= opposites [~] <identifier>
                             [<multiplicity>]
<tag>                    ::= tag <tagid> <scoped_identifier>
                             [= <tagvalue>];
<tagid>                  ::= <STRING>
<tagvalue>               ::= <expression>
```

Typedefinitions

```
<typedef>                ::= typedef <identifier> =
                             <typespec> [<typedef_condition>];
<typedef_condition>      ::= [ <expression> ]
```

B Metamodelle in serialisierter Darstellung

Dieser Anhang enthält die simplen Metamodelle `SimpleUML` und `SimpleRDBM` in rechnerinterpretierbarer Ausprägung, zum einen als QVT-Datenstruktur, zum anderen in einer Ecore XMI-Repräsentation.

B.1 Deklaration der Metamodelle als QVT-Datentypen

Die *Inline*-Deklaration von Metamodellen ist optionaler Bestandteil der *Operational Mappings*-Spezifikation. Meistens werden die Metamodelle jedoch in einer EMOF oder EMOF-ähnlichen Form (z.B. Ecore) im Rahmen von *Operational Mappings*-Interpretern bereitgestellt. Die *Inline*-Metamodelle sind jedoch leichter zu lesen; aus dem Grund sollen sie dem kompletten Transformationsscript `Uml2Rdbm` vorangestellt werden.

```
metamodel SimpleUML
{
    abstract class UMLModelElement
    {
        kind : String;
        name : String;
    }

    class Package extends UMLModelElement
    {
        composes elements : PackageElement [*] ordered
                opposites namespace [1];
    }

    abstract class PackageElement extends UMLModelElement
    {}

    class Classifier extends PackageElement {}
```

```
class Attribute   extends UMLModelElement
{
   references type : Classifier [1];
}

class Class extends Classifier
{
   composes attributes:Attribute [*] ordered
            opposites owner [1];
   references general:Classifier[*] ordered;
}

class Association extends PackageElement
{
   source      : Class [1] opposites reverse [*];
   destination : Class [1] opposites forward [*];
}

class PrimitiveDataType extends Classifier {}
}

metamodel SimpleRDBM
{
   abstract class RModelElement
   {
      kind : String;
      name : String;
   }

   class Schema extends RModelElement
   {
      composes tables : Table [*] ordered
               opposites schema [1];
   }

   class Table extends RModelElement
   {
      composes columns     : Column     [*] ordered
               opposites owner[1];
      composes keys        : Key        [*] ordered
               opposites owner[1];
      composes foreignKeys : ForeignKey [*] ordered
               opposites owner[1];
   }

   class Column extends RModelElement
   {
      type : String;
   }
```

```
    class Key extends RModelElement
    {
       references columns : Column [*] ordered
                 opposites keys [*];
    }

    class ForeignKey extends RModelElement
    {
       references refersTo : Key [1];
       references column   : Column [*] ordered
                 opposites foreignKeys [*];
    }
}
```

B.2 Ecore-Repräsentation

Ecore ist ein De-facto-Standard, der durch die Eclipse Initiative und das *Eclipse Modeling Framework*-Projekt (EMF) begründet ist. Alle MDA-Werkzeuge, die – wie die hier angeführten OpenSource-Werkzeuge SmartQVT und OperationalQVT – in die Eclipse-Plattform integriert sind, unterstützen das Ecore-Format für Metamodelle. Zur besseren Lesbarkeit sind die Namen des Metamodells, der Metaklassen und Metaattribute fett hervorgehoben.

SimpleUML

```
<?xml version = "1.0" encoding = "ISO-8859-1"?>
<ecore:EPackage xmi:version = "2.0"
   xmlns:xmi   = "http://www.omg.org/XMI"
   xmlns:xsi   = "http://www.w3.org/2001/XMLSchema-instance"
   xmlns:ecore = "http://www.eclipse.org/emf/2002/Ecore"
   name        = "SimpleUML"
   nsURI       = "urn:SimpleUML.ecore"
   nsPrefix    = "SimpleUML">
 <eClassifiers xsi:type = "ecore:EClass"
     name      = "ModelElement">
   <eStructuralFeatures xsi:type = "ecore:EAttribute"
        name        = "name"
        lowerBound  = "1"
        eType       = "ecore:EDataType
          http://www.eclipse.org/emf/2002/Ecore#//EString"/>
   <eStructuralFeatures xsi:type = "ecore:EAttribute"
        name        ="kind"
        lowerBound  = "1"
        eType       = "ecore:EDataType
          http://www.eclipse.org/emf/2002/Ecore#//EString"/>
```

```
      <eStructuralFeatures xsi:type="ecore:EAttribute"
            name       = "id"
            eType      = "ecore:EDataType
               http://www.eclipse.org/emf/2002/Ecore#//EString"
            iD         = "true"/>
   </eClassifiers>
   <eClassifiers xsi:type = "ecore:EClass"
         name            = "PackageElement"
         eSuperTypes     = "#//ModelElement">
      <eStructuralFeatures xsi:type = "ecore:EReference"
            name       = "namespace"
            eType      = "#//Package"
            eOpposite  = "#//Package/ownedElement"/>
   </eClassifiers>
   <eClassifiers xsi:type = "ecore:EClass"
         name            = "Package"
         eSuperTypes     = "#//ModelElement">
      <eStructuralFeatures xsi:type = "ecore:EReference"
            name         = "elements"
            upperBound   = "-1"
            eType        = "#//PackageElement"
            containment  = "true"
            eOpposite    = "#//PackageElement/namespace"/>
   </eClassifiers>
   <eClassifiers xsi:type = "ecore:EClass"
         name              = "Classifier"
         eSuperTypes       = "#//PackageElement"/>
   <eClassifiers xsi:type = "ecore:EClass"
         name              = "Class"
         eSuperTypes       = "#//Classifier">
      <eStructuralFeatures xsi:type = "ecore:EReference"
            name         = "forward"
            upperBound   = "-1"
            eType        = "#//Association"
            eOpposite    = "#//Association/destination"/>
      <eStructuralFeatures xsi:type = "ecore:EReference"
            name         = "reverse"
            upperBound   = "-1"
            eType        = "#//Association"
            eOpposite    = "#//Association/source"/>
      <eStructuralFeatures xsi:type = "ecore:EReference"
            name         = "attributes"
            upperBound   = "-1"
            eType        = "#//Attribute"
            containment  = "true"
            eOpposite    = "#//Attribute/owner"/>
      <eStructuralFeatures xsi:type = "ecore:EReference"
            name         = "general"
            upperBound   = "-1"
            eType        = "#//Class"
            eOpposite    = "#//Class/specific"/>
```

```
      <eStructuralFeatures xsi:type = "ecore:EReference"
            name         = "specific"
            upperBound   = "-1"
            eType        = "#//Class"
            eOpposite    = "#//Class/general"/>
  </eClassifiers>
  <eClassifiers xsi:type = "ecore:EClass"
        name         = "Attribute"
        eSuperTypes  = "#//ModelElement">
    <eStructuralFeatures xsi:type = "ecore:EReference"
            name         = "owner"
            eType        = "#//Class"
            eOpposite    = "#//Class/attribute"/>
    <eStructuralFeatures xsi:type = "ecore:EReference"
            name         = "type"
            eType        = "#//Classifier"/>
  </eClassifiers>
  <eClassifiers xsi:type = "ecore:EClass"
        name         = "Association"
        eSuperTypes  = "#//PackageElement">
    <eStructuralFeatures xsi:type = "ecore:EReference"
            name         = "destination"
            lowerBound   = "1"
            eType        = "#//Class"
            eOpposite    = "#//Class/forward"/>
    <eStructuralFeatures xsi:type = "ecore:EReference"
            name         = "source"
            lowerBound   = "1"
            eType        = "#//Class"
            eOpposite    = "#//Class/reverse"/>
  </eClassifiers>
  <eClassifiers xsi:type = "ecore:EClass"
        name         = "PrimitiveDataType"
        eSuperTypes  = "#//Classifier"/>
</ecore:EPackage>
```

SimpleRDBM

```
<?xml version = "1.0" encoding = "ISO-8859-1"?>
<ecore:EPackage xmi:version = "2.0"
    xmlns:xmi    = "http://www.omg.org/XMI"
    xmlns:xsi    = "http://www.w3.org/2001/XMLSchema-instance"
    xmlns:ecore  = "http://www.eclipse.org/emf/2002/Ecore"
    name      = "SimpleRDBM"
    nsURI     = "urn:SimpleRDBM.ecore"
    nsPrefix  = "SimpleRDBM">
  <eClassifiers xsi:type = "ecore:EClass"
        name           = "ModelElement">
```

```xml
  <eStructuralFeatures xsi:type = "ecore:EAttribute"
      name         = "name"
      lowerBound   = "1"
      eType="ecore:EDataType
          http://www.eclipse.org/emf/2002/Ecore#//EString"/>
  <eStructuralFeatures xsi:type = "ecore:EAttribute"
      name         = "kind"
      lowerBound   = "1"
      eType        = "ecore:EDataType
          http://www.eclipse.org/emf/2002/Ecore#//EString"/>
  <eStructuralFeatures xsi:type = "ecore:EAttribute"
      name         = "id"
      eType        = "ecore:EDataType
          http://www.eclipse.org/emf/2002/Ecore#//EString"
      iD           = "true"/>
</eClassifiers>
<eClassifiers xsi:type = "ecore:EClass"
    name         = "Schema"
    eSuperTypes  = "#//ModelElement">
  <eStructuralFeatures xsi:type = "ecore:EReference"
      name         = "tables"
      upperBound   = "-1"
      eType        = "#//Table"
      containment  = "true"
      eOpposite    = "#//Table/schema"/>
</eClassifiers>
<eClassifiers xsi:type = "ecore:EClass"
    name         = "Table"
    eSuperTypes  = "#//ModelElement">
  <eStructuralFeatures xsi:type = "ecore:EReference"
      name         = "columns"
      upperBound   = "-1"
      eType        = "#//Column"
      containment  = "true"
      eOpposite    = "#//Column/owner"/>
  <eStructuralFeatures xsi:type = "ecore:EReference"
      name         = "foreignKeys"
      upperBound   = "-1"
      eType        = "#//ForeignKey"
      containment  = "true"
      eOpposite    = "#//ForeignKey/owner"/>
  <eStructuralFeatures xsi:type = "ecore:EReference"
      name         = "keys"
      upperBound   = "-1"
      eType        = "#//PrimaryKey"
      containment  = "true"
      eOpposite    = "#//PrimaryKey/owner"/>
  <eStructuralFeatures xsi:type = "ecore:EReference"
      name         = "schema"
      lowerBound   = "1"
      eType        = "#//Schema"
      eOpposite    = "#//Schema/table"/>
```

```
        </eClassifiers>
        <eClassifiers xsi:type = "ecore:EClass"
            name           = "Column"
            eSuperTypes    = "#//ModelElement">
          <eStructuralFeatures xsi:type = "ecore:EAttribute"
              name           = "type"
              lowerBound     = "1"
              eType          = "ecore:EDataType
                 http://www.eclipse.org/emf/2002/Ecore#//EString"/>
          <eStructuralFeatures xsi:type = "ecore:EReference"
              name           = "owner"
              lowerBound     = "1"
              eType          = "#//Table"
              eOpposite      = "#//Table/column"/>
          <eStructuralFeatures xsi:type = "ecore:EReference"
              name           = "primaryKeys"
              upperBound     = "-1"
              eType          = "#//PrimaryKey"
              eOpposite      = "#//PrimaryKey/column"/>
          <eStructuralFeatures xsi:type = "ecore:EReference"
              name           = "foreignKeys"
              upperBound     = "-1"
              eType          = "#//ForeignKey"
              eOpposite      = "#//ForeignKey/column"/>
        </eClassifiers>
        <eClassifiers xsi:type = "ecore:EClass"
            name           = "PrimaryKey"
            eSuperTypes    = "#//ModelElement">
          <eStructuralFeatures xsi:type = "ecore:EReference"
              name           = "columns"
              upperBound     = "-1"
              eType          = "#//Column"
              eOpposite      = "#//Column/primaryKey"/>
          <eStructuralFeatures xsi:type = "ecore:EReference"
              name           = "refersToOpposite"
              upperBound     = "-1"
              eType          = "#//ForeignKey"
              eOpposite      = "#//ForeignKey/refersTo"/>
          <eStructuralFeatures xsi:type = "ecore:EReference"
              name           = "owner"
              lowerBound     = "1"
              eType          = "#//Table"
              eOpposite      = "#//Table/primaryKey"/>
        </eClassifiers>
        <eClassifiers xsi:type = "ecore:EClass"
            name           = "ForeignKey"
            eSuperTypes    = "#//ModelElement">
          <eStructuralFeatures xsi:type = "ecore:EReference"
              name           = "owner"
              lowerBound     = "1"
              eType          = "#//Table"
              eOpposite      = "#//Table/foreignKey"/>
```

```
<eStructuralFeatures xsi:type = "ecore:EReference"
    name         = "refersTo"
    lowerBound   = "1"
    eType        = "#//PrimaryKey"
    eOpposite    = "#//PrimaryKey/refersToOpposite"/>
<eStructuralFeatures xsi:type = "ecore:EReference"
    name         = "columns"
    upperBound   = "-1"
    eType        = "#//Column"
    eOpposite    = "#//Column/foreignKey"/>
  </eClassifiers>
</ecore:EPackage>
```

B.3 Benutzung der Ecore-Metamodelle

Bei den Metamodellen im Ecore-Format wird davon ausgegangen, dass diese als *Plugins* im Eclipse-Kontext integriert worden sind [EMF, SUML]. In dem Fall können sie über eine entsprechende URL referenziert werden.

```
modeltype UML  uses SimpleUml ("http:///SimpleUML.ecore");
modeltype RDBM uses SimpleRDBM("http:///SimpleRDBM.ecore");
```

Die Benutzung des UML2-Metamodells aus dem Eclipse UML-Projekt ist wie folgt:

```
modeltype UML  uses UML2
            ("http://www.eclipse.org/uml2/2.1.0/UML ");
```

In SmartQVT wird die Referenzierung der Metamodelle in einer Properties-Datei erwartet.

```
UML2.nsURI=http://www.eclipse.org/uml2/2.1.0/UML
```

Im Code des Transformationsscriptes können die Metamodelle dann in folgender Weise einfach deklariert werden:

```
modeltype UML  uses UML2;
```

C Operational Mappings-Beispiele

Dieser Anhang enthält die vollständigen Transformationsscripte der *Operational Mappings*-Applikationen UmlToRdbm und UML2EJB.

C.1 UmlToRdbm

In diesem Anhang wird das komplette Beispiel UmlToRdbm, welches wir bisher kontextbezogen in Ausschnitten betrachtet haben, im Zusammenhang präsentiert. Es handelt sich dabei mit einigen Modifikationen um das Originalbeispiel der Spezifikation, mit dem ein SimpleUML-Modell in ein SimpleRDBM-Modell überführt wird. Der Ablauf der Transformation wird in der Abbildungsfolge C.1, C.2, C.3 gezeigt. Der Kontrollfluss repräsentiert die Aufruffolge, über Stereotyp ist gekennzeichnet, in welcher Form die jeweilige Aktion implementiert ist.
Zunächst werden Pakete eines SimpleUML-Modells behandelt und zu Schemas eines SimpleRDBM-Modells transformiert, dann die Klassen und Assoziationen, die sich als PackageElements in dem jeweiligen Paket befinden. packages, classes und associations sind Instanzen von Metaklassen des Quellmodells, schemas und tables sind Instanzen der Metaklassen des Zielmodells.

PackageToSchema

PackageToSchema (Abbildung C.1) wird für jedes Paket des Quellmodells durchlaufen und erzeugt jeweils ein Schema, insgesamt eine Liste von Schemata; analog gilt das für Klassen in ClassToTable und Assoziationen in AssociationToTable. Die Aktivität UmlToRdbm repräsentiert die Transformation selbst wie auch ihre main-Funktion als Einstiegspunkt.

In `PackageToSchema` werden alle Klassen und Assoziationen als geordnete Listen selektiert und Element für Element der entsprechenden *Mapping*-Operation `ClassToTable` beziehungsweise `AssociationToTable` übergeben. Das Ergebnis des *Mappings* ist jeweils eine geordnete Liste von Tabellen.

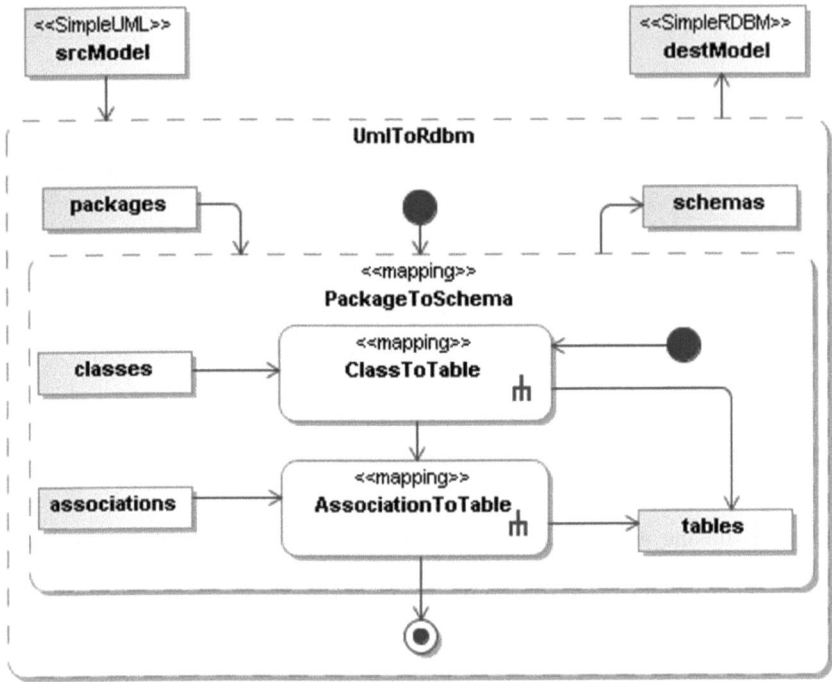

Abb. C.1: Das *Operational Mappings*-Script `UmlToRdbm` im Überblick

`ClassToTable` und `AssociationToTable` – hier im Modell dargestellt als *CallBehaviorActions* [UML] – sind komplexer, sie werden detailliert in den Diagrammen C.2 und C.3 beschrieben.

ClassToTable

In einem Initialisierungsblock (Abbildung C.2) werden die Attribute der Klasse ermittelt und zwar in Form von flachen Listen. Das heißt, in der Funktion `getLeafAttributes` wird eine Liste aufbereitet, in der alle Attribute primitive Datentypen besitzen. Sofern ein Attribut eine Klasse als komplexen Datentyp besitzt, wird `getLeafAttributes` rekursiv mit dieser Klasse als Argument aufgerufen. Für das Zwischenspeichern der primitiven Attribute dienen in diesem

Beispiel die Objekte `leafAttributes` der dynamisch erzeugten Klasse `LeafAttribute`.

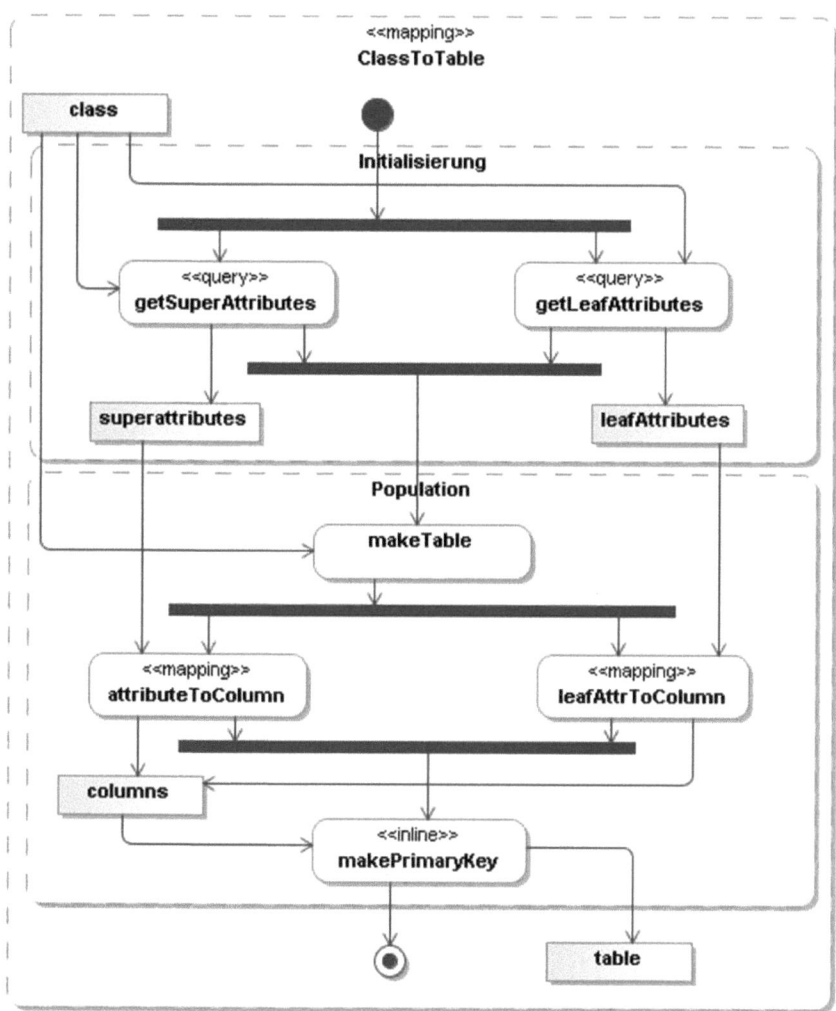

Abb. C.2: Die *Mapping*-Operation `ClassToTable` im Überblick

`getSuperAttributes` sammelt die ererbten Attribute einer Superklasse ein. Der Einfachheit halber soll davon ausgegangen werden, dass diese nicht komplex sind. Ansonsten müsste auch hier eine Iteration oder Rekursion implementiert werden. Danach wird eine Tabelle konstruiert, indem die Eigenschaften der Klassen, `name` etc., übernommen werden. Die Spalten der Tabelle ergeben sich aus den Attributen der Klasse, die in Form von `leafAttributes` als flache Liste vorliegen, und aus den Attributen der Superklasse.

Zum Schluss wird eine zusätzliche Spalte hinzugefügt, die für die Generierung des Primärschlüssels verwendet wird. Alternativ könnte eine Spalte aus der Tabelle dafür genommen werden, sofern es eine gibt, die mit dem Merkmal „primary" versehen ist.

AssociationToTable

In Abbildung C.3 wird die Behandlung von Assoziationen gezeigt. Eine Behandlung erfolgt nur dann, wenn die referenzierten Klassen „persistent" sind.

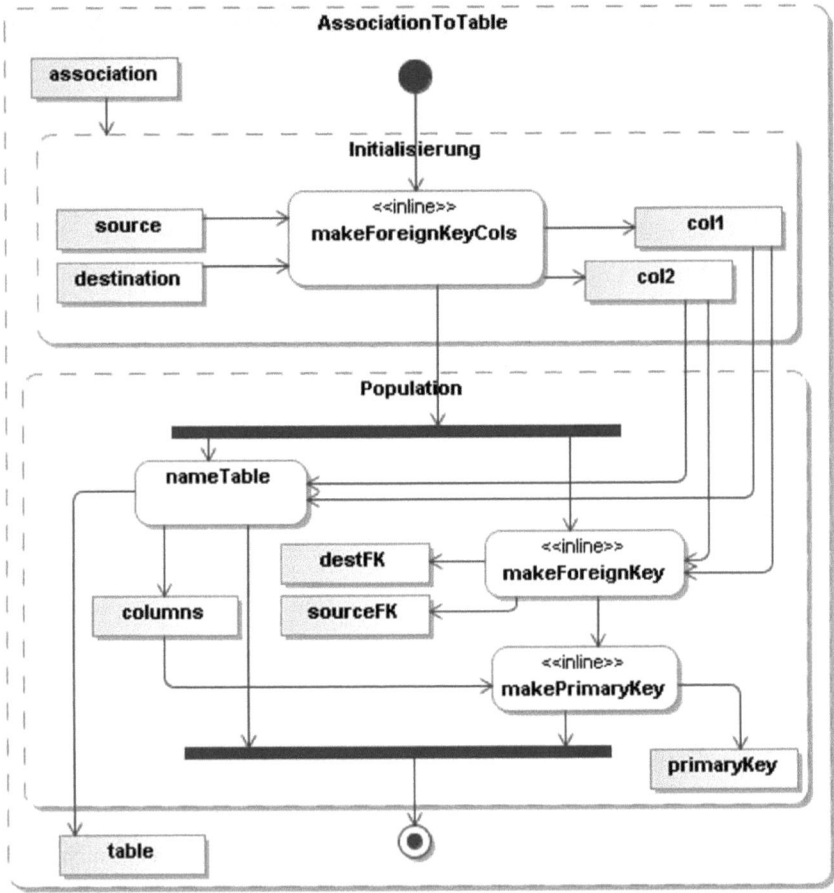

Abb. C.3: Die *Mapping*-Operation AssociationToTable im Überblick

In der Initialisierungssektion werden die Spalten `col1` und `col2` aufbereitet, die zum Herstellen der Referenz auf die beteiligten Tabellen `source` und `destination` benötigt werden. Im Populationsteil wird auf der Basis der Assoziationseigenschaften eine Tabelle erzeugt. Unter Verwendung der Spalten `col1` und `col2` wird jeweils ein Fremdschlüssel generiert und der Tabelle hinzugefügt. Abschließend wird mit den beiden assoziierenden Spalten ein Primärschlüssel gebildet.

Das Transformationsscript UmlToRdbm

```
modeltype UML  uses "http:///SimpleUML.ecore";
modeltype RDBM uses "http:///SimpleRDBM.ecore";

transformation uml2rdbm ( in  srcModel  : UML,
                          out destModel : RDBM );
main()
{
   srcModel.objects()[Package]->map PackageToSchema();
}

/* ----------------------- */
/*    Packages to Schemas    */
/* ----------------------- */

mapping Package::PackageToSchema () : Schema
{
   name := self.name;

   tables += self.allSubobjectsOfType(Class).
             asOrderedSet()->map ClassToTable();

   tables += self.allSubobjectsOfType(Association)
             asOrderedSet()->map AssociationToTable();
}

/* ----------------------- */
/*     Classes to Tables    */
/* ----------------------- */

-- Intermediate Data zur Zwischenablage der primitiven
-- Attribute.
intermediate class LeafAttribute
{
   name : String;
   kind : String;
   attr : Attribute;
};
```

```
intermediate property Class::leafAttributes :
                      Sequence (LeafAttribute);

-- Klassen werden nur dann transformiert, wenn sie persistent
-- sind und wenn sie keine speziellen Unterklassen besitzen.
mapping Class::ClassToTable () : Table
when { self.kind = 'persistent' and self.specific == null }
{
   init
   {
      var superattrs : Sequence (Attribute);

      -- Einsammeln der von der generellen Oberklasse
      -- ererbten Attribute
      if self.general <> null
      then
         superattrs += self.general->attributes
                     ->getSuperAttributes()->flatten()
      endif;

      -- Einsammeln der primitiven Attribute
      self.leafAttributes := self.attributes
                             ->getLeafAttributes("","")
                             ->flatten();
   }

   -- makeTable
   name    := self.name;
   -- Attribute der Klassen, auch von komplexen Datentypen
   columns += self.leafAttributes
              ->map leafAttrToColumn("")
              ->asOrderedSet();
   -- Attribute aus  Vererbungsbeziehungen
   columns += superattrs
              ->map attributeToColumn("")
              ->asOrderedSet();

   -- makePrimaryKey - Inline
   columns += object Column
   {
      name := self.name + '_ID';
      type := 'int';
      kind := 'primary';
   };

   primaryKeys := object PrimaryKey
   {
      name    := 'PK_' + self.name;
      columns := result.columns[kind = 'primary'];
   };
}
```

```
-- SuperAttributes sind die Attribute der generellen
-- Oberklasse.
query Attribute::getSuperAttributes(): Sequence (Attribute)
{
   Sequence
   {
      object Attribute
      {
         name := self.name;
         type := self.type;
      }
   }
}

-- In LeafAttributes werden die Attribute mit primitiven
-- Datentypen eingesammelt.
query Attribute::getLeafAttributes ( in prefix : String,
                                     in pkind  : String )
      : Sequence(LeafAttribute)
{
   var k := if pkind="" then self.kind else pkind endif;
   var leafAttrs : Sequence(LeafAttribute);

   leafAttrs +=
      if self.type.isKindOf(PrimitiveDataType)
      then
         -- es handelt sich um ein primitives Attribut
         Sequence
         {
           object LeafAttribute
           {
              attr := self;
              name := prefix + self.name;
              kind := k;
           }
         }
      else
         -- es handelt sich um ein komplexes Attribut
         self.type.asType(Class).attributes
             ->getLeafAttributes(self.name + "_", k)
             ->flatten()
      endif;

   return leafAttrs;
}

/* ----------------------- */
/*   Attributes to Columns */
/* ----------------------- */
```

```
mapping LeafAttribute::leafAttrToColumn ( in prefix:String )
         : Column
{
  name := prefix + self.name;
  kind := self.kind;
  type := self.attr.getAttributeType();
}

mapping Attribute::attributeToColumn () : Column
{
   name := self.name;
   type := self.getAttributeType();
}

/*  ----------------------  */
/*  Associations To Tables  */
/*  ----------------------  */

mapping Association::AssociationToTable () : Table
when { self.isPersistent() }
{
   init
   {
      -- Inline-Erzeugung der identifizierenden Spalten
      var col1 := object Column
      {
         name := self.source.name + '_ID';
         type := "int";
      };

      var col2 := object Column
      {
         name := self.destination.name + '_ID';
         type := "int";
      };
   }

   name    := self.name;
   columns := Sequence {col1, col2};

   -- Inline-Erzeugung der Fremdschlüssel
   foreignKeys  += object ForeignKey
   {
      name     := 'FK_' + self.source.name;
      columns  := col1;
      refersTo := self.source.resolveone(Table).
                  primaryKeys->first();
   };
```

```
   foreignKeys  += object ForeignKey
   {
      name      := 'FK_' + self.destination.name;
      columns   := col2;
      refersTo  := self.destination.resolveone(Table).
                   primaryKeys->first();
   };

   -- Inline-Erzeugung des Primärschlüssels
   primaryKeys := object PrimaryKey
   {
      name    := 'PK_' + self.name;
      columns := result.columns;
   };
}

/* ----------------------- */
/*   helpers and queries   */
/* ----------------------- */

query Attribute::getAttributeType( ) : String
{
   if self.type == 'Integer' then 'int'     else
   if self.type == 'Double'  then 'double'  else
   if self.type == 'String'  then 'varchar' else
   if self.type == 'Date'    then 'date'
   else 'undefined'
   endif endif endif endif;
}

query Association::isPersistent() : Boolean =
(
   self.source.kind      = 'persistent' and
   self.destination.kind = 'persistent'
);
```

C.2 UML2EJB

UML2EJB realisiert die Transformation eines plattformunabhängigen UML-Modells in ein plattformspezifisches UML-Modell, welchem eine *Enterprise JavaBean*-Technologie zugrunde liegt. Analog zu den obigen Diagrammen ist mit Hilfe von Stereotypen angezeigt, ob die Aktion als *Mapping*-Operation oder über eine *Inline*-Objekterzeugung implementiert worden ist. Beides ist gleichermaßen machbar und die Wahl ist ein wenig willkürlich. Aus Gründen der Übersichtlichkeit ist der Fluss der Objekte in diesen Diagrammen nicht modelliert.

Ein Modell besteht aus einem oder mehreren Packages; der Aufruf der *Mapping*-Operation transformPackages (Abbildung C.4) repräsentiert den Einstieg in die Transformation.

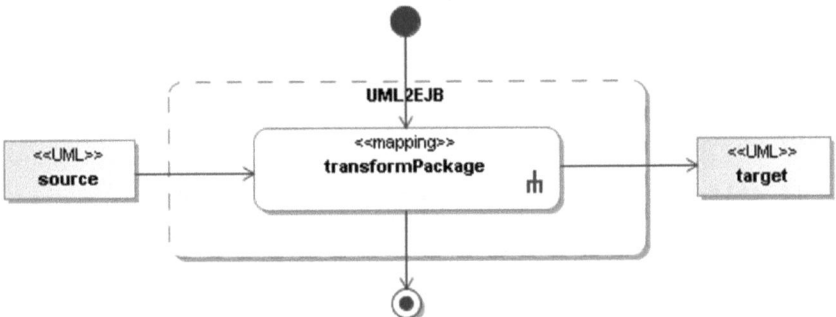

Abb. C.4: Die Transformation UML2EJB

transformPackages

Die Transformation von Paketen bedeutet einen rekursiven Aufruf der *Mapping*-Operation transformPackages (Abbildung C.5), aber nur dann, wenn ein Paket weitere ownedElements enthält, was in der Regel der Fall ist. Subpakete im Metamodell sind nestedPackages, alle anderen Elemente sind packedElements.

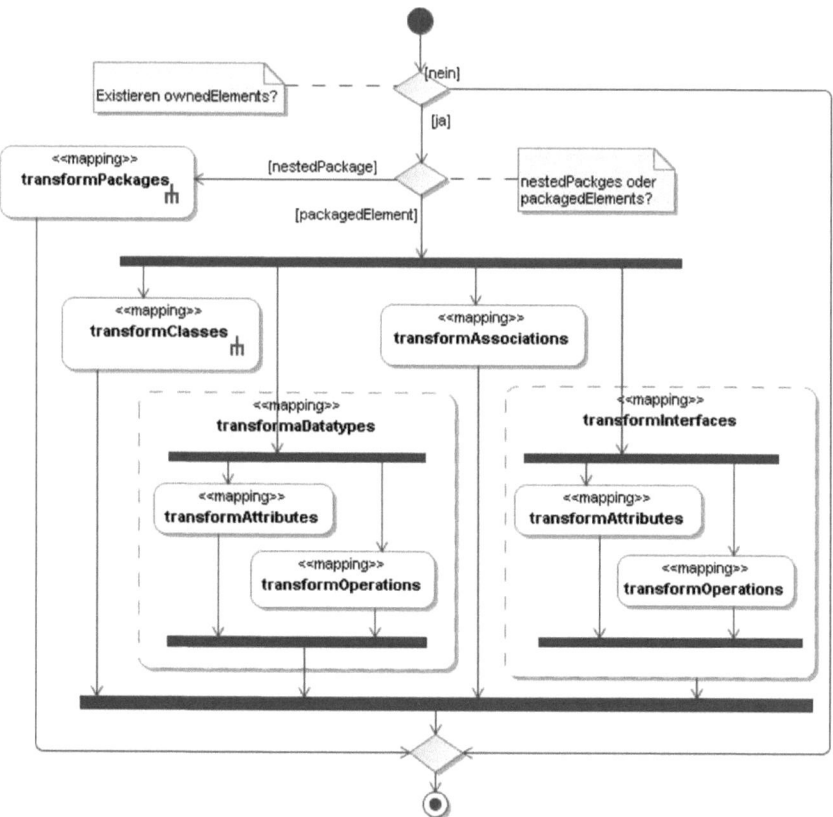

Abb. C.5: Das *Mapping* von Paketen

Alle Elemente eines fachlichen UML-Modells – zum Beispiel Datentypen, Schnittstellen – werden im Grunde genommen so überführt, wie sie sind, also jeweils mit ihrem Namen und ihren Attributen und Operationen. Assoziationen werden zunächst nur mit ihrem Namen übernommen. Die sonstige Behandlung von Assoziationen wird nicht weiter behandelt. Die Fachklassen erfahren eine aufwändigere Behandlung dahingehend, dass aus einer Fachklasse eine EJB-Komponente generiert wird, bestehend aus der *Bean*-Klasse und den Schnittstellen *Home-* und *Remote-Interface*.

transformClasses

Für jedes Attribut der Fachklasse wird in der *Bean*-Klasse eine *getter-* und *setter-*Methode erzeugt, zunächst einmal nur mit der Signatur. Aus dem Grund kann die Veröffentlichung der *getter-* und *setter-*Methoden auch in gleicher Weise im *Remote-Interface* erfolgen.

212 C Operational Mappings-Beispiele

Für die Klasse werden *Inline* die *SessonBean*-Methoden generiert und im *Home-Interface* erfolgt die Publizierung der Standard-*SessionBean*-Methoden.

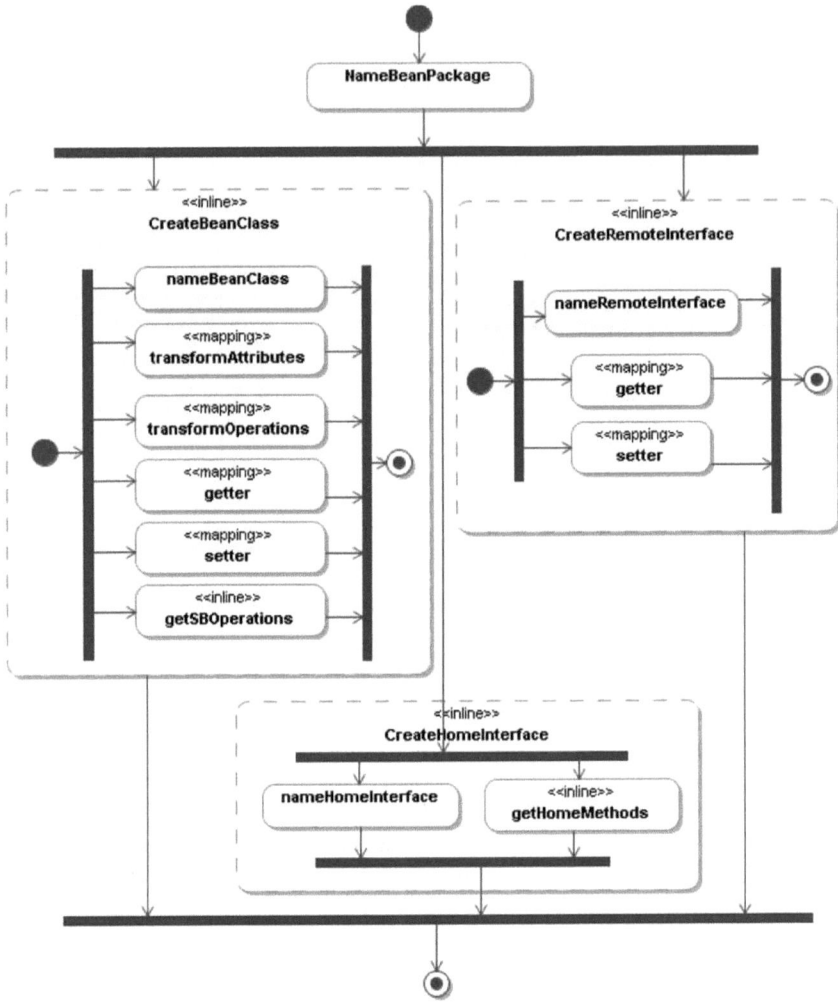

Abb. C.6: Das *Mapping* von Fachklassen

Das Transformationsscript UML2EJB

```
-- Das Metamodell für das PIM-Modell wie auch für
-- das PSM-Modell ist UML2.
modeltype UML uses 'http://www.eclipse.org/uml2/2.1.0/UML';

transformation UML2EJB ( in umlfk : UML, out umlejb : UML );

-- Ein UML-Modell besteht aus einem oder mehreren Packages.
main()
{
   umlfk.objectsOfType(Package).map transformPackage();
}

-- Ein Package besteht aus Packages, Classes, Datatypes,
-- Interfaces und Associations.
mapping Package::transformPackage() : Package
{
   name         := self.name;
   nestedPackage    += self.ownedElement[Package]
                       ->map transformPackage();
   nestedPackage    += self.ownedElement[Class]
                       ->map transformClasses();
   packagedElement += self.ownedElement[DataType]
                       ->map transformDatatypes();
   packagedElement += self.ownedElement[Interface]
                       ->map transformInterfaces();
   packagedElement += self.ownedElement[Association]
                       ->map transformAssociations();
}

/* -------------------------------- */
/*    Transformation von Fachklassen    */
/* -------------------------------- */

-- Je Fachklasse wird eine SessionBean-Komponente in Form
-- eines Packages erzeugt.
mapping  in Class::transformClasses () : Package
{
   name := 'SB_' + self.name;

   -- Die Fachklasse ist Bestandteil dieser Komponente ...
   packagedElement += object Class
   {
      name       := self.name;
      visibility := VisibilityKind::private;

      -- ... mit ihren Attributen und Operationen
      ownedAttribute += self.ownedAttribute
                       ->map transformAttributes();
```

```
            ownedOperation += self.ownedOperation
                              ->map transformOperations();

            -- ... je Attribut eine getter- und setter-Methode.
            ownedOperation += self.ownedAttribute->map getter();
            ownedOperation += self.ownedAttribute->map setter();

            -- ... Standard-Methoden einer SessionBean nach EJB.
            ownedOperation += getSbOperations();
        };

        -- Inline-Erzeugung des Home-Interfaces.
        packagedElement += object Interface
        {
            Name            := self.name + 'Home';
            visibility      := VisibilityKind::public;
            ownedOperation  += getHomeMethods();
        };

        -- Inline-Erzeugung des Remote-Interfaces.
        packagedElement += object Interface
        {
            name            := self.name + 'Remote';
            visibility      := VisibilityKind::public;
            ownedOperation  += self.ownedAttribute->map getter();
            ownedOperation  += self.ownedAttribute->map setter();
        };
}

-- Getter-Methode mit dem Datentyp des Attributes als
-- Resulttyp.
mapping in Property::getter() : Operation
{
    name       := 'get' + self.name.firstToUpper();
    type       := self.type;
    visibility := VisibilityKind::public;
}

-- setter-Methode mit einem Input-Parameter vom Typ des
-- Attributes.
mapping in Property::setter() : Operation
{
    name       := 'set' + self.name.firstToUpper();
    visibility := VisibilityKind::public;

    ownedParameter += object Parameter
    {
        direction := ParameterDirectionKind::_in;
        name      := 'p' + self.name.firstToUpper();
        type      := self.type;
    }
}
```

```
-- Erzeugung der Standard-Methoden der SessionBean
query getSbOperations() : Sequence(Operation)
{
   return Sequence
   {
      object Operation
      {
         name       := 'setSessionContext';
         visibility := VisibilityKind::public;
      },

      object Operation
      {
         name       := 'ejbCreate';
         visibility := VisibilityKind::public;
      },

      object Operation
      {
         name       := 'ejbPostCreate';
         visibility := VisibilityKind::public;
      },

      object Operation
      {
         name       := 'ejbActivate';
         visibility := VisibilityKind::public;
      },

      object Operation
      {
         name       := 'ejbPassivate';
         visibility := VisibilityKind::public;
      },

      object Operation
      {
         name       := 'ejbRemove';
         visibility := VisibilityKind::public;
      }
   };
}

-- Veröffentlichung der Standard-Methoden im Home-Interface
query getHomeMethods() : Sequence(Operation)
{
   return Sequence
   {
      object Operation
      {
         name       := 'create' ;
         visibility := VisibilityKind::public;
```

```
         },

         object Operation
         {
            name       := 'remove';
            visibility := VisibilityKind::public;
         },

         object Operation
         {
            name       := 'getEJBMetaData';
            visibility := VisibilityKind::public;
         },

         object Operation
         {
            name       := 'getHomeHandle';
            visibility := VisibilityKind::public; }
      };
}

/* --------------------------------- */
/* Transformation sonstiger Komponenten */
/* --------------------------------- */
/*
   DataTypes, Interfaces, Associations werden mehr oder
   weniger so übernommen, wie sie sind.
 */

mapping in DataType::transformDatatypes () : DataType
{
   name            := self.name;
   ownedAttribute  += self.ownedAttribute
                      ->map transformAttributes();
   ownedOperation  += self.ownedOperation
                      ->map transformOperations();
}

mapping in Interface::transformInterfaces () : Interface
{
   name            := self.name;
   ownedAttribute  += self.ownedAttribute
                      ->map transformAttributes();
   ownedOperation  += self.ownedOperation
                      ->map transformOperations();
}

mapping in Association::transformAssociations () :
            Association
{
   name := self.name;
}
```

```
/* ---------------------------------- */
/*             für alle               */
/* ---------------------------------- */

mapping in Property::transformAttributes() : Property
{
   name := self.name;
   type := self.type;
   visibility := if (self.class.oclIsUndefined())
                 then
                    -- alle behalten ihre Sichtbarkeit
                    self.visibility
                 else
                    -- nur für Klassen ist die Sichtbarkeit
                    -- explizit private
                    VisibilityKind::private
                 endif;
}

-- hier wird nur die Signatur generiert
mapping in Operation::transformOperations() : Operation
{
   name       := self.name;
   type       := self.type;
   visibility := self.visibility;
}
```

D Standardbibliotheken

In den Standardbibliotheken sind die vollständige QVT-Standardbibliothek und, in repräsentativen Auszügen, die Funktionen der OCL-Standardbibliothek zusammengestellt.

D.1 QVT-Standardbibliothek

Die QVT-Standardbibliothek ist eine *Library*, die in *Operational Mappings*-Werkzeugen grundsätzlich zur Verfügung steht, stehen sollte. Im Gegensatz zu der QVT *Relations Language*, die als Standardbibliothek lediglich über die Standardfunktionen der OCL verfügt, gibt es in der *Operational Mappings* eine recht umfangreiche Funktionssammlung, die über die der OCL hinausgeht. Die Funktionen der OCL-Standardbibliothek stehen allerdings ebenfalls vollständig zur Verfügung.

Vordefinierte QVT-Datentypen

`Transformation`	repräsentiert eine instantiierte Transformation selbst.
`Model`	repräsentiert alle instantiierten Modelle.
`Status`	enthält Informationen über den Zustand einer Transformation in Ausführung.
`Exception`	stellt den Basistyp für die Behandlung aller Ausnahmen dar.
`Object`	repräsentiert Instanzen aller Typen, Modellelemente und Datentypen.
`Element`	repräsentiert alle Instanzen, die Modellelemente sind.
`Dictionary`	ein parametrisierter Datentyp.

`List` generelle Metaklasse für alle OCL-Sammlungstypen.
`NumericType` generelle Metaklasse für numerische Standardtypen.
`String` repräsentiert den Standardtyp `String`.

Methoden auf Transformation

`Transformation` ist eine Instanz des Metatyps `OperationalTransformation`; sie repräsentiert eine Basisklasse für alle instantiierten operationalen Transformationen.
`Transformation::<methodname> ( <arguments> ) : <resulttype>`

`transform() : Status`

Ausführen einer Transformation und Liefern eines Statusobjektes; dies kann gegen den `Status::failed()` geprüft werden.

`parallelTransform() : Status`

die aufgerufene Transformation startet sofort; die aufrufende Transformation läuft ohne Verzögerung weiter.

`wait ( List(Status) ) : Void`

wartet auf das Terminieren aller zuvor gestarteten parallelen Transformationen; die Liste der Status-Objekte wird zur Synchronisation verwendet.

Methoden auf Model

`Model` ist eine Instanz des Metatyps `ModelType`; sie repräsentiert eine Basisklasse für alle instantiierten `ModelTypes`.

`Model::<methodname> ( <arguments> ) : <resulttype>`

`objects() : Set(Element)`

liefert eine Liste aller Objekte eines Modells.

`objectsOfType(OCLType) : Set(Element)`

liefert eine Liste von Objekten eines vorgegebenen OCL-Datentyps.

rootObjects () : **Set**(Element)

liefert alle Objekte eines Modells, die nicht in (Behälter-) Objekten, z.B. Namespaces, Packages, des Modells enthalten sind.

removeElement (Element) : Void

entfernt ein Objekt und all dessen Links zu anderen Objekten aus einem Modell.

asTransformation (Model): **Transformation**

dynamisches Erzeugen einer Transformation.

copy () : **Model**

eine vollständige Kopie eines Modells in ein anderes Modell.

createEmptyModel( ) : **Model**

Erzeugen eines vollständig leeren neuen Modells eines bestimmten Modelltyps.

Methoden auf Status

Status enthält Informationen über den Zustand der Ausführung einer Transformation. Die Statusinformation kann mit der Methode **transform**() auf einer Transformation abgefragt werden.

Status::<methodname> (<arguments>) : <resulttype>

failed () : Boolean

true, falls eine Transformation gescheitert ist, **false** sonst.

raisedException () : Class

sofern eine Transformation mit dem Status::failed terminiert, wird mit dieser Methode die Exception geliefert.

succeeded () : Boolean

true, falls eine Transformation erfolgreich ist, **false** sonst.

Methoden auf Object

Object repräsentiert alle Typen einschließlich `DataType`. **Object** ist umfassender als `Element`.

Object::<methodname> (<arguments>) : <resulttype>

repr() : String

    liefert eine textuelle Repräsentation des Objektes in Form eines Strings.

asOrderedTuple() : **OrderedTuple** (T)

    der Inhalt eines Objektes wird in Form eines geordneten Tupels aufbereitet; es wird ein neues Objekt T vom Typ `OrderedTuple` erzeugt.

Methoden auf Element

Element repräsentiert alle Instanzen, die vom Typ einer Metaklasse sind.

Element::<methodname> (<arguments>) : <resulttype>

_localId() : String

    liefert einen lokalen Identifier für das instantiierte Element.

_globalId() : String

    liefert einen globalen Identifier für das instantiierte Element.

metaClassName(): String

    liefert den Namen der Metaklasse des Elements.

subobjects() : **List** <Element>

    liefert eine Liste aller direkten Subelemente des Elements.

allSubobjects() : **List** <Element>

    liefert eine Liste aller Subelemente des Elements, also auch iterativ absteigend die Subelemente von Subelementen.

subobjectsOfType(OCLType) : **List**<Element>

    liefert eine Liste aller direkten Subelemente des Elements, gefiltert nach einem vorgegebenen Typ.

`allSubobjectsOfType`(OCLType) : **List** `<Element>`

liefert eine Liste aller Subelemente des Elements, gefiltert nach einem vorgegebenen Typ.

`subobjectsOfKind`(OCLType) : **List** `<Element>`

liefert eine Liste aller direkten Subelemente des Elements, gefiltert nach einem vorgegebenen Typ oder dessen Supertyp.

`allSubobjectsOfKind`(OCLType) : **List** `<Element>`

liefert eine Liste aller Subelemente des Elements, gefiltert nach einem vorgegebenen Typ oder dessen Supertyp.

`clone`() : **Element**

erzeugt ein neues Element auf der Basis des vorgegebenen Elements.

`deepclone`() : **Element**

erzeugt ein neues Element auf der Basis des vorgegebenen Elements, mit Kopien von allen Subelementen.

`markedAs` (`value : String`) : `Boolean`

Prüfung, ob ein Modellelement mit einem bestimmten Wert `value` markiert ist, z.B. mit einem `MOF::tag`.

`markValue`() : `Object`

liefert den Wert der Markierung, sofern ein Modellelement z.B. mit einem `MOF::tag` markiert ist.

`stereotypedBy` (`value : String`) : `Boolean`

prüft, ob ein Modellelement mit einem speziellen Stereotyp `value` versehen ist.

`stereotypedStrictlyBy` (`value : String`) : `Boolean`

prüft, ob ein Modellelement mit einem speziellen Stereotyp versehen ist.

Methoden auf Dictionary

Ein `Dictionary` ist ein parametrisierter Datentyp; das Symbol `T` repräsentiert dabei den Typ der Werte des Dictionaries und `KeyT` stellt den Index dar, mit dessen Hilfe die einzelnen Elemente adressiert werden können.

```
Dictionary (<keytype>, <valuetype>) :: <methodname>
           (<arguments>) : <resulttype>

KeytT : keytype
T     : valuetype
```

get (k : KeyT) : T

liefert das durch das k indizierte Objekt vom Typ T.

hasKey (k : KeyT) : Boolean

prüft, ob das Dictionary für den angegebenen Index k einen Wert besitzt.

defaultget (k : KeyT) : T

liefert entweder den durch k indizierten Wert oder, wenn dieser nicht existiert, den Defaultwert.

put (k : KeyT, v : T) : Void

trägt den Wert v vom Typ T an der Stelle k ein.

clear () : Void

entfernt alle Werte aus dem Dictionary.

size () : Integer

liefert die Anzahl der Werte, die sich in dem Dictionary befinden.

values () : **List**(T)

liefert eine Liste aller Werte des Dictionaries.

keys () : **List** (KeyT)

liefert eine Liste aller Indizes.

isEmpty () : Boolean

ergibt **true**, falls das Dictionary leer ist, **false** sonst.

Methoden auf List

List repräsentiert eine parametrisierte und veränderbare Liste von Objekten.

List::<methodname> (<arguments>) : <resulttype>

add (T) : Void

fügt einen Wert am Ende der Liste hinzu.

prepend (T) : Void

fügt einen Wert am Anfang der Liste hinzu.

insertAt (T, int) : Void

fügt einen Wert an der angegebenen Position hinzu.

joinfields (sep:String, begin:String, end:String) : String

erzeugt eine Zeichenkette, die durch sep separiert ist und mit begin und end Strings begrenzt ist.

Methoden auf Integer

einfache numerische Datentypen: Integer.

Integer::<methodname> (<arguments>) : <resulttype>

range(start, end) : **List**

liefert eine Liste von Integer-Werten, die mit start beginnen und mit end enden.

Methoden auf String

Der einfache Datentyp String.

String::<methodname> (<arguments>) : <resulttype>

format (value : **Object**) : String

Die vorgegebene Zeichenkette wird ausgedruckt; die Platzhalter %s, %d, %f werden durch value aufgefüllt, wobei %s String-Werte, %d Integer-Werte und %f Floating-Werte repräsentieren. Als value kann auch ein Dictionary übergeben werden. Das Format der Platzhalter lautet dann %(key)s, wobei key den aktuellen Wert in dem Dictionary adressiert.

size() : Integer

liefert die Anzahl der Zeichen in der Zeichenkette (alternativ: length()).

substringBefore (match : String): String

liefert den Teilstring vor der Zeichenkette match.

substringAfter (match : String) : String

liefert den Teilstring hinter der Zeichenkette match.

toLower () : String

konvertiert alle Zeichen des Strings zu *lowercase*-Zeichen.

toUpper () : String

konvertiert alle Zeichen des Strings zu *uppercase*-Zeichen.

firstToUpper () : String

konvertiert das erste Zeichen des Strings zu *uppercase*-Zeichen.

lastToUpper () : String

konvertiert das letzte Zeichen des Strings zu *uppercase*-Zeichen.

indexOf (match : String) : Integer

liefert den numerischen Index des ersten Vorkommens von match; sofern kein match gefunden werden kann, wird −1 geliefert.

endsWith (match : String) : Boolean

sofern der String mit match endet, wird **true** geliefert, sonst **false**.

startsWith (match : String): Boolean

sofern der String mit match beginnt, wird **true** geliefert, sonst **false**.

trim() : String

liefert eine Kopie des Strings, in dem alle führenden und endenden Leerzeichen eliminiert sind.

normalizeSpace() : String

liefert eine Kopie des Strings, in dem alle führenden und endenden Leerzeichen eliminiert sind und alle Sequenzen von mehreren Leerzeichen innerhalb des Strings auf ein Leerzeichen reduziert werden.

replace (m1 : String, m2 : String) : String

> liefert eine Kopie der Zeichenkette, in der alle m1-Teilstrings durch m2 ersetzt worden sind.

equals (match : String) : Boolean

> ergibt **true**, sofern der vorgegebene String gleich match ist, sonst **false**.

equalsIgnoreCase (match : String)   : Boolean

> ergibt **true**, sofern der vorgegebene String gleich match ist, sonst **false**; Groß-/Kleinschreibung wird dabei ignoriert.

find (match : String) : Integer

> liefert die Position des mit match angegebenen Substrings; -1, falls match nicht gefunden werden kann.

rFind (match : String) : Integer

> liefert die Position des mit match angegebenen Substrings; die Suche erfolgt von rechts nach links; -1, falls match nicht gefunden werden kann.

isQuoted (quote : String) : Boolean

> ergibt **true**, sofern der vorgegebene String mit „quote" geklammert ist, sonst **false**.

quotify (quote : String) : String

> klammert den vorgegebenen String mit quote.

unquotify (quote : String)   : String

> entfernt die quotes aus dem vorgegebenen String.

matchBoolean (s : String)   : Boolean

> ergibt **true**, sofern der vorgegebene String gleich „true", „false", „0", „1" ist, sonst **false**.

matchInteger(i : Integer)   : Boolean

> ergibt **true**, sofern der vorgegebene String einen ganzzahligen numerischen Wert repräsentiert, sonst **false**.

matchFloat (f : Float) : Boolean

> ergibt **true**, sofern der vorgegebene String einen reellen numerischen Wert repräsentiert, sonst **false**.

matchIdentifier (s : String) : Boolean

ergibt **true**, sofern der vorgegebene String einen alphanumerischen Wert repräsentiert, sonst **false**.

asBoolean () : Boolean

ergibt **true**, sofern der vorgegebene String als Bool'scher Wert interpretiert werden kann, sonst **false**.

asInteger () : Integer

ergibt einen Integer-Wert, sofern der vorgegebene String als ganzzahliger numerischer Wert interpretiert werden kann, sonst **null**.

asFloat () : Float

ergibt einen Float-Wert, sofern der vorgegebene String als reeller numerischer Wert interpretiert werden kann, sonst **null**.

startStrCounter (ctr : String) : Void

assoziiert einen Zähler (Index) ctr mit dem vorgegebenen String; dieser wird mit 0 initialisiert. Der Zähler wird durch einen symbolischen Namen (Variable) repräsentiert.

getStrCounter (ctr : String) : Integer

liefert den aktuellen Wert des zugewiesenen Zählers ctr.

incrStrCounter (ctr : string) : Integer

erhöht der Wert des zugewiesenen Zählers ctr um 1.

restartAllStrCounter () : Void

initialisiert alle zugewiesenen Zähler mit 0.

addSuffixNumber (ctr : Integer) : String

liefert die vorgegebene Zeichenkette mit einem Suffix, der sich aus dem Wert der Position des zugewiesenen Zählers ctr ergibt; ctr wird um 1 inkrementiert.

D.2 Die wichtigsten OCL-Standardfunktionen

Im Folgenden werden die OCL-Standardfunktionen vorgestellt, die sich auf Sammlungstypen (`Collections`) beziehen. Eine vollständige Referenz der OCL-Standardfunktionen befindet sich in der OCL-Spezifikation.

Es gibt folgende Sammlungstypen:

`Collection`   eine beliebige Menge von Elementen; `Collection` ist der Oberbegriff für die folgenden Mengentypen.

`Set`   eine ungeordnete Menge von Elementen ohne Duplikate.

`OrderedSet`   eine geordnete Menge von Elementen ohne Duplikate.

`Bag`   eine ungeordnete Menge von Elementen, in der Duplikate erlaubt sind.

`Sequence`   eine geordnete Menge von Elementen, in der Duplikate erlaubt sind.

OCL-Standardfunktionen auf Sammlungen

`allInstances() : Set ( Type )`

liefert alle Instanzen einer Klasse; `allInstances` ist nur auf Klassen anwendbar, in allen anderen Fällen liefert sie `oclVoid`.

`asBag() : Bag ( Type )`

eine Menge wird zu einem `Bag` konvertiert.

`asOrderedSet() : OrderedSet ( Type )`

eine Menge wird zu einem `OrderedSet` konvertiert.

`asSequence() : Sequence ( Type )`

eine Menge wird zu einer `Sequence` konvertiert.

`asSet() : Set ( Type )`

eine Menge wird zu einem `Set` konvertiert.

`count ( obj : Type ) : Integer`

die Anzahl des Vorkommens von `obj` in einer `Collection`.

excludes (obj : Type) : Boolean

true, falls obj kein Element der **Collection** ist, sonst **false**.

excludesAll(coll) : Boolean

true, falls die untersuchte **Collection** (**self**) keines der Elemente der gegebenen **Collection** coll enthält, sonst **false**.

excluding (obj : Type) : **Set** (Type)

die neue Menge enthält alle Elemente von **self** ohne obj; diese Methode ist auch auf **Bag** und **Sequence** definiert.

flatten() : **Set** (Type)

alle Elemente aller Sub-Collections werden insgesamt zu einem **Set** zusammengestellt; wenn eine **Collection** aus Elementen besteht, die wiederum **Collections** sind, dann werden diese Elemente der Zielmenge hinzugefügt; diese Methode ist auch auf **Bag** und **Sequence** definiert.

includes (obj : type) : Boolean

true, falls obj ein Element der **Collection** ist, sonst **false**.

includesAll (coll : **Collection** (Type)) : Boolean

true, falls die untersuchte **Collection** (**self**) alle Elemente der gegebenen **Collection** coll enthält, sonst **false**.

including (obj : Type) : **Set** (Type)

die neue Menge enthält alle Elemente von **self** zuzüglich obj; diese Methode ist auch auf **Bag** und **Sequence** definiert.

intersection (set : **Set**(Type)) : **Set**

das Ergebnis ist die Schnittmenge der Mengen **self** und **set**; **intersection** ist ebenfalls definiert auf **Bag**.

isEmpty() : Boolean

true, falls die untersuchte **Collection** (**self**) leer ist, sonst **false**.

notEmpty() : Boolean

true, falls die untersuchte **Collection** (**self**) nicht leer ist, sonst **false**.

oclAsType (Type)   : Type

liefert das Objekt **self** als einen neuen Typ; **oclAsType** ist eine Methode zum Anpassen von OCL-Typen (*type casting*) von Objekten.

oclIsKindOf (Type) : Boolean

true, falls das Objekt `self` konform zu dem angegebenen `Type` ist, d.h. der `Type` ist entweder gleich dem angegebenen `Type` oder gleich dem *Supertype*.

oclIsTypeOf (Type) : Boolean

true, falls das Objekt `self` von dem angegebenen `Type` ist.

size() : Integer

die Anzahl der Elemente in einer **Collection**.

sum() : Type

die Addition aller Elemente in der **Collection**; auf die Elemente der **Collection** muss der „+" Operator definiert sein.

union (set : **Set**(Type)) : **Set**

das Ergebnis ist die Vereinigung der Mengen **self** und **set**; **union** ist ebenfalls definiert auf `Bag`.

OCL-Iterator-Funktionen

Die *Iterator*-Funktionen oder auch *Loop*-Funktionen sind Funktionen, die auf Mengen (**Collections**) operieren, indem sie über alle Elemente der Menge iterieren und auf jedes Element einen definierten Ausdruck anwenden. Der Ausdruck ist eine beliebige OCL *Expression*, also ggf. auch eine Funktion, die als Argument übergeben wird. Das Ergebnis ist eine neue Menge von demselben Typ mit den durch die Iteration modifizierten Elementen.

self->iterate (iterator ; expr) : Collection-Type

self repräsentiert die Sammlung, auf der die *Iterator*-Funktion angewendet wird. **iterate** ist der Name der Funktion. Als Argument wird ein optionaler `iterator` angegeben, gefolgt von dem Ausdruck `expr`, der auf die Elemente der Menge angewendet werden soll. Wenn ein `iterator` angegeben ist, dann kann dieser in dem Ausdruck verwendet werden. Der Typ des `iterator` ist stets gleich dem Typ der Elemente von **self**. Die Ergebnismenge ist ebenfalls vom gleichen Typ wie die durch **self** repräsentierte Menge.

any (expr) : Type

liefert ein beliebiges Element, für das `expr` **true** ergibt; `expr` ist in diesem Fall ein Bool'scher Ausdruck; **any** liefert höchstens ein Element.

`collect` (expr) : `Collection` (Type)

iteriert über eine Sammlung von Elementen, wendet den Ausdruck `expr` auf jedes Element an und liefert eine Menge von somit modifizierten Elementen. `collect` ist die Methode zum Anpassen von Metamodelldatentypen. `collect` bewirkt implizit ein `flatten`. Die sehr häufig angewandte Funktion `collect` kann mit der Punkt-Notation als *Shorthand* vereinfacht werden:
    `self->collect ( expr )`
    `self.expr`

`collectNested` (expr)   : `Collection` (Type)

liefert die Menge aller Elemente einer vorgegebenen Menge, die `expr` erfüllen.

`exists` (expr) : `Boolean`

`expr` ist ein Ausdruck, der auf alle Elemente der `Collection` angewandt wird; wenn dieser für mindestens ein Element `true` ergibt, dann ergibt diese Funktion insgesamt `true`.

`forAll` (expr) : `Boolean`

`expr` wird auf alle Elemente der `Collection` angewandt; wenn das Ergebnis in allen Fällen `true` ergibt, dann liefert diese Funktion insgesamt `true`.

`isUnique` (expr) : `Boolean`

`isUnique` prüft, ob für alle Elemente der `Collection` der Wert der `expr` eindeutig ist.

`one` (expr) : `Boolean`

ergibt `true`, falls es genau ein Element einer vorgegebenen Menge gibt, welches `expr` erfüllt.

`reject` (expr) : `Collection` (Type)

liefert die Teilmenge einer vorgegebenen Menge, deren Elemente angewandt auf `expr` `false` ergeben; `expr` ist in diesem Fall ein Bool'scher Ausdruck, im Gegensatz zu `collect` werden die Zielelemente nicht verändert.

`select` (expr) : `Collection` (Type)

liefert die Teilmenge einer vorgegebenen Menge, deren Elemente angewandt auf `expr` `true` ergeben; `expr` ist in diesem Fall ein Bool'scher Ausdruck, im Gegensatz zu `collect` werden die Zielelemente nicht verändert.

`sortedBy` (expr) : `Collection` (Type)

liefert ein `OrderedSet` von Elementen auf der Basis einer vorgegebenen Menge.

Glossar

Es folgt eine Zusammenfassung und Definition der wesentlichen Fachbegriffe der Spezifikation. Reservierte Wörter der *Operational Mappings* sind wie gehabt in fetter Schrift hervorgehoben. Wenn im Folgenden von Kontext die Rede ist, dann heißt das: im Kontext dieses Fachbuches.

Ableitung	Eine Ableitung in der Informatik ist eine Entwicklung eines Systems auf der Grundlage von speziellen Vorschriften. Ableitungen sind definiert auf der Grundlage von formalen Produktionssystemen. Mit Hilfe einer Vorschrift – genauer: Produktion eines Produktionssystems – kann man von einem korrekten Zustand zu einem korrekten Folgezustand kommen. In diesem Kontext wird Ableitung manchmal synonym zu Transformation oder *Mapping* benutzt, um aus einem gültigen Quellmodell ein gültiges Zielmodell zu erzeugen.
Abstraktion	Abstraktion allgemein bedeutet eine Verallgemeinerung eines konkreten Sachverhaltes oder einer konkreten Sicht auf die Dinge durch Weglassen oder Verändern wesentlicher Merkmale. Abstraktion im Sinne eines *Software-Entwicklungsprozesses* beschreibt den Vorgang, um mittels Modellierung und Programmierung von einer Realität zu einer DV-Lösung zu kommen.
Akkumulation	Akkumulation in diesem Zusammenhang ist eine Technik aus der OCL. Im Rahmen der Iterationsfunktion **iterate** wird ein Akkumulationsobjekt eingesetzt, um bestimmte Mengenoperationen auszuführen.
Arbeitsbereich	Ein Arbeitsbereich (*Workspace*) ist das physikalische Verzeichnis, welches von der Entwicklungsplattform Eclipse zur Organisation von Projekten eingerichtet wird.

Architektur	Architektur allgemein ist die Organisation eines Systems und dessen Umgebung. Das System ist zusammengesetzt aus untereinander in Beziehung stehenden Komponenten; es hat eine Ordnung. Architektur bedeutet hier konkret die Darstellung von Systemen als Menge von untereinander in Beziehung stehenden Komponenten, die über klar definierte Schnittstellen miteinander kommunizieren.
Architekturentwicklungsebenen	Architekturentwicklungsebenen oder auch Abstraktionsebenen sind die zentralen Entwicklungsstufen im Rahmen einer modellgetriebenen Architekturentwicklung. Die OMG unterscheidet folgende Architekturentwicklungsebenen, die auch als Modellierungsebenen bezeichnet werden können: • CIM – *Computational Independent Model* • PIM – *Platform Independent Model* • PSM – *Platform Specific Model* • IM – *Implementation Model*
Argument	Argument ist die konkrete Ausprägung eines formalen Parameters beim Aufruf einer Transformation oder einer Funktion. In höheren Programmiersprachen wird Argument auch als aktueller Parameter eines Funktions- oder Methodenaufrufes bezeichnet.
Assertion	siehe Zusicherung
Assignment	siehe Zuweisung
Attribut	Ein Attribut ist ein abstraktes Mittel, um strukturbeschreibende Eigenschaften von Gegenständen einer realen Welt darstellen zu können.
Ausdruck, imperativer	Ein imperativer Ausdruck ist ein Standardausdruck des imperativen QVT-Sprachkonzeptes, mit dem anweisungsorientierte, imperative Programmelemente zur Verfügung gestellt werden. Beispiele für Ausdrücke (*Expressions*) sind Zuweisungen, strukturierte Anweisungen, Funktionsaufrufe. Spezielle *Expressions* der QVT sind zum Beispiel *Mapping-Calls*, Objekt-*Resolution*, *Inline*-Objekterzeugung.
Ausnahme	Eine Ausnahme (*Exception*) ist ein – geplantes oder unvorhergesehenes – Ereignis im Rahmen der Ausführung einer Operation oder Transformation. Geplante Ausnahmen werden durch spezielle definierte Ereignisse vorgegeben und bei deren Feststellung kontrolliert und angemessen behandelt.

Bean, SessionB., EntityB., MessageDrivenB.	*Bean* oder auch *Entity Java Bean* (EJB) ist ein Konzept der Java-Komponentenspezifikation. Eine *Bean* ist eine standardisierte Java-Komponente, die einen bestimmten Aspekt einer Anwendung implementiert. Das *Bean*-Konzept resultiert zum einen aus dem Aspekt der Komponente, also der Implementierung von klar abgegrenzten und wiederverwendbaren Systembestandteilen. Zum anderen impliziert der EJB-Ansatz eine Entwicklungs- und Betriebsarchitektur, die sich über verschiedene Ebenen (*Tiers*) erstreckt, zum Beispiel eine Präsentationsebene, eine operationale Ebene und eine Datenhaltungsebene. In der operationalen Ebene finden wir die *SessionBeans*, Komponenten, die die Implementierung der operativen Funktionen zum Inhalt haben, und die *EntityBeans*, die im Wesentlichen als Schnittstelle zu einer physikalischen Datenbank dienen. Den asynchronen Nachrichtenaustausch zwischen den verschiedenen Ebenen übernehmen *MessageDrivenBeans*.
Blackbox	*Blackbox* ist ein Konzept der QVT-Spezifikation. Spezielle Komponenten der definierten QVT-Sprachen oder gar ganze Transformationen werden durch externe Lösungen realisiert. Es gibt lediglich die Mindestanforderung, dass die *BlackBox*-Sprachen auf eine der deskriptiven Sprachen abgebildet werden müssen (MDA-Konformität). Mit anderen Worten, eine der deskriptiven Sprachen *Relations Language* oder *Core Language* ist das Laufzeitsystem für eine *Blackbox*-Sprache.
Block	Ein Block ist grundsätzlich jede geklammerte und geschlossene Einheit innerhalb eines Transformationsscriptes. Im Allgemeinen umschließt ein Block eine Anweisungsfolge. Ein Block definiert auch den Gültigkeitsbereich von innerhalb des Blocks deklarierten Variablen.
CallExpression, imperative CE.	Eine *CallExpression* ist eine spezielle Anweisung, mit der eine Funktion aufgerufen wird. Eine imperative *CallExpression* ist eine *CallExpression*, die den Aufruf einer imperativen Operation impliziert.
Compilieren	Compilieren ist der Prozess, mit dem syntaktisch korrekte Programme in einen ausführbaren Zustand überführt werden.
Computational Independent Model	CIM – Modellierung eines Ausschnittes der realen Welt gänzlich ohne irgendwelche Umsetzungsaspekte zu betrachten. Der Fokus ist allein auf die fachlichen Gegebenheiten ausgerichtet.

Constraint	*Constraints* sind allgemein Bedingungen, genauer: Einschränkungen. *Operational Mappings* basiert auf der OCL; alle Anweisungen beschreiben *Constraints*, die die Korrektheit von Modellen oder Modellausschnitten zum Inhalt haben. *Constraints* lassen sich unterscheiden in Vorbedingungen, Nachbedingungen und Invarianten.
Datenbank	Eine Datenbank (DB) ist eine Menge von Daten eines Anwendungssystems, die persistent, also auch über die Lebenszeit der laufenden Anwendung hinaus, gespeichert werden. Zur Organisation und Verwaltung von Datenbanken werden in der Regel Datenbanksysteme (DBS) eingesetzt.
Datenbankdesign	Je nach eingesetztem DBS und dessen Organisationstechniken sollte ein logisches und physikalisches Design der Datenbanken erfolgen. Wenn zum Beispiel ein relationales DBS eingesetzt wird, ist ein DB-Design auf der Grundlage der Theorie des Relationenmodells vorzunehmen.
Datenmodellierung	Die Datenmodellierung ist eine Aufgabe der DB-Analyse und des DB-Designs, die durch Einsatz von formalen Modellierungstechniken und Werkzeugen unterstützt werden kann. Für eine logische Datenmodellierung steht zum Beispiel das *Entity Relationship*-Modell (ERM) zur Verfügung.
Datenstruktur	Mit der Definition einer Datenstruktur wird festgelegt, wie Daten einer Anwendung organisiert werden und wie auf sie zugegriffen wird. Datenstrukturen sind einfach, wenn die Daten einen primitiven Datentyp besitzen; Datenstrukturen sind komplex, wenn die Daten einen komplexen, einen strukturierten Datentyp besitzen.
Datentyp, primitiver D., komplexer D.	Streng genommen bedeutet Datentyp die Definition von Daten und den Operationen, die auf sie ausführbar sind. So legt zum Beispiel die Definition eines ganzzahligen Datentyps namens Integer nicht nur den physikalischen Speicher fest, den ein Datenelement dieses Datentyps benötigt, sondern auch die arithmetischen Operationen, die auf ganze Zahlen erlaubt sind. In dem Kontext dieses Fachbuches sind Datentypen konkret die Datentypen der OCL, die Datentypen der QVT und die Datentypen, die durch die Elemente der Metamodelle definiert sind.

Deployment	*Deployment* ist das Veröffentlichen und Inbetriebnehmen von SW-Komponenten auf Betriebseinheiten oder auch Plattformen. Es muss zum Beispiel ein *Deployment* von Metamodellen erfolgen, damit diese in Transformationsscripten als Modelltypen zur Verfügung stehen; oder ein Bauen und Inbetriebnehmen von Transformationen, damit diese ausführbar sind.
Diagramm, Struktur-, Verhaltensdiagramm	Ein Diagramm ist eine abstrahierende grafische Darstellung eines bestimmten realen Sachverhaltes. Formale Modellierungssprachen wie zum Beispiel die UML definieren in der Regel eine Menge von Sprachmitteln und Diagrammtypen, mit denen eine grafische Modellierung einer realen Welt möglich gemacht wird. Die UML stellt Sprachmittel und Diagrammtypen zur Verfügung, um die Struktur eines Systems – Strukturdiagramme – und das Verhalten des Systems – Verhaltensdiagramme – zu beschreiben.
Domäne	Der Begriff Domäne bezeichnet im Allgemeinen eine fachliche Betrachtungseinheit der realen Welt. Diese kann sowohl eine betriebliche Domäne wie auch eine spezielle Organisationseinheit in einem IT-Dienstleistungsprozess sein.
Domänenspezifische Sprache	In einer Domäne gibt es in der Regel einen speziellen Sprachgebrauch. Sofern diese Sprache in Form einer formalen Sprache spezifiziert ist, sprechen wir von einer domänenspezifischen Sprache (*Domain Specific Language*, DSL). In der Informationstechnik werden domänenspezifische Sprachen häufig auch definiert, um damit Modellierungs- und Transformationsprozesse zu unterstützen.
Element	Allgemein ist ein Element eine Einheit eines Systems. Hier wird mit Element sowohl eine Einheit eines Modells wie auch eine Klasse eines Metamodells adressiert. So ist zum Beispiel `Konto` ein Element des Darlehensmodells und die Metaklasse `Class` ein Element des Metamodells. Elemente des Metamodells stehen in Transformationen als Datentypen zur Verfügung.
Entrypoint	Der *Entrypoint* ist der definierte Startpunkt einer Transformation. In operationalen Transformationen wird der *Entrypoint* durch die `main`-Funktion festgelegt.

238 Glossar

	Die **main**-Funktion ist eine Operation, die ein *Mapping* von den Modellen impliziert, die Gegenstand – Argumente – der Transformation sind.
Exception	siehe Ausnahme
Extension	*Extension* ist ein spezieller Beziehungstyp, der im Rahmen des UML-Profilkonzepts zur Spezialisierung von Metaklassen definiert ist. Mittels einer *Extension* wird eine Metaklasse mit einem Stereotyp assoziiert.
Expression	siehe Ausdruck
Fachklasse	Eine Fachklasse – oder auch Geschäftsklasse – ist eine Klasse in dem fachlichen Modell einer Anwendung. Fachklassen werden im Allgemeinen modelliert im Rahmen der CIM und der PIM.
ForeignKey	siehe Fremdschlüssel
Fremdschlüssel	Ein Fremdschlüssel (*ForeignKey*) dient zur Referenzierung von Datensätzen in relationalen Datenbanken. Mit einem Fremdschlüssel in einer Tabelle wird eine Beziehung zu einer anderen Tabelle realisiert.
Funktion	Funktionen in QVT sind *Mapping*-Operationen – **mapping** – und Hilfsfunktionen. *Mapping*-Operationen sind imperative Operationen, die immer eine Wirkung auf ein Zielmodell haben. Hilfsfunktionen sind **helper** oder **queries**. Bei einer **query** handelt es sich um eine seiteneffektfreie Hilfsfunktion, die keine Wirkung auf ein Modell hat. **helper** können Nebeneffekte verursachen.
Guard	Eine *Guard* ist ein „Wächter" von verschiedenen Ausdrücken. So können zum Beispiel Modelltypen oder *Mapping*-Operationen in Form von **where**-Prädikaten mit *Guards* versehen sein, aber auch eigene Typdefinitionen und **log**-Meldungen.
Library	Eine *Library* ist eine Sammlung von implementierten imperativen Operationen oder Funktionen, die zur Wiederverwendung zur Verfügung stehen. Beispiele für *Libraries* sind die QVT- und die OCL-Standardbibliotheken. *Libraries* können mit Sprachmitteln der QVT oder auch als *Blackbox-Libraries* in anderen Programmiersprachen erstellt werden.
Implementation Model	IM – Implementierung einer Applikation mit den Mitteln und nach den Gegebenheiten eines speziellen Basissystems.

Initialisierung	Die Initialisierung ist eine Phase in *Mapping*-Operationen, die Anweisungen zur Vorbereitung von *Mappings* enthält. Die Initialisierung wird in einer `init`-Sektion vorgenommen.
Inline Object Creation	*Inline*-Objekterzeugung ist die freie Generierung von Objekten innerhalb von *Mapping*-Operationen. *Mapping*-Operationen überführen im Allgemeinen ein Modellelement eines Quellmodells in ein Modellelement eines Zielmodells. Sofern Objekte erzeugt werden sollen ohne Bezugnahme auf ein Zielmodell, sei das als eine freie Objekterzeugung bezeichnet. Dies kann mit Hilfe von *Inline*-Objekterzeugungen vorgenommen werden.
Interface, Home I., Remote I.	Ein *Interface* ist die Schnittstelle einer Komponente. In *Interfaces* werden die inneren Bestandteile der Komponente angeboten, die diese nach außen zur Verfügung stellt, zum Beispiel die *getter*- und *setter*-Methoden. In der *Entity Java Bean*-Spezifikation sind verschiedene Standard-*Interfaces* definiert, die eine korrekte *SessionBean* oder *EntityBean* realisieren muss. Hierbei handelt es sich um das *HomeInterface* mit den Methoden zum Erzeugen und Verwalten der *Bean* und das *RemoteInterface*, in dem die öffentlichen Businessmethoden der *Bean* angeboten sind.
Intermediate Data	*Intermediate Data* dienen zur dynamischen Erweiterung von Metamodellen. Sie sind nicht dauerhaft mit dem Metamodell verbunden, sondern sie werden in einer Transformation und für eine Transformation definiert. Als *Intermediate Data* können Klassen – `intermediate class` – und Eigenschaften von Klassen – `intermediate property` – definiert werden.
Invariante	Invarianten sind Aussagen, die zu jedem Zeitpunkt der Ausführung einer Anweisungsfolge zutreffen müssen. Invarianten werden also mit jeder Veränderung der in dem Block bearbeiteten Variablen und Objekte geprüft.
Iteration	Eine Iteration ist eine wiederholte Ausführung von Anweisungen. Zur Implementierung von Iterationen stehen in der QVT die imperativen Ausdrücke `while`, `forEach` und `forOne` zur Verfügung. Darüber hinaus ist auch die Anwendung von Iterationskonstrukten der OCL möglich, zum Beispiel `iterate`.

Konformität, strenge K., effektive K.	Mit Konformität wird allgemein die Übereinstimmung einer Sache mit den Regeln und Normen eines Systems bezeichnet. Konformität im Sinne der MDA bedeutet eine Übereinstimmung von Modellen nach den Vorgaben einer formalen Metamodellierungssprache. Zwei Modelle sind zum Beispiel konform, wenn sie mit den gleichen Sprachmitteln modelliert worden sind. Zwei Metamodelle sind konform, wenn sie die gleichen Metaklassen definieren. In der QVT wird im Weiteren zwischen strikter Konformität und effektiver Konformität unterschieden: • Strikte Konformität – `strict` – bedeutet, dass ein Modell als Kandidat einer Transformation mit genau demselben Metamodell entwickelt worden ist, das auch als Modelltyp der Transformation angegeben wurde. • Effektive Konformität – `effective` – bedeutet, dass ein Modellkandidat einer Transformation mit einem ähnlichen, aber konformen Metamodell entwickelt worden ist.
Konstruktor	Ein Konstruktor – `constructor` – ist eine Funktion, die zur Erzeugung von Objekten beziehungsweise von Elementen eines Modells dient.
Logging	*Logging* – `log` – ist eine Option der Ausgabe von freien Texten auf einer Konsole. *Logging* ist ein praktisches Konstrukt, um Transformationsabläufe zu protokollieren und zu verfolgen.
Mapping	*Mapping*-Operationen – `mapping` – sind imperative Operationen, die immer eine Wirkung auf ein Zielmodell haben. Mapping-Operationen sind in der Regel an Elemente eines der Modelltypen gebunden. Es kommt auch vor, dass Mapping-Operationen ungebunden sind, in dem Fall handelt es sich gewissermaßen um eine „externe *Inline*-Objekterzeugung".
Metaattribut	Ein Metaattribut ist ein Attribut einer Metaklasse.
Metaklasse	Metaklasse ist eine Klasse eines Metamodells.
Metamodell	Ein Metamodell ist ein Modell, mit dem eine formale Modellierungssprache spezifiziert wird. Ein Metamodell besteht aus einer abstrakten Syntax, in der die Elemente der Modellierungssprache beschrieben sind, und einer Semantik, bestehend aus einer Menge von Regeln, die für den Gebrauch der Sprachmittel festgelegt worden sind.

	Im Sinne der MOF werden Metamodelle mit Hilfe von UML-Klassendiagrammen in ihrer Syntax beschrieben.
Modell	Ein Modell ist eine abstrakte Abbildung einer Realität unter Verwendung einer formalen Modellierungssprache. Modelle im Sinne der Transformation – *candidate models* – sind entweder Quellmodelle oder Zielmodelle.
Modellierungssprache	Mit einer Modellierungssprache ist eine meist grafische Darstellung von Gegebenheiten und Sachverhalten einer realen Welt möglich. Modellierungssprachen sind entweder informal, das heißt, man ist frei in der Wahl der Sprachmittel und in der Form der Beschreibung, oder formal, in dem Fall sind die Sprachmittel und der Umgang mit der Sprache in Form einer formalen Sprache definiert. Modellierungssprachen, die auf der Basis eines formalen Metamodells definiert worden sind, sind formale Modellierungssprachen oder auch MOF-Sprachen.
Modelltyp	Ein Modelltyp ist ein benanntes und durch Parameter und Regeln (*Guards*) eingegrenztes Metamodell. Modelltypen sind die Datentypen der Modelle, die Transformationen von Parametern mitgegeben werden können. Über Modelltypen werden die Typen der Modellelemente definiert, die in den Transformationen verwendet werden dürfen.
Module	Ein Modul ist eine Sammlung von Operationen, Datentypen und Funktionen, die in einer Einheit zum Zweck der Mehrfachverwendung zusammengestellt worden sind. Module der QVT sind Transformationen oder Libraries. Der Import von Modulen kann mittels **access** oder **extends** erfolgen. **access** erlaubt dabei lediglich eine Benutzung der importierten Methoden; die Komponenten der mit **extends** eingebundenen Module sind ererbt und sie können von dem erbenden Modul redefiniert werden.
Nachbedingung	Die Prüfung der Nachbedingung erfolgt nach Ausführung einer Anweisungsfolge. Ist die Bedingung nicht erfüllt, muss die Anweisung bis zu dem vorherigen konsistenten Zustand zurückrollen.
Objekt	Ein Objekt ist allgemein die Instanz einer Klasse. Eine Klasse definiert die abstrakte Struktur eines Gegenstandes der Realität, ein Objekt stellt den realen Gegenstand in einer implementierten Applikation dar. In der QVT ist ein Objekt eine Variable, die in einer Transformation oder *Mapping*-Operation ein Modellelement repräsentiert.

Object Creation	Die Erzeugung von Objekten oder Objektelementen wird als *Object Creation* bezeichnet. Es gibt drei Arten der Objekterzeugung, • die explizite Erzeugung durch eine *Mapping*-Operation – `mapping`, • die *Inline Object Creation* mittels der `object`-Operation (siehe *Inline Object Creation*), • die Konstruktion eines Objektes – `constructor`.
Operation, imperative O.	Eine Operation ist eine Folge von Anweisungen auf einem Modell oder einem Modellelement mit dem Ziel, eine Veränderung des Modells oder die Erzeugung eines neuen Modells herbeizuführen. Eine imperative Operation ist eine Operation, die zu diesem Zweck Sprachmittel einer imperativen Sprache verwendet.
Operational Transformation	Eine *Operational Transformation* ist eine Modelltransformation, die ausschließlich Konstrukte der *Operational Mappings*-Sprache verwendet. Transformationen können ansonsten hybrid unterschiedliche Sprachkonzepte miteinander mischen.
Paket	Ein Paket ist ein Gruppierungselement in UML-Diagrammen. Metamodelle werden grafisch in Form von Klassendiagrammen modelliert, die Elemente von komplexen Metamodellen kann man ebenfalls mit Paketen gruppieren und strukturieren. Das Metamodell selbst ist ein Paket namens `metamodel`.
Parameter	Parameter sind Merkmale von Funktionen, die in der Signatur der Funktion formal deklariert und bei deren Aufruf durch Argumente aktualisiert werden. Parameterdefinitionen sind Bestandteil der Signatur von Programmkomponenten. Wenn Funktionen einen gleichen Namen besitzen, aber unterschiedliche Parameterdeklarationen, dann handelt es sich um unterschiedliche Funktionen.
Parsen	Das *Parsen* ist das Prüfen eines Programms auf syntaktische Korrektheit. Das *Parsen* erfolgt durch Ableiten des Programmcodes unter Verwendung der Regeln eines gegebenen Produktionssystems. Sofern eine gültige Ableitung möglich ist, ist der Programmcode ein korrekter Ausdruck der gegebenen Sprache.
Persistenz	Persistenz bedeutet die dauerhafte Speicherung von Daten oder Objekten. Mit dem Merkmal „persistent" kann man im Modell Elemente kennzeichnen, die Kandidaten für eine Datenhaltung sind.

Platform Independent Model	PIM – Einbringung konzeptioneller Überlegungen und auch nicht-fachlicher Anforderungen, losgelöst von einer speziellen Entwicklungs- und Betriebsplattform für das zu entwickelnde System.
Plattform	Eine Plattform ist eine Ausführungsumgebung für die Entwicklung und den Betrieb eines Anwendungssystems. Nach dem Begriffsverständnis der OMG ist eine Plattform eine kohärente Menge von Systemen und Technologien, die von einem Anwendungssystem, das auf der Plattform betrieben werden soll, genutzt werden. Der Plattformbegriff impliziert ein kaskadierendes Architekturverständnis dahingehend, dass eine definierte und implementierte Anwendung eine Plattform für die Entwicklung und den Betrieb einer weiteren Anwendung sein kann. Dies ist eines der Grundprinzipien der modellgetriebenen Architekturentwicklung.
Plugin	Ein Plugin ist eine implementierte Komponente, die in ein vorhandenes System als Bauelement eingefügt werden kann. Moderne objektorientierte Systeme wie zum Beispiel die Entwicklungsplattform Eclipse ermöglichen zunehmend eine Änderbarkeit und Erweiterbarkeit nach dem Baukastenbetrieb.
Population	In der Populationssektion – **population** – wird innerhalb von *Mapping*-Operationen die Erzeugung und Belegung von Objekten vorgenommen.
Prädikat	Ein Prädikat ist eine logische Aussage, die mit „wahr" oder „falsch" beantwortet werden kann. Prädikate werden in QVT verwendet, um Bedingungen zu formulieren. Die Formulierung und Implementierung von Prädikaten erfolgt mit Hilfe der OCL.
Primärschlüssel	Ein Primärschlüssel (*PrimaryKey*) ist ein Konzept von relationalen Datenbanksystemen, um eindeutig die Sätze in einer Datenbank zu identifizieren. Ein Primärschlüssel wird gebildet aus einem oder mehreren speziellen Attributen einer Tabelle, die insgesamt als eindeutiger Schlüssel dienen können. Häufig wird zur Identifizierung von Sätzen in einer Datenbank ein künstliches (synthetisches) numerisches Attribut hinzugefügt, das zur Bildung des Primärschlüssels verwendet wird.
PrimaryKey	siehe Primärschlüssel

Profil, UML-Profil	Ein UML-Profil ist ein Paket, in dem Stereotypen und deren Zuordnungen – *Extension* – zu UML2-Metaklassen definiert sind. Mit UML-Profilen sind domänenspezifische Spezialisierungen des UML2-Metamodells möglich.
Plattform Specific Model	PSM – Design einer Architektur unter Berücksichtigung einer speziellen Betriebsplattform.
Property	*Property* ist in der Definition der UML generell die strukturelle Eigenschaft von `Classifiern`, also ein Oberbegriff zum Beispiel von Attributen. *Properties* in diesem Kontext sind häufig auch Parameter und Einstellungen für den Betrieb der Werkzeuge und die Durchführung von Transformationen.

Rekursion	Eine Rekursion ist eine spezielle Technik zur Implementierung einer Wiederholung. Eine Rekursion wird zum Beispiel in der Weise implementiert, dass eine Funktion sich selbst aufruft und damit eine erneute Ausführung impliziert. Dies kann direkt erfolgen
	`A () { /* Anweisungen */; call A(); }`
	oder über mehrere Stufen
	`A () { /* Anweisungen */; call B(); }`
	`B () { /* Anweisungen */; call A(); }`

Relation	Eine Relation ist auf der einen Seite ein Konzept der relationalen Datenbanktheorie – eine Relation definiert dann eine Menge von Beziehungen zwischen Attributen, die in Form einer Datenbanktabelle organisiert werden –, auf der anderen Seite wird mit Relation eine gültige Beziehung zwischen Elementen eines formalen Modells bezeichnet. Die deskriptive Transformationssprache *Relational Language* basiert auf dem Konzept der Relationen zwischen Modellen und Modellelementen.
Resolution	*Resolution* bedeutet die Verfolgung und Auflösung von Objekten innerhalb einer Transformation. Die Modellelemente, die im Rahmen einer Transformation angefasst oder erzeugt worden sind, werden in einem *Trace* verwaltet, so dass zu einem späteren Zeitpunkt auf sie Bezug genommen werden kann. Wenn zum Beispiel aus einer Klasse eine Tabelle erzeugt worden ist, dann wird dies festgehalten, und bei einem späteren Bearbeiten von Beziehungen zwischen den Klassen kann man die aus der jeweiligen Klasse entstandene Tabelle mittels *Resolution* feststellen.

Rumpf	Der Rumpf, oder *Body*, ist eine geschlossene Einheit eines komplexeren Gebildes der QVT *Operational Mappings*. Nahezu jedes imperative Konstrukt der Sprache besteht aus einer Signatur und einem Rumpf. Der Rumpf enthält in der Regel die Folge der imperativen Anweisungen zur Lösung einer bestimmten Aufgabe (siehe auch Block).
Sammlung	Ein Modell besteht in der Regel aus einer Menge von gleichartigen Elementen, die Gegenstand einer operationalen Transformation sind. Eine Sammlung – `collection` – ist ein Konstrukt höherer Programmiersprachen, um eine Menge von Objekten gleichen Typs zusammenzustellen, zum Beispiel eine Liste von Modellelementen einer bestimmten Metaklasse. In der QVT sind als Sammlungstypen die speziellen Sammlungen der OCL – `Set`, `OrderedSet`, `Bag`, `Sequence` – zugelassen. Darüber hinaus sind noch spezielle QVT-Sammlungstypen definiert – `List`, `Dict`, `Tuple`. Als Sprachmittel zur Bearbeitung von Sammlungen stehen in der QVT die OCL-Konstrukte `collect`, `select`, `iterate` zur Verfügung.
Schema	Ein Schema ist ein logisches Konzept zur Organisation von Tabellen einer relationalen Datenbank.
Schleife	Eine Schleife (*Loop*) ist ein Konstrukt von höheren Programmiersprachen zur Implementierung von wiederholten Anweisungsfolgen. Als Sprachmittel zur Programmierung von Schleifen werden `while`, `forEach`, `forOne` und `iterate` angeboten.
Schnittstelle	Eine Schnittstelle (siehe auch *Interface*) ist die Außenansicht auf eine Komponente, mit der sie Funktionalitäten anbietet, die eine Kommunikation mit ihr ermöglichen. Die Schnittstelle zeigt das, was eine Komponente einem System zur Kommunikation anbietet, „publiziert" – `public`. Im EJB-Konzept sind die Schnittstellen einer Komponente deren *HomeInterface* zur Veröffentlichung der Verwaltungsmethoden und das *RemoteInterface* zur Veröffentlichung der Businessmethoden.
Scope	Ein *Scope* ist der Gültigkeitsbereich von innerhalb eines Blocks deklarierten Variablen.
Selektion	Eine Selektion ist eine strukturierte Anweisung, bei der eine Bedingung geprüft und in Abhängigkeit von dem Prüfergebnis eine Anweisungsfolge ausgewählt wird.

Als Sprachmittel für die Implementierung von Selektionen stehen die **if-then-else**-Anweisung und das **switch**-Konstrukt zur Verfügung. Unter Selektion wird auch die Auswahl einer bestimmten Datenmenge aus einem Datenbestand verstanden (datenorientierte Sicht).

Serialisierung   Serialisierung bedeutet eine Darstellung von Daten in einer sequentiellen Form zum Zwecke der rechnergestützten Verarbeitung oder des Datenaustausches. Eine Serialisierung findet zum Beispiel dann statt, wenn ein grafisch repräsentiertes Modell in eine textuelle Repräsentation überführt wird. Für die Serialisierung von Daten im Allgemeinen und für Modelle im Besonderen ist das universelle Austauschformat XML und XMI veröffentlicht worden.

Shorthand   Mit *Shorthand* wird in OCL und QVT ein Konstrukt bezeichnet, bestimmte häufig verwendete Anweisungen vereinfacht zu notieren. Zum Beispiel ist die Punktnotation ein *shorthand* für die Anwendung der **collect**()-Standardfunktion, [<name>] ist ein *shorthand* für die Anwendung der **isKindOf**()-Standardfunktion.

Signatur   Die Signatur einer Funktion bestimmt die Schnittstelle der Funktion. Sie besteht aus einem Namen, der Reihenfolge, dem Namen und Typ von formalen Parametern und einem oder mehreren Rückgabetypen.

Software Engineering   *Software Engineering* (SWE) ist die Lehre von der ingenieursmäßigen Entwicklung und Produktion von Software-Systemen. Der Begriff SWE ist als Antwort auf eine frühere „Software-Krise" erstmalig auf der berühmten „NATO Conference on SWE" [Bau68] geprägt worden. Zu den Grundsätzen eines ingenieursmäßigen Entwicklungsprozesses gehören eine systematische, organisierte und methodische Vorgehensweise. Ziel ist es, nicht direkt aus der Idee in eine Programmierung überzugehen, sondern zuerst die Idee und die damit zusammenhängenden fachlichen Sachverhalte in mehreren aufeinander folgenden Abstraktionsschritten zu beleuchten und zu beschreiben und über ein Konzept die DV-Lösung zu entwickeln. Im Rahmen der Lehre der SWE wurden dann auch über die Programmiertechnik hinaus diverse strukturierte und objektorientierte Methoden und Beschreibungstechniken entwickelt, zum Beispiel die „Strukturierten Analyse- und Designtechniken" und die „objektorientierte Analyse und Design".

Standardoperationen	Bei den Standardoperationen oder synonym auch Standardfunktionen handelt es sich um die Funktionen der OCL- und QVT-Standardbibliotheken.
Stereotyp	Ein Stereotyp ist eine Klasse, mit der im UML2-Metamodell bestimmte domänenspezifische Markierungen und Merkmale definiert werden können. Konkreter: ein Stereotyp ist eine spezielle Klasse des UML2-Metamodells. Mit einer Extensionsbeziehung wird die Klasse Stereotyp mit einer Basisklasse des UML2-Metamodells verknüpft. Objekte der Metaklasse haben damit ein zusätzliches Merkmal, welches durch den Stereotyp definiert wird.
Syntax	Die Syntax einer formalen Sprache beschreibt eine Menge von Regeln, mit denen korrekte Sätze der formalen Sprache ableitbar sind. Dieses Syntaxverständnis wird auch auf die Definition formaler Modellierungssprachen angewendet. Modellierungssprachen sind dann formal, wenn sie auf der Basis einer formalen Syntax definiert worden sind. Nach dem MOF-Konzept der OMG wird die Syntax einer formalen Modellierungssprache mit Hilfe eines UML2-Klassendiagramms spezifiziert. Das Modell der Spezifikation wird als Metamodell bezeichnet.
System	Ein System ist ein aus – untereinander in Wechselwirkung stehenden – Teilen zusammengesetztes und strukturiertes Gebilde. Systeme haben eine Funktion, erfüllen einen Zweck und verfügen über eine Architektur.
Tabelle	Eine Tabelle im Sinne des relationalen DB-Konzeptes ist eine Organisation von zusammengehörenden oder untereinander in Beziehung stehenden Daten, die in der Regel auch zusammen physikalisch verwaltet werden.
Terminierung	Terminierung bedeutet das normale, kontrollierte Beenden eines operationalen *Mappings* oder einer Transformation. In einer Terminierungssektion – **end** – kann eine *Mapping*-Operation abschließende Arbeiten vornehmen.
Transformation	Eine Transformation – **transformation** – beschreibt, wie ein oder mehrere Quellmodelle überführt werden in ein oder mehrere Zielmodelle. Transformationen sind entweder deskriptiv oder operational. • Bei deskriptiven Transformationen wird das Verhalten über eine Menge von Regeln zwischen den betroffenen Modellelementen definiert.

	• Bei operationalen Transformationen wird der Prozess durch eine Menge und Abfolge von *Mapping*-Operationen bestimmt.
Transformation, bidirektional	Bidirektionale Transformationen sind Transformationen, die Modelle A vom Typ MA in Modelle B vom Typ MB überführen und mit der gleichen Transformation zurück von B nach A (A:MA → B:MB, B:MB → A:MA). Eine bidirektionale Transformation ist injektiv, aber nicht bijektiv.
Transformation, unidirektional	Unidirektionale Transformationen sind Transformationen nur in eine Richtung, also Modelle A vom Typ MA werden nach Modellen B vom Typ MB transformiert und nicht zurück. Die imperative QVT-Sprache *Operational Mappings* ermöglicht unidirektionale Transformationen.
Variable	Variablen sind benannte und veränderbare Elemente einer Transformation oder Funktion. Hierbei handelt es sich um freie Elemente oder um Modellelemente (Objekte). Freie Elemente besitzen einfache oder strukturierte OCL-Datentypen.
Vererbung	Vererbung ist ein grundlegendes Konzept der objektorientierten Entwicklung. Vererbung wird durch eine spezielle Beziehung zwischen Klassen – Generalisierung/Spezialisierung – definiert; in dieser Beziehung gibt es eine generelle Oberklasse, die Eigenschaften vererben kann, und eine spezielle Unterklasse, die Eigenschaften ererben kann. Auch in der QVT *Operational Mappings* ist Vererbung zwischen Modulen (Transformationen, *Libraries*) vorgesehen.
Virtual Machine Analogy	Eine der deskriptiven Sprachen *Relations Language* oder *Core Language* ist das Laufzeitsystem – virtuelle Maschine – für alle anderen QVT-Sprachen.
Vorbedingung	Die Prüfung einer Vorbedingung erfolgt zu Beginn der Ausführung einer Anweisungsfolge. Ist die Bedingung nicht erfüllt, wird die Anweisung nicht ausgeführt.
Vorgehensmodell	Ein Vorgehensmodell für die Software-Entwicklung (SWE) beschreibt einen systematischen Prozess, um die SWE insgesamt übersichtlicher, steuerbarer und besser nachvollziehbar zu gestalten. In einem Vorgehensmodell sind festgelegt: • die durchzuführenden Aktivitäten, • die Reihenfolge des Ablaufes, • die Definition der Ergebnisartefakte,

- Methoden und Werkzeuge,
- Maßstäbe, Kriterien für die geforderte Qualität,
- Verantwortlichkeiten und Kompetenzen,
- Standards und Richtlinien.

Wiederverwendung | Wiederverwendung verfolgt grundsätzlich die Idee, einmal entwickelte Konzepte, Muster oder Code mehrfach an anderer Stelle weiterzuverwenden. Das bedeutet unmittelbar für die Entwicklung, dass die in Applikationen befindlichen Module und Komponenten ein starkes Maß an Wiederverwendbarkeit haben. Wiederverwendung ist eine positive Konsequenz oder auch Zielsetzung zum Beispiel des Vererbungsprinzips.

Workspace | siehe Arbeitsbereich

Zusicherung | Eine Zusicherung (*Assertion*) ist eine in Form von Regeln oder Bedingungen spezifizierte Aussage über die Gültigkeit von Software-Einheiten (softwaretechnische Zusicherung). Zusicherungen können sowohl konzeptionell in den Modellen wie auch technisch im Code formuliert werden. Auch die Gültigkeit von Modellkandidaten für und während einer Transformation kann über Zusicherungen formuliert werden, zum Beispiel durch Prädikate in **when**- und **where**-Klauseln.

Zuweisung | Eine Zuweisung (*Assignement*) ist ein imperatives Element eines Programms. Es handelt sich um eine spezielle Anweisung, in der einer Variablen in irgendeiner Form ein Wert zugewiesen wird. Der Wert kann aus einer anderen Variablen oder einer Konstanten bestehen.

Abkürzungsverzeichnis

BPMI	*Business Process Modeling Initiative*
BPMN	*Business Process Modeling Notation*
CASE	*Computer Aided Software Engineering*
CIM	*Computational Independent Model*
CORBA	*Common Request Broker Architecture*
DB	Datenbank
DBS	Datenbanksystem
DDS	*Data Distribution Services*
DIN	Deutsches Institut für Normung
DSL	*Domain Specific Language*
DV	Datenverarbeitung
Ecore	EMF-Core, das interne Format zur Darstellung von Modellen im EMF
EJB	*Entity Java Beans*
EMF	*Eclipse Modeling Framework*
EMOF	Essential MOF, das Format zur Darstellung von Metamodellen im MOF
EPL	*Eclipse Public License*
ERM	*Entity Relationship Model*
EVA	Eingabe – Verarbeitung – Ausgabe
FK	*Foreign Key*

ID	*Identifier*
IEEE	*Institute of Electrical and Electronics Engineers*
IM	*Implementation Model*
ISO	*International Standardization Organization*
IT	Informationstechnologie
JMI	*Java Metadata Interchange*
M2M	*Model-to-Model Transformation* (Modelltransformation)
M2T	*Model-to-Text Transformation* (Codegenerierung)
MDA	*Model Driven Architecture*
MDSD	*Model Driven Software Development*
MDT	*Model Development Toolkit*
MOF	*Meta Object Facility*
MQVT	Medini *QVT*
NATO	*North Atlantic Treaty Organization*
OCL	*Object Constrained Language*
OM	*Operational Mappings*
OMG	*Object Management Group*
OOA	Objektorientierte Analyse
OOD	Objektorientiertes Design
OOP	Objektorientierte Programmierung
PIM	*Platform Independent Model*
PK	*Primary Key*
PSM	*Platform Specific Model*
QVT	*Query Views Transformation*
QVT-O	QVT *Operational Mappings*
QVT-R	QVT *Relations Language*
RCP	*Rich Client Platform*
RDBM	*Relational Database Model*
RL	*Relations Language*
SQL	*Structured Query Language*

SQVT	*SmartQVT*
SMDA	*Simple MDA Project*
SW	*Software*
SWE	*Software*-Entwicklung
UML	*Unified Modeling Language*
URI	*Unified Resource Identifier*
XMI	*XML Metadata Interchange*
XML	*Extensible Markup Language*

Quellenverzeichnis

Literatur

[Ake01]   Akehurst D, Behzad, B: On Querying UML Data Models with OCL. In: Proceedings of the 4th International Conference on The Unified Modeling Language, Modeling Languages, Concepts, and Tools, Springer-Verlag, 2001
[Bal00]   Balzert H: Lehrbuch der Software-Technik – Software-Entwicklung. Spektrum Akademischer Verlag, Berlin, Heidelberg, 2000
[Bau68]   Bauer FL et al: Software Engineering; Proceedings of the NATO Conference on Software Engineering. Garmisch-Partenkirchen, 1968
[Bau93]   Bauer FL: Software Engineering – wie es begann. Informatik-Spektrum16, Springer-Verlag, 1993
[Béz05]   Bézevin J: On the Unification Power of Models. Software and Systems Modeling, 4(2), 2005
[Boe76]   Boehm BW: Software Engineering. IEEE Transactions on Computers, Vol. 25, No 12, 1976
[Boe81]   Boehm BW: Software Engineering Economics. Prentice Hall, 1981
[Boe86]   Boehm BW: A Spiral Model of Software Development and Enhancement. Software Engineering Notes, Vol. 25, No 4, 1986
[Boo91]   Booch G: Object-oriented Design with Applications. Benjamin/Cummings, 1991
[Boo94a]   Booch G: Object-oriented Analysis and Design with Applications. Benjamin/Cummings, 1994
[Boo94b]   Booch G: Objekt-orientierte Analyse und Design; mit praktischen Anwendungen. Addison-Wesley, 1994
[Boo05a]   Booch G, Rumbeaugh J, Jacobson I: The Unified Modeling Language User Guide. Addison-Wesley, 2005

[Boo05b]	Booch G, Rumbeaugh J, Jacobson I: Das UML Benutzerhandbuch. Addison-Wesley, 2005
[Boo03]	Boon K: Applied Enterprise JavaBeans Technology. Prentice Hall, 2003
[Bor03]	Born E, Holz E, Kath O: Softwaredevelopment mit UML2. Addison-Wesley, 2003
[Bud04]	Budinsky F, Ellersick R, Grose T, Merks E, Steinberg D: Eclipse – Modeling Framework. the eclipse series, Addison-Wesley, 2006
[Bun08]	Bunse C, v.Knethen A: Vorgehensmodelle kompakt. Spektrum Akademischer Verlag, 2008
[Bur06]	Burke B, Monson-Haefel R: Enterprise JavaBeans 3.0. O'Reilly, 2006
[Che76]	Chen P: The Entity Relationship Model, Toward a Unified View of Data. ACM Transactions on Database Systems, Vol.1, 1976
[Cle06]	Clayberg E, Rubel D: Eclipse – Building Commercial Quality Plug-Ins. the eclipse series, Addison-Wesley, 2006
[Coa91a]	Coad P, Yourdon E: Object Oriented Analysis. Prentice-Hall, 1991
[Coa91b]	Coad P, Yourdon E: Object Oriented Design. Prentice-Hall, 1991
[Cod70]	Codd EF: A Relational Model of Data for Large Shared Data Bank. Commun. ACM 26(1), 1970
[Cod90]	Codd EF: The Relational Model for Database Management. Addison-Wesley, 1990
[Col06]	Colomb et al: The Object Management Group Ontology Definition Metamodel. Ontologies for Software Engineering and Software Technology, Springer 2006
[Cza00]	Czarnecki K, Eisenecker U: Generative Programming – Methods, Tools, and Applications. Addison-Wesley, 2000
[Dat98]	Date CJ, Darwen H: Foundation for Object/Relational Databases – The Third Manifesto. Pearson Professional Education, 1998
[Dat99]	Date CJ: An Introduction to Database Systems. Addison-Wesley, 1999
[Dau08]	Daum B: Java-Entwicklung mit Eclipse 3.3; dpunkt Verlag, 2008
[Dem79]	DeMarco T: Structured Analysis And System Specification. Pearson Education, 1979
[DIN83]	DIN 66001: Informationsverarbeitung; Sinnbilder und ihre Anwendung. Beuth Verlag, 1983
[DIN85]	DIN 66261: Informationsverarbeitung; Sinnbilder für Struktogramme nach Nassi-Shneiderman. Beuth Verlag, 1985
[Dud04]	Duddy K, Gerber A, Lawley M, Raymond K: Language Features for Re-Use and Maintainability of MDA Transformations. OOPSLA & GPCE Workshop, 2004
[Frie08]	Friedrich J, Hammerschall U, Kuhrmann M: Das V-Modell XT. Springer-Verlag, 2008
[Gron08]	Gronback RC: Eclipse Modeling Project: A Domain-Specific Language Toolkit. Addison-Wesley Professional, 2008

[Gru06]   Gruhn V, Pieper D, Röttgers C: MDA - Effektives Softwareengineering mit UML2 und Eclipse. Springer-Verlag, 2006
[Hes06]   Hesse W: More Matters on (Meta)Modeling. Software And Systems Modeling, 4(2), 2006
[IEEE1471]   IEEE Recommended Practice for Architectural Description of Software-Intensive Systems. Architecture Working Group of the Software Engineering Standards Committee of the IEEE Computer Society, New York, 2000
[Ihn07]   Ihns O, Harbeck D, Heldt S, Koschek H: EJB3 professionell. dpunkt Verlag, 2007
[Jac92]   Jacobson I: Object-Oriented Software-Engineering. Pearson Education, 1992
[Kec06]   Kecher C: UML 2.0 – Das umfassende Handbuch. Galileo Computing, 2006
[Kle03a]   Kleppe A, Warmer J, Bast W: MDA Explained – The Model Driven Architecture: Practise and Promise. Addison-Wesley, 2003
[Kle03b]   Kleppe A, Warmer J: The Object Constrained Language, Getting your Models ready for MDA. Addison-Wesley Professional, 2003
[Kor08]   Korff A: Modellierung von eingebetteten Systemen mit UML und SysML. Spektrum Akademischer Verlag, 2008
[Kue06]   Kühne T: Matters on (Meta)Modeling. Software and Systems Modeling, 4(2), 2006
[LNCS07]   Lecture Notes in Computer Science; Model Driven Engineering Languages And Systems. Springer-Verlag, 2007
[Lud03]   Ludewig J: Models in Software Engineering – an Introduction. Software And Systems Modeling, 2(1), 2003
[Mar88]   Marca D, McGowan CL: Structured Analysis And Design Technique. McGraw-Hill, 1988
[Mar92]   Martin J, Odell JJ: Object Oriented Analysis And Design. Prentice Hall, Englewood Cliffs, 1992
[Mca05]   McAffer et al: Eclipse – Rich Client Platform. Addison-Wesley, 2005
[Mcn88]   McMenamin S, Palmer J: Strukturierte Systemanalyse. Hanser, 1988
[Mel02]   Mellor SJ, Balcer, MJ: Executable UML – A Foundation for Model Driven Architecture. Addison-Wesley, 2002
[Mel04]   Mellor SJ, Kendall S, Uhl A: MDA Destilled. Addison-Wesley Professional, 2004
[Mey88]   Meyer B: Object-Oriented Software Construction. Prentice-Hall, 1988
[Mey90]   Meyer B: Objektorientierte Softwareentwicklung, Hanser, 1990
[Mon01]   Monson-Haefel R: Enterprise JavaBeans. O'Reilly, 2001
[NSD73]   Nassi I, Shneiderman B: Flowchart Techniques for Structured Programming. SIGPLAN Notices 8, 1973 (http://www.geocities.com/SiliconValley/Way/4748/nsd.html, letzter Abruf 04.2009)
[Nol07]   Nolte S: Modelle und Metamodelle im Eclipse-Kontext. Objekt-Spektrum, Heft 6, 11/12.2007

[Nol08a] Nolte S: Eclipse steht Modell – Anwendung eines MDA-Konzeptes auf der Eclipse Plattform. EclipseMagazin, Band 15, 3.2008
[Nol08b] Nolte S: Modelle und Transformationen – eine pragmatische Betrachtung der MDA QVT. ObjektSpektrum, Heft 5, 08/2008
[Nol09] Nolte S: QVT – Relations Language. Springer, 2009
[Oes95] Österle H: Business Engineering – Prozess- und Systementwicklung. Springer, 1995
[Par72] Parnas D: On the Criteria to Be Used in Decomposing Systems Into Modules. Communication of the ACM, No.12, Vol.15, 1972
[Pet06] Petrasch R, Meimberg O: Model Driven Architecture. dpunkt Verlag, 2006
[Pet62] Petri CA: Kommunikation mit Automaten. Institut für Instrumentelle Mathematik, Bonn, Schriften des IIM Nr. 2, 1962
[Pet63] Petri CA: Fundamentals of a Theory of Asynchronous Information Flow. Proc. of IFIP Congress 62, Amsterdam: North Holland Publ. Comp., 1963, Pages: 386-390
[Rei91] Reisig W: Petri-Netze – Eine Einführung. Springer, 1991
[Rum91] Rumbeaugh J, Blaha M, Premerlani W, Eddy F, Lorenson W: Object-Oriented Modeling and Design. Prentice-Hall,1991
[Rum93] Rumbeaugh J, Blaha M, Premerlani W, Eddy F, Lorenson W: Objekt-Orientiertes Modellieren und Entwerfen. Hanser Verlag,1993
[Rum04] Rumpe B: Modellierung mit UML. Springer-Verlag, 2004
[Sei03] Seidwitz E: What Models Mean. IEEE Software, 20(5), 2003
[Sha04] Shavor et al: Eclipse, Anwendungen und Plugins mit Java entwickeln. Addison-Wesley, 2004
[Sta73] Stachowiak H: Allgemeine Modelltheorie. Springer-Verlag, 1973
[Sta07] Stahl T, Völter M, Efftinge S, Haase A: Modellgetriebene Softwareentwicklung. dpunkt Verlag, 2007
[Ste07] Stevens P: Bidirectional model transformations in QVT. Proc. of the 10th Int. Conf. on Model Driven Engineering Languages and Systems, in Lecture Notes in Computer Science, Springer, 2007
[Wei08] Weilkins T: Systems Engineering mit SysML/UML. dpunkt Verlag, 2008
[Wir93] Wirth N: Systematisches Programmieren. Teubner, 1993

Referenzen im Internet

[AMDA] AndroMDA; http://www.andromda.org (letzter Abruf 12.2008)
[ATL] ATLAS Transformation Language; http://www.eclipse.org/m2m/atl/ (letzter Abruf 12.2008)
[BOR] Borland Together; http://www.borland.com/us/products/together/index.html (letzter Abruf 01.2009)

[BPMI]   Business Process Modeling Initiative; http://www.bpmi.org/ (letzter Abruf 12.2008)
[BPMN]   Business Process Modeling Notation; http://www.bpmn.org/ (letzter Abruf 12.2008)
[COR]   Common Object Request Broker; http://www.corba.org (letzter Abruf 03/2009)
[DDS]   Data Distribution Service for Real-Time Systems; http://portals.omg.org/dds (letzter Abruf 04.2009)
[ECL]   Eclipse: http://www.eclipse.org/ (letzter Abruf 12.2008)
[EJB]   Enterprise JavaBeans Technology: http://java.sun.com/products/ejb/ (letzter Abruf 05.2009)
[EMF]   Eclipse Modeling Framework: http://www.eclipse.org/emf/ (letzter Abruf 12.2008)
[EPL]   Eclipse Public License; http://www.eclipse.org/legal/epl-v10.html (letzter Zugriff 12.2008)
[EUML]   Eclipse UML Project; http://www.eclipse.org/modeling/mdt/?project=uml2 (letzter Abruf 04.2009)
[M2T]   MOF Model2Text Transformation; http://www.omg.org/spec/MOFM2T/ (letzter Abruf 12.2008)
[MAG]   MagicDraw von NoMagic; http://www.magicdraw.com/ (letzter Abruf 12.2008)
[MDA]   Model Drive Architecture; http://www.omg.org/mda/ (letzter Abruf 12.2008)
[MDA03]   MDA Guide, 2003; http://www.omg.org/docs/omg/03-06-01.pdf (letzter Abruf 12.2008)
[MDTOCL]   Eclipse OCL Project; http://www.eclipse.org/modeling/mdt/?project=ocl#ocl (letzter Abruf 12.2008)
[MDT]   Eclipse Modeling Tools; http://www.eclipse.org/modeling/mdt/ (letzter Abruf 12.2008)
[MOF]   Meta Object Facility; http://www.omg.org/mof/ (letzter Abruf 12.2008)
[MQVT]   medini QVT; http://projects.ikv.de/qvt (letzter Abruf 12.2008)
[M2M]   Eclipse Model to Model Project; http://www.eclipse.org/modeling/m2m (letzter Abruf 12.2008)
[M2T]   Eclipse Model to Text Project; http://www.eclipse.org/modeling/m2t (letzter Abruf 12.2008)
[OAW]   openArchitectureWare; http://www.openarchitectureware.org (letzter Abruf 12.2008)
[OCL]   Object Constraint, Language; http://www.omg.org/technology/documents/formal/ocl.htm (letzter Abruf 12.2008)
[OMG]   Object Management Group; http://www.omg.org (letzter Abruf 04.2009)

[QVT] MOF Query Views Transformation; http://www.omg.org/spec/QVT/1.0/ (letzter Abruf 12.2008)
[QVTO] QVT Operational; http://wiki.eclipse.org/M2M/Operational_QVT_Language_%28QVTO%29 (letzter Abruf 12.2008)
[SMDA] Simple MDA Project; http://www.siegfried-nolte.de/forum/mda/smda.html (letzter Abruf 12.2008)
[SQVT] SmartQVT; http://smartqvt.elibel.tm.fr/doc/index.html (letzter Abruf 12.2008)
[SysML] Systems Modeling Language; http://www.omgsysml.org/ (letzter Abruf 12.2008)
[TOP] Topcased; http://topcased-mm.gforge.enseeiht.fr/website/modeling/uml/download.html (letzter Abruf 12.2008)
[TOPDOC] Topcased Documentation; http://topcased-mm.gforge.enseeiht.fr/website/modeling/uml/documentation.html (letzter Abruf 12.2008)
[UML] Unified Modeling Language; http://www.uml.org/ (letzter Abruf 12.2008)
[UML2] UML Superstructure and Infrastructure; http://www.omg.org/spec/UML/2.1.2/ (letzter Abruf 12.2008)
[XMI] XML Metadata Interchange; http://www.omg.org/spec/XMI/ (letzter Abruf 12.2008)
[ZOO1] Metamodelle in km3-Format und im Ecore Format; http://www.emn.fr/x-info/atlanmod/index.php/Zoos (letzter Abruf 12.2008)
[ZOO2] Metamodelle in km3-Format und im Ecore-Format; http://apps.eclipse.org/gmt/am3/zoos/atlanticZoo/ (letzter Abruf 12.2008)

Index

A

Abbildung 12
Abfrageoperation 111
Ablauf 8
Ablaufmuster 4
Ablauforganisation 5
Abstrahieren 9
Adressierung 146
Aggregation 7
Akkumulation 84
Akkumulationsobjekt 85
Akteur 7
Aktion 117
Aktion, imperative 122
Aktivität 8
Aktivitätendiagramm 8, 16
Aliasname 70
Analyse, fachliche 117
Analyse, objektorientierte 4
Analysieren 60
Analytiker 2
Anforderung 1
Anweisung, break 76
Anweisung, collect 83
Anweisung, continue 76
Anweisung, do 74
Anweisung, forEach 77
Anweisung, forOne 77
Anweisung, imperative 93
Anweisung, iterate 84
Anweisung, return 74, 110
Anweisung, select 84
Anwendungsentwicklung, strukturierte 4
Anwendungsentwicklungsprozess 9
Anwendungsfall 4, 7
Anwendungsfalldiagramm 7
Anwendungsprogrammierung 1
Anwendungssystem 1, 11
Architektur 12
Architekturdiagramm 6
Architekturentwicklung 16
Architekturentwicklung, modellgetriebene 12
Architekturmodell 16
Argument 27, 96
Artefakt 7
Association 158
Assoziation 123
Assoziationsende 90
Assoziationstabelle 138
Attribut 6, 124
Attribut, abgeleitetes 89
Attribut, identifizierendes 135
Attribut, komplexes 127
Attribut, lesbares 89
Attribut, navigierbares 90
Attribut, primitives 30, 128
Attribute 88
Aufbauorganisation 5
Auflösung 141
Aufzählungstyp 87
Ausdruck, assert 77
Ausdruck, bedingter 75
Ausdruck, compute 76
Ausdruck, Exception 77
Ausdruck, for 77
Ausdruck, if 75
Ausdruck, log 74
Ausdruck, object 106
Ausdruck, raise 78

Ausdruck, sequentiell 72
Ausdruck, `switch` 75
Ausdruck, `while` 76
Ausführungskonfiguration 60
Ausführungskonfiguration, QVTO 163
Ausführungsteil 68
Ausführungsumgebung 11
Ausgangsmenge 83
Ausgangsmodell 68
Auslagerung 145
Ausnahme 77
Ausnahmebehandlung 77
Ausnahmefall 87
Austauschformat 8, 34, 92
Austauschformat, allgemeines 67

B

Backus-Naur 24
Bean-Attribut 157
Bean-Klasse 156, 167
Bedingung 65, 67
Bedingungsvariable 75
`BehavioralFeature` 161
Bestandteil 12
Betriebssystem 11
Beziehung, binärer 30
Beziehung, `extends` 88
Beziehungstyp 89
Beziehungstyp, binäre 138
Bibliothek 145
bidirektional 21
Binärdatei 60
BlackBox 20, 22
BlackBox-Implementierung 152
Blackbox-Konzept 147
Blattattribut 130
Blickwinkel 12
Block 64, 74
BPMN 19
Business Process Modeling Notation 5
Businessmethode 157
ByteCode 57

C

`Class` 158
`Classifier` 158, 160
`Classifier, general` 161
`Classifier, specific` 161
Codeartefakt 15
Codegenerierung 15
Compilations-Prozess 57
Compilations-Vorgang 57

Computational Independent Modeling 13
constructor call 109
Core Language 20, 21

D

Darstellungstechnik 4
`DataType` 158
Datenbankdesign 4
Datenbankdesign, konzeptionell 4
Datenbankdesign, logisch 16
Datenbankentwurf 32
Datenbankmodell 32
Datenbankplattform 30
Datenbankschema 9, 16, 32, 124
Datenbanksystem 11, 32
Datenbanksystem, netzwerkartiges 4
Datenbanksystem, relationales 32
Datenfluss 8
Datenkapselung 4
Datenmodellierung 4
Datenstruktur 54
Datentyp 125
Datentyp, eigener 70
Datentyp, komplexer 127
Datentyp, primitiver 87, 126
Deklaration 71
Deployment 48
Design, konzeptionelles 117
Design, objektorientiertes 4
Designer 2
Deskriptiver Ansatz 20
`Device` 7
Diagramm 12
Diagramminformation 46
Diagrammtyp 6
Dienst 11
Domäne 12
domänenspezifische Sprache 2

E

Eclipse 25
Eclipse Modeling Framework 25, 57
Eclipse-Applikation 60
Eclipse-Arbeitsbereich 62
Eclipse-Plugin 45
Eclipse-*Plugin*-Projekt 57
Ecore-Diagrammeditor 46
Ecore-Format 45
Ecore-Modell 46
Ecore-Repräsentation 46
Editor 56
Editor, XML-basierter 57

Eigenschaft 88
Eigenschaft, funktionale 6, 88
Eigenschaft, strukturelle 88
Eingangsmodell 68
Einstiegspunkt 121
EJB-Komponente 167
EJB-Standardmethode 175
`Element` 158
Element, sichtbares 119
Element, strukturelles 7
Element, strukturiertes 158
Elementmenge 83
Elementtyp 30, 122
EMF-Generator 47
EMOF-Datenstruktur 44
EMOF-Repräsentation 37
Empfänger 8
`end`-Bereich 101
Entity Java Beans 156
Entity Relationship Model 4
Entwicklung, objektorientierte 104
Entwicklungsebene 10, 13
Entwicklungsplattform 55
Entwicklungsprozess 1
Ereignis 8
Ereignis/Prozessketten 9
Ergebniselement 83
Ergebnismenge 128
Ergebnisobjekt 96
Ergebnisparameter 99
Export 46
Extension 175

F

Fachklasse 27, 156, 167
Fachklassendiagramm 117
Fachklassenmodell 27, 157
Fachsprache 2
Fachwelt 2, 9
`Feature` 161
Fehlerereignis 77
Fehlermeldung 77
Formalisierung 2
Framework 19
Fremdschlüssel 33, 138, 140
Funktion 11
Funktionalität, ererbte 150

G

Gegenstandsstruktur 30
Gegenstandstyp 6
Generalisierung 132

Generalisierungsbeziehung 30, 161
Generieren 9
Generierung, modellgetriebene 11
Gerät 7
Geschäftsklasse 16
Geschäftsprozess 8
Geschäftsprozessmodell 9
getter-Methode 169
Grafical Modeling Framework 25
Guard 70, 103
Gültigkeit 13

H

`helper` 110
Hilfsfunktion 110, 153

I

Identifizierung 32, 136
Imperativer Ansatz 20
Implementation Modeling 13
Implementierung 9, 13, 153
Implementierungsschicht 13
Import 46, 147
Indizierung 32
Information Hiding 4
Informationsaustausch 8
`init`-Bereich 101
Initialisierungsbereich 68
Inline 44
Inline Object Expression 106
Inline-Deklaration 44
Inline-Mapping 106
Inline-Objekterzeugung 168
Installieren 9
Instantiierung 7
Instanz 67, 104
Interaktion 8, 12
Interaktionsübersichtsdiagramm 8
`Interface` 156, 158
`Interface`, `Home` 157
`Interface`, `Remote` 157
Intermediate Class 113
Intermediate Data 112, 129
Intermediate Property 113
Interoperabilität 13
Invariante 65, 103
IT-Architekturen 12
Iteration 77
Iterationsoperation 84
Iteratorvariable 77, 83
IT-Infrastruktur 7

J
Java-Programmierung 57
Java-Projekt 57
Java-Source 57

K
Kandidat 19
Kaskade 11
Klasse 6, 87, 123
Klasse, abstrakte 30, 88
Klasse, assoziierte 138
Klasse, fachliche 156
Klasse, generelle 30
Klasse, konkrete 30
Klasse, spezifische 30
Klasse, temporäre 113
Klassendiagramm 6
Knoten 7
Kommentar 59
Kommentierung 12
Kommunikationsdiagramm 8
Kommunikationspartner 8
Kompilieren 60
Komponent 145
Komponente 8, 12, 123
Komponentendiagramm 7
Komponentenmodell 156, 158
Komposition 7
Kompositionsbeziehung 35
Kompositionsstruktur 7
Kompositionsstrukturdiagramm 7
Kompositonsbeziehung 90
Konfigurieren 9
Konformität 152
Konformitätstyp 92
Konkatenationsoperator 73
Konnektor 12
Konsole 57
Konstrukt, syntaktisches 59
Konstruktion 2
Konstruktor 95, 108
Konstruktoraufruf 109
Konstruktordefinition 109
Konstruktoroperation 108
Kontextmenü 60
Kontrollfluss 8
Konzeption 2

L
Laufzeitsystem 20, 21
Laufzeitumgebung 11, 61
Lebenslinie 8

Lebenszeit 8
Lifecycle 8
`log`-Anweisung 64
`log`-Meldung 64

M
M2M 23
M2T 23
MagicDraw 25
`main`-Funktion 65
`main`-Funktion 121
Mapping 54, 93
Mapping Operation 21
Mapping, gebundes 97
Mapping-Call 96, 122
Mapping-Operation 55, 86, 96, 97, 122
Mapping-Operator 96
Mapping-Rumpf 101
MDA 12
MDA-Konzept 9, 11
mediniQVT 25
`member` 158
`memberEnd` 161
Menge 79, 83, 128
Merkmal 6, 33, 124
Merkmal, domänenspezifisches 175
Metaattribut 91
Metaelement 87, 91
Metaelement, dynamisches 129
Metaklasse 88, 91
Metaklasse, abstrakte 88, 165
Metamerkmal 166
Metamodell 16, 18, 19, 27, 54, 67, 87
Metamodell, externes 67
Metamodelldefinition 87
Metaobjekt, dynamisches 112
Methode 6
Methode, *getter* 157
Methode, *setter* 157
Methodenrumpf 153
Modell 12, 67
Modell, fachliches 9
Modell, formales 15, 18, 27
Modell, getyptes 54
Modell, plattformunabhängiges 156
Modell, profiliertes 175
Modellelement 21, 87
Modellieren 9
Modellierung 9, 12
Modellierung, fachliche 158
Modellierung, formale 13
Modellierungsaktivität 9

Modellierungseditor 29
Modellierungsphase 10
Modellierungsschritt 13
Modellierungssprache 18, 27, 29, 68
Modellierungssprache, formale 12, 19
Modellierungstechnik 4
Modellierungstechnik, semi-formale 2
Modellinformation 46
Modellparameter 65
Modelltransformation 15, 27, 53
Modelltransformationen 56
Modelltyp 67, 91
Model-To-Model 23
Model-To-Text 23
Modul 145
Modularisierung 145
MOF 18
MOF-Sprache 19
Multiplizität 35, 90
Muster 21

N

Nachbehandlung 64
Nachbildung 12
Nachrichtenaustausch 8
NamedElement 158
Namenskonflikt 131
Namensraum 158
Namespace 158
Nassi/Shneiderman-Diagramm 4
Navigatorsicht 56
nestedPackages 158
Normung 4
Notation 34

O

Oberfläche, graphische 9
Oberklasse 30, 132
Object Constraint Language 8
Objekt 71, 104
Objektdiagramm 7
Objektresolution 141
OCL-Anweisung 68
OCL-Datentyp 69, 104
OCL-Datentyp, komplexer 69
OCL-Datentyp, primitiver 69
OCL-Funktion 89
OCL-Grundlagen 68
Operation 6, 54, 88, 93, 161
Operational Mappings 14, 20, 21, 53
Funktion 54
Transformation 54

operationaler Ansatz 20
Operator, late 145
Operator, map 73
Ordnung 12
Organisation 12
Organisationseinheit 7
Outline View 57
ownedAttributes 161
ownedElement 158
ownedMember 158
ownedOperations 161

P

Package 158
Package Explorer 56
PackageableElements 158
packagedElements 158
Paket 7, 87, 122
Paketdiagramm 7
Parameter 96
Parameter, aktuelle 96
Parameter, formale 163
Part 12
Partition 10
Pattern 21
Pattern Matching 21
Petrinetz 4
Phase 9, 141
Phase, frühe 2, 9
Phasenübergang 13
Platform Independent Modeling 13
Platform Specific Modeling 13
Plattform 11, 13
Plugin 45, 46
Plugin-Projekt 48
population 68
Population 64
population-Bereich 101
Portabilität 13
Prädikat, when 103
Prädikat, where 103
Präfix 131, 135
Primärschlüssel 135
Primärschlüsselattribut 32
Programm 9
Programmablaufplan 4
Programmiersprache 3, 11
Programmierung, objektorientierte 4
Programmierung, strukturierte 4
Project Explorer 56
Projektion 93
Projektverzeichnis 57

Properties-Datei 57
`Property` 88, 161
Prozess 7
Prozess, betriebliche 8

Q

Quellmodell 19, 21, 27, 54, 93, 122
Quellmodellelement 79
`queries` 110
Query 19
QVT 19
QVT Prinzip 19
QVT-Datenstruktur 34, 44, 67
QVT-Datentyp 34, 69, 104
QVT-Editor 56, 59, 162
QVT-Interpreter 161, 162
QVT-Komformität 20
QVTO 161
QVTO-Ausführungskonfiguration 163
QVT-Option 60
QVTO-Quelle 162
QVT-Script 16
QVT-Sprache 20, 53
QVT-Standardbibliothek 122
QVT-Standardfunktion 123
QVT-Werkzeug 53

R

Realität 12
Redefinition 146
Referenzierung 139
Regel 21
Register 62
Rekursion 128
Relation 21
Relationenschema 117
Relationentheorie 4
Relations Language 20, 21
Resolution 141
Resolution, allgemeine 141
Resolution, spezielle 143
`result` 99
Richtungsangabe 111
Richtungsmerkmal 98
Rücktransformation 15
Rumpf 93

S

Sachverhalt 1
Sachverhalt, funktionale 5
Sachverhalt, strukturelle 5
Sammlung, geordnet 90

Sammlungsobjekt 123
Sammlungstyp 73
Schema 122
Schichtenmodell 13
Schnappschuss 7
Schnittstelle 11
Selektion 83, 122
Selektionsabfrage 84
Selektionsfunktion 82
Selektionskriterium 84
semi-formal 12
Sender 8
Sequenzdiagramm 8
Serialisierung 25, 34
SessionBean 156, 168
setter-Methode 169
Shorthand 70, 101, 122, 125, 137
Sicht 19
Sichtbarkeit 158, 168, 169
Signatur 68, 93
Signatur, *Mapping* 98
SimpleUML Model Editor 57
SmartQVT 55
SmartQVT-Oberfläche 55
SmartQVT-Projekt 56
Software-Engineering 1
Software-Entwicklung 1
Software-Entwicklung, modellgetrieben 9
Software-Krise 1
Software-Technologie 5
Spalte, synthetische 139
Spezialisierung 88
Spezifikation 13
Sprachkonzept 53
Sprachschema 22
Sprachtyp 20
Standardausgabe 54
Standardbibliothek, OCL 79
Standardfunktion, OCL 79
Standardfunktion, QVT 81
-Standardfunktion, QVT 79
Standardmethode 66, 171
Stereotyp 175
Steuerungsvorgang 4
`StructuralFeature` 161
Struktogramm 4
Struktur 1, 6
Strukturdiagramm 6
Strukturierung 127, 145
Subelement 123
Subklasse 88
Subobjekt 124
Subsystem 11

Suffix 135
superclass 161
Superklasse 88
Syntax 18, 27, 53
Syntax, abstrakte 158
Syntaxerkennung 162
SysML 175
System 11
System, betriebliche 5

T

Tabelle 32
Technik, generative 9
Technologie 1, 3, 11
Teile/Ganzes-Beziehung 7
Teilmenge 84, 128
Terminierungsbereich 68
Texteditor 57
Textergänzung 59, 162
Timingdiagramm 8
Topcased 25
Tracing 141
Tragfähigkeit 13
Transformation 10, 14, 19, 67, 86, 93
Transformation, bidirektional 22
Transformation, unidirektional 22
Transformationsablauf 68
Transformationsanweisung 64
Transformationsbereich 10
Transformationskonfiguration 60
Transformationspattern 16, 27, 117
Transformationsphase 117, 141
Transformationsplattform 45
Transformationsprojekt 56
Transformationsrumpf 94
Transformationsschritt 9, 13
Transformationsumgebung 46
Transformator 28
Types 159

U

Umgebung 12
UML 19
UML2 Modeling Toolkit 25
UML2-Metamodell 158
UML-Elemente 158
UML-Klassendiagramm 117
UMLModelElement 30
UML-Profil 175
UML-Sprachmittel 158
unidirektional 21, 68
Unified Modeling Language 5

Unterklasse 132
Untermenge 83
Use Case 4

V

Validierung 94
Validität 13
Variable 69, 71, 104
Variable, freie 105
Variable, null 72
Variable, result 71
Variable, self 71
Variable, this 71
Vereinigung 73
Vererbungssemantik 146
Verfolgung 141
Vergleichsoperator 73
Verhalten 6
Verhalten, funktionales 7
Verhalten, zeitliches 8
Verhaltensdiagramm 7
Verteilungsdiagramm 7
View 19
Virtual Machine Analogy 21
Vorbedingung 65, 68, 103, 152
Vorbereitung 64
Vorgang 7
Vorgehen, architekturgetriebene 12
Vorgehensmodell 10, 13
Vorgehensprozess, modellgetriebenes 9

W

Werkzeug 25, 55
Wiederverwendbarkeit 13
Wiederverwendung 145, 150
Wort, reserviertes 59

X

XMI 37
XML Metadata Interchange 34

Z

Zeichenkette 73
Zielmodell 19, 21, 27, 54, 93, 122
Zugriffsmethode 146
Zusicherungstyp 77
Zustand 8
Zustandsdiagramm 8
Zustandsübergang 8
Zuweisung 72, 123
Zuweisungsoperator 124
Zweck 11

If you have any concerns about our products,
you can contact us on
ProductSafety@springernature.com

In case Publisher is established outside the EU,
the EU authorized representative is:
**Springer Nature Customer Service Center GmbH
Europaplatz 3, 69115 Heidelberg, Germany**

Printed by Libri Plureos GmbH
in Hamburg, Germany